SERES HUMANOS ÚNICOS

Barry M. Prizant
con Tom Fields-Meyer

SERES HUMANOS ÚNICOS

UNA MANERA DIFERENTE DE VER EL AUTISMO

Segunda edición, revisada y ampliada

Traducción de Elena Nájera

Alianza Editorial

Título original: *Uniquely Human. A Different Way of Seeing Autism*
Publicado por acuerdo con Simon & Schuster, Inc.

Primera edición: 2018
Segunda edición, revisada y ampliada: 2023
Primera reimpresión: 2024

Copyright © 2015 by Childhood Communication Services, Inc.
© de la traducción: Elena Nájera, 2018, 2023
© Alianza Editorial, S. A., Madrid, 2018, 2023, 2024
Calle Valentín Beato, 21; 28037 Madrid
www.alianzaeditorial.es

PAPEL DE FIBRA
CERTIFICADA

ISBN: 978-84-1148-225-7
Depósito Legal: M. 649-2023
Printed in Spain

SI QUIERE RECIBIR INFORMACIÓN PERIÓDICA SOBRE LAS NOVEDADES DE ALIANZA EDITORIAL, ENVÍE UN CORREO ELECTRÓNICO A LA DIRECCIÓN:
alianzaeditorial@anaya.es

*Para todas las personas autistas y neurodivergentes,
diagnosticadas o aún no diagnosticadas, y sus familias,
con el deseo de que este libro les ayude a obtener lo que merecen:
comprensión y respeto, y una vida con autodeterminación.*

*Y para todas aquellas personas que dedican su vida a mejorar
la calidad de vida de las personas autistas y neurodivergentes
y de sus familias, con todo respeto las animo a «mirar lo más cerca
posible / al final verán / que todos somos seres humanos únicos»*[1].

---

[1] De la canción «Uniquely Human», letra de Justin Anthony Long, del *Journey to Namuh,* The Miracle Project (2021).

ÍNDICE

SEGUNDA PARTE
VIVIR DENTRO DEL ESPECTRO AUTISTA

NOTA DEL AUTOR

La filosofía, los valores y la experiencia práctica subyacente que comparto en este libro guardan coherencia y en algunos casos provienen del SCERTS Model (2006), un marco educacional y de tratamiento elaborado con mis colegas. El Modelo SCERTS prioriza la comunicación social, la regulación emocional y el soporte transaccional, al considerar que estos son los ámbitos más importantes en los que hay que incidir con las personas autistas. Distritos escolares, clínicas y organismos de todo Estados Unidos y de más de una docena de países han implementado SCERTS.

PREFACIO

Cuando se publicó *Seres humanos únicos* en 2015, no tenía idea de cómo iba a ser acogido. Yo simplemente deseaba compartir lo que había aprendido de las personas autistas y de sus familias a lo largo de cuatro décadas, y hacerlo de un modo que fuera interesante y accesible. Me sentí honrado y encantado de que, prácticamente desde el principio, el libro fuera tan bien aceptado por padres, profesores, profesionales y —lo más importante— por las propias personas autistas. En pocos años, ha sido el libro más vendido sobre el tema, se ha traducido a veintidós idiomas y ha recibido el premio Temple Grandin de la Autism Society of America a la obra literaria más destacada sobre el autismo, entre otros reconocimientos. De todos los libros que la organización Autistic Self-Advocay Network (ASAN) [Red de Autodefensa Autista] recomienda a los padres, es el único escrito por un autor no autista.

Estoy agradecido por los numerosos padres que me han dicho que *Seres humanos únicos*[1] les ha cambiado la vida al proporcionarles un nuevo modo de comprender a sus hijos y una renovada esperanza de futuro, y por las numerosas personas autistas que me han expresado su gratitud por la precisión y el respeto con los que el libro refleja sus experiencias vitales. Una de mis respuestas favoritas fue la de Chloe Rothschild, una joven mujer autista

---

[1] *Seres humanos únicos* es la traducción del original en inglés *Uniquely Human*. A lo largo del libro mantendré el título en español para el libro en ambas ediciones. No así para otros trabajos referidos al libro que no se han traducido al español, o al menos no han sido publicados en este idioma. *[N. de la T.]*

que se puso en contacto conmigo por primera vez para decirme que mi libro era el centésimo libro de autismo que había añadido a su biblioteca (véase el capítulo 12). Chloe, que ha llegado a convertirse en mi amiga, me contó que lleva un ejemplar del libro en su bolso o en su mochila y que le dice a cualquiera que la escuche que la mejor manera de entenderla consiste «simplemente en leer este libro».

En *Seres humanos únicos* desarrollé el argumento de que el autismo no es una enfermedad, sino una manera diferente de ser humano. Siempre he creído que la mejor manera en que las personas no autistas, y la sociedad en general, pueden ayudar consiste en colaborar con las personas autistas, escuchar y comprender mejor la experiencia de cada una de ellas y cambiar lo que hacemos para ofrecerles el respaldo adecuado cuando sea necesario.

Este mensaje también constituye el fundamento del creciente movimiento de la neurodiversidad, que reconoce y celebra la amplia variedad de mentes humanas y de experiencias vividas. Desde la publicación del libro, esta perspectiva ha pasado de ser marginal a convertirse en la tendencia dominante, con programas de televisión, películas y novelas en las que aparecen de forma destacada personas autistas y neurodivergentes. Una gran variedad de celebridades —desde la activista por el clima Greta Thunberg, pasando por el actor Anthony Hopkins, hasta el consejero delegado de Tesla, Elon Musk— no solo han reconocido que son del espectro autista, sino que atribuyen su éxito a sus mentes únicas. Millones de personas se han familiarizado con estas mentes con series como *Love on the Spectrum* y *Atypical*. Incluso *Barrio Sésamo* ha añadido una marioneta autista, la encantadora Julia.

Lo más significativo es que son las personas autistas las que están liderando muchos de estos avances, organizando eventos, hablando, compartiendo sus historias y perspectivas y estableciendo los planes culturales y de investigación.

Para esta edición, he actualizado y ampliado *Seres humanos únicos* en gran medida como respuesta a lo que las personas autistas nos cuentan y las experiencias que comparten. Mientras que en el pasado sus voces se escuchaban sobre todo en conferencias y en encuentros similares, la tecnología ha facilitado mucho una expansión generalizada de las voces autistas. En 2020 puse en marcha *Uniquely Human: The Podcast*, coproducido y presentado junto a mi amigo Dave Finch, un autor de éxito e ingeniero de sonido que es del espectro. El podcast nos ha proporcionado un foro para escuchar y compartir las historias de docenas de personas del espectro, desde Morénike Giwa Onaiwu, un profesor, autor y activista por la justicia social negro, pasando por Ron Sandison, un pastor evangélico, hasta Danny Whitty, un autodefensor sin lenguaje oral con experiencia en las artes culinarias. Desde

Carly Ott, un autista que es vicepresidente de un banco, pasando por Scott Steindorff, un productor ejecutivo de largometrajes y series, o Domonique Brown, un actor autista de televisión, hasta niños y adultos autistas que comparten sus «entusiasmos».

Esas conversaciones, mi continuado trabajo de asesoramiento con organismos que prestan servicio a personas autistas de todas las edades y capacidades y a sus familias, nuestros retiros de padres de fin de semana, mi implicación con los programas de Miracle Project en Los Ángeles y en Nueva Inglaterra, al igual que con el grupo de teatro Spectrum Theater Ensemble en Providence, Rodhe Island, todos me han ayudado con muchos de los cambios introducidos en esta nueva edición, los cuales se han visto reflejados en las siguientes áreas:

El lenguaje. El modo en que hablamos y describimos a las personas autistas y neurodivergentes es en todo momento inclusivo. En la primera edición de *Seres humanos únicos* se utilizó lo que se conoce como lenguaje «que pone a la persona primero», diciendo «una persona con autismo» o «una persona que tiene autismo». La mayor parte de las personas autistas ahora expresan su preferencia por el lenguaje «que pone la identidad primero», de modo que se refieren a sí mismas como «autistas» o «del espectro autista». Hemos cambiado nuestro lenguaje en consecuencia.

Los términos «neurodiversidad» y «neurodivergente» también han entrado a formar parte del uso común, aunque sus significados varíen. En algunos casos, son utilizados para reconocer que todas las mentes son únicas y que no hay una mente «normal». Utilizamos estos términos para referirnos a aquellos que son autistas o tienen otras diferencias, que pueden incluir el TDAH[2], problemas de aprendizaje o problemas de salud mental, así como el autismo. En la mayor parte de los casos, cuando se utiliza el término «niño autista» o «persona autista», la observación es relevante para aquellas otras personas neurodivergentes que no tienen un diagnóstico específico del espectro autista. Utilizamos el término «neurotípico» para referirnos a aquellas personas que no son autistas, neurodiversas ni neurodivergentes.

Hago referencia ocasionalmente al síndrome de Asperger, que durante muchos años fue una subcategoría de los trastornos del espectro autista en el *Manual diagnóstico y estadístico de los trastornos mentales* (DSM) de la Asociación Americana de Psiquiatría. Aunque en 2013 el síndrome de Asperger fue eliminado como una subcategoría del autismo en su edición más reciente (conocida como DSM-5), el término continúa utilizándose comúnmente

---

[2] TDAH: trastorno por déficit de atención e hiperactividad. *[N. de la T.]*

para describir a personas con una capacidad lingüística y cognitiva media o superior, unida a dificultades en el ámbito social, así como dificultades sensoriales y otras que son comunes en el autismo.

Con relación a las personas que no (o todavía no) se comunican hablando, utilizo el término «sin lenguaje oral» y variantes similares. Otros, cuando se refieren a estas personas, dicen «no verbal», pero muchas de estas personas en verdad son «verbales», ya que utilizan palabras y otros medios simbólicos para comunicarse a través del lenguaje de signos, iPads y otros medios alternativos, aunque no utilicen el discurso hablado como modo principal de comunicación.

Muchas personas utilizan el término «autodefensa» para referirse a adolescentes y adultos autistas o neurodivergentes que desempeñan una labor activa en la dirección de sus vidas, expresan sus opiniones y preferencias y ejercen el control en la toma de decisiones sobre sus alojamientos, escuelas, vida laboral y la organización de sus vidas. Algunos prefieren el término más general «defensor», ya que muchos autodefensores han pasado a apoyar y orientar a otras personas del espectro y a educar al colectivo neurotípico, y en concreto a aquellos que ayudan a las personas neurodivergentes. Yo he elegido utilizar el término más común «autodefensa» cuando me refiero a personas autistas y neurodivergentes que desempeñan un papel activo en defenderse a sí mismas o a otras personas.

Edad y diversidad. Los autodefensores autistas han puesto de manifiesto que la investigación y los debates sobre el autismo a menudo se centran en niños y adolescentes y no tienen en cuenta cuestiones y experiencias importantes de los adultos del espectro. Yo he hecho un esfuerzo por hablar con mayor amplitud de las personas del espectro, no solo de los niños, y abordar muchos de los problemas a los que se enfrentan los adultos. Esta edición incluye actualizaciones de algunos de los niños y adolescentes que se han hecho adultos desde que se publicó por primera vez *Seres humanos únicos*.

Acontecimientos que van más allá del mundo del autismo han resaltado la importancia de reconocer y abordar la diversidad de la humanidad con el fin de ser lo más inclusivo y respetuoso posible. He hecho un mayor esfuerzo por representar una amplia diversidad de experiencias vitales, perspectivas y voces a lo largo del libro.

Temas emergentes. Las personas autistas han llamado la atención sobre una serie de cuestiones importantes, que incluyen cómo y cuándo revelar un diagnóstico de autismo, acoger el autismo como identidad o el solapamiento del autismo con la raza, el género, la orientación sexual y otros aspectos de la propia identidad. El capítulo 11 indaga en estos temas, y resalta algunos de los enfoques apasionantes que están permitiendo a personas autistas sin lenguaje oral dar voz a su experiencia y compartir sus historias.

Muchos autodefensores y organizaciones autistas, en especial la organización Autistic Self-Advocacy Network (ASAN), han adoptado un eslogan que se ha hecho popular entre los activistas de los derechos de los discapacitados: «Nada sobre nosotros sin nosotros». Estas palabras coinciden con mis valores y han guiado el enfoque que he adoptado durante cuatro décadas colaborando con autodefensores autistas e invitándoles a que hablen en mis clases, en nuestras jornadas de conferencias presenciales y en nuestro podcast. En esta nueva edición, amplío estos esfuerzos para potenciar y difundir las voces y perspectivas de las personas del espectro, muchas de las cuales son ahora amigas y colegas queridas.

Para ser claro, no pretendo comprender plenamente las experiencias vitales de las personas autistas y neurodivergentes, y por supuesto no estoy exponiendo verdades indiscutibles. Solo comparto lo que he aprendido en mi experiencia vital de medio siglo pasando tiempo y colaborando con personas autistas y neurodivergentes y con las más cercanas a ellas, poniendo el foco en lo que es más útil para ayudarlas a ellas y a sus familias.

No hace mucho he cumplido cincuenta años de trabajo y aprendizaje con niños y adultos autistas y neurodivergentes y con sus familias. Cuando los amigos me preguntan cuándo pienso jubilarme, siempre contesto que soy una de esas personas afortunadas cuya vida personal y profesional están entrelazadas: cada una orienta e inspira a la otra y es el combustible que da energía a mi crecimiento personal y a mi calidad de vida. Con una gratitud sin límites, espero seguir aprendiendo y desarrollándome con las numerosas personas que han dado tanto sentido y determinación a mi vida.

UNA MANERA DIFERENTE DE VER EL AUTISMO

No hace mucho tiempo estaba en una reunión con un grupo de educadores en un colegio de primaria cuando repentinamente tomó un cariz personal. Yo estaba allí como orientador del distrito escolar en un programa de ayuda para niños con necesidades especiales, y al terminar la reunión el director pidió verme en privado. Yo imaginé que querría discutir algún asunto del personal, pero el director —un hombre serio, intenso— cerró la puerta, empujó su silla hacia la mía, me miró a los ojos y empezó a hablarme de su hijo de nueve años.

Describió a un chico tímido, inestable y solitario que había crecido cada vez más distante y aislado, pasaba la mayor parte de su tiempo jugando con videojuegos por su cuenta y rara vez se relacionaba con otros niños de su edad. Entonces llegó al asunto: un psicólogo había diagnosticado recientemente al niño un trastorno del espectro autista. El director se inclinó hacia mí acercando su rostro a centímetros del mío.

«Barry», me preguntó, «¿es realmente grave?».

Este tipo de preguntas se ha convertido para mí en algo muy familiar. Casi todas las semanas hablo con padres inteligentes, personas capaces, a menudo seguras y realizadas en otros ámbitos. Pero cuando estas madres y padres se topan con el autismo, se desorientan. Pierden la confianza en sus propias intuiciones. Al encarar este territorio desconocido e inesperado, se sienten apabullados, asustados y perdidos.

Unos años antes, me requirió un músico mundialmente conocido. Él y su mujer me pidieron que observara a su hija de cuatro años de edad. La niña no había respondido bien a una terapia intensiva para el autismo, en la que se le requería que estuviera sentada largos periodos respondiendo a indicaciones y mandatos. Los padres querían una segunda opinión sobre el mejor enfoque para apoyarla y ayudarla. En mi primera visita a la enorme casa de esta familia, el padre me hizo un gesto para que le siguiera a otra habitación.

«¿Puedo enseñarte algo?», preguntó. Fue hacia una silla tapizada y de detrás cogió una bolsa de papel de la compra, metió su mano dentro y sacó un juguete. Era una bola Bumble Ball, con la batería cargada, un juguete de goma con texturas, con un motor dentro que la hacía vibrar cuando se encendía. Me di cuenta de que nunca la había sacado del embalaje original.

«Compré esto para mi hija las navidades pasadas», dijo con aprensión. «¿Es perjudicial? Pensé que le gustaría».

Me encogí de hombros. «No veo por qué tendría que ser perjudicial», contesté.

«Bueno», dijo él, «su terapeuta me dijo que la haría más autista».

No tenía sentido: una celebridad con un gran talento, conocida por su postura franca y segura, tan paralizada por las palabras de una terapeuta de treinta años, con miedo a dar un juguete a su hija.

Durante más de cuatro décadas mi trabajo ha consistido en ayudar a padres como estos, gente de todos los ámbitos que luchan con la realidad y la comprensión de sus hijos del espectro autista —y para apoyar a educadores y distintos profesionales que trabajan con estos niños—. Conozco cada vez más a menudo a padres que han perdido su equilibrio, que de repente se sienten perplejos, tristes y ansiosos respecto a sus hijos, sin saber qué repercusión tiene el diagnóstico de autismo en el futuro de su hijo y de la familia. Luego, cuando empiezan a buscar claridad y orientación en los recursos en línea y en las redes sociales, se ven inmersos en una jungla de controversias sobre autismo, y a menudo se sienten sobrepasados.

Su angustia y confusión proceden en parte de un exceso de información. El trastorno del espectro autista es en la actualidad uno de los trastornos del desarrollo que más se diagnostican. Los U. S. Centers for Disease Control [Centros para el Control de Enfermedades de los Estados Unidos] estiman que uno de cada cuarenta y cuatro niños en edad escolar, o el 2,3 por ciento, pertenecen al espectro autista, y entre el quince y el veinte por ciento de la población general es neurodivergente. Han aparecido un montón de profesionales y programas para atender a estos niños: médicos, terapeutas, escuelas, programas extraescolares. Hay clases de kárate y programas de teatro para niños autistas, campamentos de deporte, colegios religiosos y clases de yoga. A su vez, charlatanes y oportunistas con mínima o ninguna experiencia —e incluso algunos con credenciales profesionales— anuncian sus métodos como «descubrimientos», o como la única manera de que un niño autista se «recupere». Por desgracia, el tratamiento del autismo es un sector que en gran parte no está regulado.

Todo esto ha contribuido a que la vida de estos padres sea aún más difícil. ¿En qué profesional se puede confiar? ¿Quién puede entender a tu hijo? ¿Qué tratamiento será efectivo? ¿Qué dieta? ¿Qué terapia? ¿Qué medicación? ¿Qué colegio? ¿Qué tutor? Años después, los adultos autistas y sus padres continúan teniendo dificultades con las elecciones sobre la atención médica y la vida en el hogar.

Al igual que otros padres, estas madres y padres quieren lo mejor para sus hijos. Pero al luchar con un problema de neurodesarrollo, no entienden, no saben a dónde dirigirse. Incluso aquellas familias que han estado en la andadura del autismo durante años se sienten perplejas ante las nuevas etapas y las nuevas dificultades que surgen en el camino.

Mi trabajo durante cinco décadas ha consistido en ayudarles a transformar su desesperación en esperanza, reemplazar la ansiedad por la comprensión, convertir el autocuestionamiento en confianza y consuelo y ayudarles a ver que lo que pensaban que era imposible es posible. He trabajado con miles de familias afectadas por el autismo y neurodivergencias, ayudándolas a reestructurar su experiencia, a confiar en su intuición y a construir, a su vez, vidas más sanas y plenas. Por ello espero que este libro pueda serle de utilidad, ya sea usted un padre, un pariente, un amigo o un trabajador profesional, para ayudar a estas personas, niños y sus familias, o bien a usted mismo, ya sea autista o neurodivergente.

Se empieza por cambiar la manera de entender el autismo. Una y otra vez he sido testigo del mismo fenómeno: los padres llegan a percibir a sus hijos de una manera tan diferente con respecto a los otros niños que su comportamiento parece incomprensible. Llegan a creer que el instinto y los medios que ayudan a criar a cualquier niño no van a funcionar con uno que tiene un diagnóstico de autismo. Influidos por algunos profesionales, ven determinados comportamientos como «autistas» e indeseables y tienen como objetivo eliminarlos y de algún modo corregir al niño y «vencer» al autismo.

He llegado a la conclusión de que es un entendimiento erróneo —y un abordaje equivocado—. Este es mi principal mensaje: el comportamiento de los niños y adultos autistas no es fortuito, anormal o extraño, como muchos profesionales han sostenido durante décadas. Estas personas no vienen de Marte. Las cosas que dicen no son —como muchos profesionales mantienen— un sinsentido o «disfuncionales».

El autismo no es una enfermedad. Es una manera diferente de ser humano. Los niños y los adultos autistas no están enfermos; progresan a través de etapas evolutivas, como hacemos todos nosotros. Para ayudarles, no es necesario cambiarlos o arreglarlos. Para estar seguros, debemos abordar los problemas biomédicos o de salud mental concurrentes para reducir el sufrimiento y mejorar la calidad de vida[1]. Pero lo más vital —para padres, profesionales y la sociedad en su conjunto— es trabajar para poder comprenderlos, y después cambiar lo que *nosotros* hacemos.

En otras palabras, la manera más eficaz de ayudar a que una persona en el espectro autista cambie para mejorar consiste en que nosotros cambiemos: nuestras actitudes, nuestro comportamiento y el tipo de ayuda que ofrecemos.

¿Cómo hacerlo? Primero, escuchando. He trabajado en ambientes académicos muy especializados y he prestado servicio en la facultad de un colegio médico de la Ivy League. He publicado mi trabajo en docenas de diarios escolares y en libros. He impartido conferencias y he realizado talleres en casi todos los estados y a lo largo del globo terráqueo, desde China hasta Israel, desde Nueva Zelanda hasta España. Sin embargo, mis clases más valiosas sobre autismo no se extraen de conferencias o revistas; proceden de niños, de sus padres y de algunos adultos sumamente elocuentes —tanto con lenguaje oral como sin lenguaje oral— con la capacidad de explicar su propia experiencia de ser autista o neurodivergente.

Uno de ellos es Ros Blackburn, una mujer británica que habla con más profundidad sobre lo que se siente al vivir una vida autista que casi nadie que yo conozca. Ros a menudo repite este mantra: «Si hago algo que tú no entiendes, tienes que preguntarme sin cesar: "¿Por qué, por qué, *por qué?*"».

Este libro trata de lo que he aprendido durante medio siglo a base de preguntar por qué: lo que he llegado a comprender a fuerza de preguntar lo que se siente al vivir siendo del espectro autista, enfrentándose constantemente a un mundo que puede ser un desafío sin fin debido a las diferencias que se tienen en el cableado neurológico.

Los padres y cuidadores afectados comparten las mismas preguntas: ¿por qué retrocede ante un abrazo?, ¿por qué balancea su cuerpo?, ¿por qué no puede mantenerse sentado ante la mesa del comedor?, ¿por qué repite una y otra vez frases de películas?, ¿por qué se golpea las sienes con los puños?, ¿por qué le aterrorizan las mariposas?, ¿por qué se queda hipnotizada mirando el ventilador del techo?, ¿por qué le abruman determinados sonidos y olores?

Algunos profesionales simplemente lo clasifican como «comportamientos autistas». Demasiado a menudo el objetivo final de los profesionales y los

---

[1] Aunque muchos niños con autismo tienen problemas médicos concomitantes —e incluso trastornos del sueño y problemas gastrointestinales, alergias e infecciones de oído—, la mayoría no presenta estos problemas, que no son determinantes para tener autismo.

padres consiste en reducir o eliminar estas conductas —que pare de dar vueltas, que detenga el aleteo del brazo, que deje de repetir—. O conseguir que la persona cumpla con las exigencias, acepte los abrazos, se quede quieta, detenga su balanceo y en la mesa del comedor «deje de mover las manos y el cuerpo y mantenga la boca cerrada». Todo esto sin hacer la simple pregunta: «¿Por qué?».

Esto es lo que he aprendido en mis años de experiencia, y de Ros Blackburn y otras personas autistas: no existe el comportamiento autista. Todos son comportamientos *humanos* y reacciones *humanas* basadas en la experiencia de una persona.

En los seminarios y talleres, a menudo comento ante la audiencia que nunca he visto hacer nada a una persona autista que no haya visto hacer a una persona neurotípica. Por supuesto que a muchas personas les resulta difícil creerlo. Así que lo planteo como un reto. Pido a los oyentes —normalmente padres, profesores y profesionales— que mencionen un comportamiento que consideran definitivo del autismo, y anuncio que he sido testigo de este mismo comportamiento en una persona neurotípica. Inmediatamente las personas del público levantan la mano.

«¿Qué me dice de repetir la misma frase más de mil veces?».

Muchos niños lo hacen cuando piden un helado o para saber cuánto dura un trayecto en coche.

«¿Y hablar en voz alta con uno mismo sin nadie alrededor?».

Yo lo hago todos los días en mi coche.

«¿Y golpearse la cabeza contra el suelo cuando está frustrada?».

El hijo «neurotípico» de mis vecinos lo hacía cuando era un niño pequeño.

«¿Comerse las uñas?».

Muchísimas personas se comen las uñas cuando están nerviosas.

¿Balancearse, hablar con uno mismo, caminar de un lado a otro, dar saltos, aletear los brazos, estar en Babia? Todos hacemos estas cosas. La diferencia, por supuesto, estriba en que estas conductas no son ni tan persistentes ni tan intensas (o con más edad) en una persona neurotípica. Y si nos quedamos enganchados a estos comportamientos, normalmente nos aseguramos de no mostrarlos en público.

Ros Blackburn dice que la gente la mira cuando da saltos y agita los brazos. La gente no está acostumbrada a ver a un adulto actuar con tanta despreocupación. Ella señala que es frecuente ver en la televisión a personas que hacen lo mismo que ella, después de ganar la lotería o en un concurso. «La diferencia», dice, «consiste en que me excito con más facilidad que vosotros».

Todos somos humanos, y estos son comportamientos humanos.

Aquí radica el cambio de paradigma que este libro ofrece: en vez de catalogar un comportamiento funcional como un síntoma patológico, vamos a entenderlo como parte de una serie de estrategias de afrontamiento, adaptación, comunicación y relación con sucesos de nuestro mundo que son percibidos como abrumadores, aterradores o simplemente demasiado excitantes. Algunas de las terapias para el autismo más populares tienen como única meta la reducción y *eliminación* de conductas, o enseñar a una persona a que cumpla de forma pasiva con lo que se le manda. Mostraré que es mejor desarrollar capacidades, enseñar habilidades, establecer estrategias de afrontamiento y ofrecer apoyos que ayuden a prevenir patrones de conducta preocupantes. Este enfoque proporciona la base que conduce de forma natural a comportamientos más deseables, forja la confianza en uno mismo y la autodeterminación y mejora la calidad de vida de las personas autistas y de aquellos que las apoyan y quieren.

No sirve de ayuda ignorar y patologizar lo que estas personas hacen considerándolo «un comportamiento autista», «un comportamiento aberrante» o «un comportamiento desobediente» (una frase utilizada por muchos terapeutas). En vez de ignorar, es mejor preguntar: ¿qué lo motiva?, ¿a qué propósito sirve?, ¿qué siente esta persona?, ¿ayuda realmente a la persona, aunque la haga parecer diferente?

Las personas autistas son seres humanos complejos y no tengo respuestas simples, pero puedo ofrecer alternativas hacia una mejor comprensión de los niños, adolescentes y adultos en el espectro autista, y de la experiencia de sus familias. Las historias de *Seres humanos únicos* abarcan mi trayectoria a lo largo de diferentes trabajos y ámbitos: mis primeros trabajos en proyectos en campamentos de verano, empleos en departamentos de la universidad y centros hospitalarios y veinticinco años de práctica privada. También describen mis experiencias en el asesoramiento en más de cien distritos escolares públicos, hospitales, organismos privados y familias, y viajes por el mundo a lo largo de muchos años dirigiendo talleres de orientación y enseñanza. Los retiros de fin de semana para padres que he fomentado a lo largo de veinticinco años me han dado la oportunidad de aprender de ellos y entablar muchas amistades profundas y duraderas, y de ser testigo de la trayectoria de familias y personas autistas desde los años de intervención temprana hasta la mediana edad. Por último, a través de muchas conferencias y talleres, me he encontrado y he conocido a autoridades del movimiento de defensa y apoyo del autismo, al igual que a autistas valientes, «héroes desconocidos», muchos de los cuales se han convertido en amigos y colaboradores muy valiosos.

Este libro ofrece un enfoque integral y una mentalidad basada en valores que subyacen a mi investigación y trabajo con colegas, mi experiencia con familias y profesionales y especialmente los *insights*[2] que han compartido personas del espectro de las que he aprendido mucho.

Este es el libro que me habría gustado poder leer hace más de cinco décadas, cuando por primera vez viví y cuidé a niños y adultos autistas. Muchos profesionales entran en el mundo del autismo por una conexión personal —un hijo o un pariente del espectro—. Yo me vi inmerso en este mundo casi por accidente. Después de mi primer año en la universidad, aterricé en un trabajo de verano que no me satisfacía, en una imprenta de Nueva York. Mi novia enseñaba música en un campamento para niños y adultos con discapacidades. Dos semanas después de empezar el verano, me telefoneó para decirme que había una vacante de supervisor. La solicité, conseguí el trabajo y me vi literalmente esa misma noche, con solo dieciocho años, siendo responsable de una sala llena de chicos con problemas de desarrollo neurológico.

Para un chico de Brooklyn, el entorno rural aislado del norte de Nueva York era un enclave salvaje. Pero aún estaba menos preparado para conocer a aquella gente. Un chico de ocho años de mi sala parecía distante y desconectado, pero tenía la facilidad de repetir frases y párrafos enteros que escuchaba. Otro del campamento, un joven adulto conocido cariñosamente como tío Eddie, se movía con pesadez y hablaba como a cámara lenta debido a la medicación que tomaba para las convulsiones. Tenía el hábito adorable de hacer cumplidos sin ninguna inhibición. «Eh Barry», decía, «estás *taaan* guapo hoy».

Sentí que estaba entrando en una cultura diferente con normas distintas en la forma de ser y de relacionarse, llena de personas que actuaban de manera muy diferente a cualquier otra que hubiera conocido anteriormente. Sin embargo, muy pronto me sentí muy cómodo y disfruté tanto de mis campistas que quise entender más. En concreto, ¿por qué estas personas se esforzaban tanto para comunicar sus pensamientos y sentimientos, y cómo podíamos ayudarles? ¿Por qué se disgustaban tan fácilmente ante cuestiones menores como los cambios de rutina o los sonidos altos? Esa experiencia inicial me motivó a estudiar desarrollo infantil y psicolingüística del desarrollo y después patologías del lenguaje y el habla; finalmente, hice un doctorado en ciencias y trastornos de la comunicación.

---

[2] El concepto *insight* es un término que en psicología se refiere a una idea o percepción que implica comprensión con profundidad y amplitud. En psicología se suele traducir como «visión interna», «idea» o «comprensión». En los textos de psicología en muchas ocasiones no se traduce, se mantiene el término en inglés. *[N. de la T.]*

Este libro puede que también me haya ayudado a entender a uno de mis mejores amigos de la infancia en Brooklyn en los años sesenta. Lenny era un estudiante brillante —se saltó dos cursos antes de la escuela secundaria—, y un guitarrista autodidacta con talento. Era un genio de la música, realizaba punteos de Eric Clapton y Jimi Hendrix antes de que alguno de nosotros siquiera los hubiera escuchado.

Es una de las personas más interesantes que he conocido, y también una de las más nerviosas, sin máscara, directa y brusca. Hacía frecuentes comentarios sobre su inteligencia superior que causaban rechazo en los compañeros. Cuando de adulto Lenny vivió en su propio apartamento, sus estanterías estaban llenas de una extensa colección de discos y de las primeras ediciones de libros de cómics, todo en fundas de plástico, organizado y catalogado de manera impecable. Pero el fregadero de la cocina siempre rebosaba de platos sucios, y su ropa estaba esparcida por todas partes. Lenny recibió unas calificaciones perfectas en el examen SAT[3], obtuvo un grado en derecho y dos másteres, pero le resultaba difícil conservar un trabajo porque tenía problemas para relacionarse con la gente.

Sin embargo, si Lenny te conocía bien y confiaba en ti, y teníais intereses comunes, era el amigo más cariñoso y leal que he conocido. Aunque con frecuencia me veía obligado a explicar a conocidos las excentricidades y modales desagradables de Lenny —la mayoría de la gente pensaba que era un maleducado y un arrogante—, me llevó décadas darme cuenta, mucho después de haber perdido el contacto, de que era probable que tuviera el síndrome de Asperger (el Asperger no fue un diagnóstico formal hasta 1994). Cuando Lenny murió a los sesenta años, después de haber fumado durante décadas, pensé que su vida seguramente habría sido más fácil si hubiera sido consciente de ser del espectro, y las personas a su alrededor habrían entendido mejor cuáles eran las causas de sus extraños hábitos y sus frecuentes brusquedades.

Finalmente, este es el libro que me habría gustado compartir hace un par de décadas con los padres de Michael, uno de los primeros niños pequeños autistas a cuya familia llegué a conocer bien. Yo acababa de obtener el título de doctor y daba clases en una universidad grande del Medio Oeste, y Michael era el hijo de nueve años de un profesor de inglés. Como muchos niños autistas, Michael tenía el hábito de mover los dedos delante de sus ojos y quedarse mirándolos, dando la apariencia de estar encantado y cautivado. Se sentaba durante mucho rato, hipnotizado por el movimiento de sus

---

[3] SAT: examen para la admisión universitaria en Estados Unidos. *[N. de la T.]*

propias manos. Sus padres y sus profesores contantemente intervenían para disuadirle, intentando «anular la estereotipia»: «¡Michael, baja las manos...! ¡Michael, deja de mirarte las manos!». Pero él persistía, y con el tiempo aprendió a mirarse las manos a hurtadillas durante actividades rutinarias como tocar el piano.

Durante esa época el abuelo de Michael murió. Este había establecido una relación muy cercana con su abuelo, con el que pasaba todos los fines de semana, y su muerte fue su primera experiencia de pérdida. Por supuesto, se sintió confuso y ansioso, y preguntaba constantemente a sus padres cuándo podría volver a ver a su abuelo. Le explicaron que estaba en el cielo y que algún día, en un futuro lejano, se encontraría con él allí. Michael escuchó con atención y contestó con una sola pregunta: «¿En el cielo se permite a las personas mirarse las manos?».

Cuando Michael consideró la idea de la felicidad eterna, eso es lo que se le vino a la mente: ni ángeles, ni arpas ni un sol eterno, sino un mundo donde pudiera mirar el movimiento de sus dedos cuando quisiera y no se le regañase por algo que a él le gustaba tanto y que le procuraba una sensación de paz.

Con la pregunta ingenua de Michael aprendí mucho sobre él y sobre el autismo. He visto a cientos de niños autistas que se quedan mirando fijamente alguna cosa: sus dedos, el juguete que llevan consigo, un ventilador, aspersores. Podemos quedarnos con la idea de que es un comportamiento «autista», o podemos observar, escuchar, prestar atención y preguntar por qué lo hacen. Cuando he hecho lo segundo, he comprendido qué hay detrás de una fijación como la de Michael: le tranquiliza y estabiliza; le proporciona una sensación de previsibilidad; está bajo su control, es autorregulador. Con esta comprensión y este *insight,* un comportamiento como el de Michael no es tan extraño: es una manera singular de ser humano.

El alcance de este libro abarca todo el espectro del autismo, incluso las dificultades más extremas de personas de todas las edades y sus familias. Soy consciente de lo agotadores y estresantes que pueden llegar a ser algunos patrones de comportamiento. He cuidado a personas abrumadas por el dolor y la confusión ante la posibilidad de que su comportamiento pudiera ser imprevisible, peligroso, destructivo e incluso dañino tanto para ellas como para otras personas. En estos casos extremos, la mayoría de estas personas tienen problemas médicos o de salud mental complejos concurrentes, como alergias, problemas gastrointestinales, trastorno bipolar o dificultades motores y del habla severas. He sufrido daños en mi propia integridad (mordiscos, moratones, arañazos, dedos rotos) al intentar ayudar a personas en estados extremos de angustia. He vivido con personas autistas que también tienen trastornos del sueño, y he experimentado, asimismo, frustración al tratar de garantizar una alimentación adecuada a personas con unas preferencias culinarias muy restringidas. He tratado con niños y adultos que se han perdido, se han escapado o que sin querer han puesto en peligro a otras personas o a sí mismos.

Aunque no he experimentado los niveles de estrés y preocupación que pueda haber vivido un padre, conozco esas preocupaciones y miedos íntimamente. A base de observar y ayudar a innumerables familias, he aprendido una lección importante: incluso en circunstancias extremas de dificultad, nuestras actitudes y perspectivas hacia los comportamientos y las personas autistas marcan una diferencia fundamental en sus vidas —y en las nuestras.

Este es el mensaje que deseo compartir en este libro: poder transformar el miedo, que percibí en el director y en el músico, en admiración y amor. Es el fundamento de lo que enseñé hace unos años en un taller sobre autismo en Nanaimo, una pequeña ciudad de la Columbia Británica. En el transcurso de los dos días que estuve allí, un padre joven con una gorra de béisbol que estaba sentado en la primera fila con su mujer soportó todo sin hablar. Cuando el taller terminó, corrió hacia mí, me abrazó y acomodó su cabeza en mi hombro.

«Me ha abierto los ojos», dijo, «y siempre le estaré agradecido».

Espero que este libro les abra los ojos —y los oídos y el corazón—. Espero captar y compartir el alma singular de muchos de los niños, adolescentes y adultos autistas y neurodivergentes que he conocido —sus entusiasmos, su capacidad de maravillarse, su sinceridad y sentido de la justicia, su lealtad e inocencia—. También voy a describir muchos de los obstáculos que he visto que afrontan estas personas y sus familias. No pretendo que se conozca de primera mano la experiencia vivida de una persona autista, pero espero que puedan aprender de la vida personal y profesional que he compartido durante medio siglo con tantos niños y adultos autistas y con sus familias. A pesar de las dificultades que usted pueda experimentar como padre, familiar, educador o una de las tantas personas que comparte su vida con personas en el espectro y las ayuda, mi deseo es que, si comprendemos qué significa ser una persona con una humanidad singular, nuestras experiencias, y en definitiva nuestra trayectoria vital con estas personas peculiares, serán más profundas, fascinantes y gozosas.

PRIMERA PARTE

COMPRENDER EL AUTISMO

CAPÍTULO 1

PREGUNTAR «¿POR QUÉ?»

La primera cosa que noté en Jesse fue el miedo y la ansiedad que expresaban sus ojos.

Estaba visitando un pequeño distrito escolar en Nueva Inglaterra cuando escuché hablar sobre un niño de ocho años que había sido trasladado desde un distrito cercano. Allí tenía una fama nefasta: los gerentes consideraban a Jesse el peor problema de comportamiento que habían tenido jamás —terco, desobediente, agresivo.

No era difícil entender por qué, dadas sus dificultades. Jesse, un chico robusto de pelo liso castaño y con gafas de montura metálica, luchaba contra una ansiedad social intensa, una sensibilidad extrema al contacto y dificultad para procesar el lenguaje. También tenía un trastorno convulsivo que fue detectado cuando era un bebé, en la época en la que perdió la capacidad de hablar. Se comunicaba con poco más que sonidos guturales y gruñidos, empujaba a las personas y los objetos o conducía físicamente a la gente hacia donde él quería.

Dado que para Jesse era tan difícil que entendieran sus necesidades, a menudo se le veía irritado y triste. A veces pagaba su frustración y ansiedad consigo mismo, se golpeaba con los puños los muslos y la frente, llenando su cuerpo de moratones. Cuando los profesores intentaban que pasara de una actividad a otra con una indicación física o práctica, a menudo reaccionaba agitando las extremidades o les empujaba con los brazos o las piernas. Los informes del colegio anterior describían que los episodios en que daba patadas, se rascaba y mordía se convertían en ataques tan graves que, casi diariamente, tres o cuatro adultos tenían que sujetarlo para contenerlo y luego aislarlo en un cuarto de «descanso».

El personal interpretaba su actitud como un capricho, un comportamiento poco colaborador. Pero la madre de Jesse le conocía mejor. Ella comprendía que sus acciones eran su manera de comunicarse, un reflejo directo de su confusión, sufrimiento, agitación y miedo. Cuando explicó al equipo directivo que su hijo tenía dificultades debido a problemas sensoriales que le hacían excepcionalmente sensible a ruidos fuertes y al contacto, se mostraron despectivos. Insistían en que era obvio que el chico tenía un comportamiento indisciplinado. A sus ojos, Jesse tenía una voluntad firme, era tenaz y desafiante, y la solución consistía en reformarle: tratarle como un entrenador pueda tratar a su caballo.

¿Qué proponían estos educadores para ayudar a que Jesse se comunicase? Prácticamente nada. La política del distrito consistía en centrarse primero en enseñarle obediencia, controlando su comportamiento, y, solo si tenían éxito, abordar el asunto de la comunicación. El primer objetivo, como estaba establecido en su programa Individualized Education Program (IEPs) [Programa de Educación Personalizada], no consistía en ayudarle a ganar confianza para poder expresarse, sino más bien en conseguir que fuese obediente.

Lo hacían todo mal.

Había escuchado tantas cosas horribles sobre Jesse que tenía ganas de verme cara a cara con él. Cuando finalmente lo vi, no observé nada de lo que me habían contado: ni el desafío, ni la agresión ni una desobediencia deliberada. Lo que vi fue a un chico que comprensiblemente estaba asustado, ansioso y en constante guardia, y que a menudo experimentaba reacciones de lucha o huida. Y vi algo más: la vigilancia y ansiedad extremas de Jesse eran manifestaciones del daño que se produce cuando las personas —a pesar de sus buenas intenciones— no comprenden en absoluto el comportamiento ni la experiencia de las personas autistas.

¿Cómo sucede esto? La respuesta breve es que los cuidadores, e incluso los profesionales, pasan por alto preguntar «¿por qué?». No escuchan con atención o no se detienen a observar. En vez de intentar comprender el punto de vista y la experiencia de la persona, simplemente intentan controlar su comportamiento.

Lamentablemente, este modelo de lista de deficiencias —que simplemente cataloga los comportamientos como desviados o normales— se ha convertido en la manera habitual de determinar si una persona es autista. Decimos que una persona es autista si muestra una combinación de comportamientos y características que se consideran problemáticos: dificultad para comunicarse, problemas para establecer relaciones, sensibilidad sensorial y un repertorio limitado de intereses y comportamientos, incluso un discurso repetitivo —conocido como ecolalia— y acciones tales como balancearse, agitar los brazos y girar sobre sí misma. Los profesionales observan estos «comportamientos autistas» y después evalúan a las personas que los realizan utilizando una especie de razonamiento circular: ¿por qué Raquel agita los brazos? Porque es autista. ¿Por qué ha sido diagnosticada con autismo? Porque agita los brazos.

Seguir este enfoque implica definir a un niño o incluso a un adulto basándonos en la suma de sus deficiencias. ¿Cuál es la mejor manera de ayudar a una persona así? Controlar estos comportamientos o tratar de deshacernos de ellos: parar el balanceo, suprimir el discurso repetitivo, reducir la agitación. ¿Qué nos indica el éxito? Cuanto más se consiga que un chico actúe y parezca «normal», y cumpla con lo que se le pide, mejor. Como un destacado terapeuta conductual dijo: el objetivo es conseguir que «no se distinga» a una persona autista de una persona neurotípica.

Esta manera de entender y apoyar a las personas autistas es muy deficiente. Trata a la persona como un problema que hay que resolver y arreglar en lugar de como un ser al que hay que comprender. No muestra respeto por el individuo e ignora la experiencia y el punto de vista personal. Ignora el hecho de que sus diferencias neurológicas significan que las personas autistas aprenden, se comunican y experimentan la vida cotidiana de manera diferente.

Ignora la importancia de escuchar, de prestar atención a lo que la persona intenta decirnos, ya sea por medio del habla o por su forma de comportarse.

Además, según mi experiencia, no funciona —y a menudo empeora las cosas—. Muchos adultos autistas que cuando eran niños fueron sometidos a la «lista de deficiencias» y a modelos de entrenamiento en la obediencia han contado lo difíciles e incluso traumáticas que fueron esas experiencias. Y las investigaciones han documentado índices mucho más elevados de ansiedad entre aquellos individuos. En palabras del autor autista Paul Collins: «Los autistas son como clavijas cuadradas, y el problema de introducir una clavija cuadrada en un agujero redondo no estriba en que el martilleo sea un trabajo duro. El problema está en que se rompe la clavija».

Lo que más ayuda es ir hacia lo profundo: preguntar qué motiva estos comportamientos, qué subyace a estos patrones. Es más apropiado y más efectivo preguntar por qué. ¿Por qué se balancea? ¿Por qué alinea sus coches de juguete de determinada manera y solo lo hace cuando llega del colegio a casa? ¿Por qué se tira al suelo o huye cuando se le pide que entre en un gimnasio muy concurrido? ¿Por qué se queda mirando sus manos moviéndolas delante de los ojos, y siempre durante la clase y en el descanso de la clase de inglés? ¿Por qué repite determinadas frases cuando está enfadada? Aunque cada persona es un individuo con sus propias reacciones y experiencias, con el fin de contestar a esas preguntas y aprender a ser útil, es eficaz escuchar lo que dicen las personas autistas sobre modos de comportamiento similares que experimentan, y cuál es la respuesta de más ayuda.

El problema de la desregulación

Normalmente, la respuesta a estas preguntas es que la persona está experimentando algún grado de *desregulación emocional.* Cuando estamos bien regulados a nivel emocional y fisiológico, estamos mejor dispuestos para el aprendizaje y la relación con los demás. Todos nos esforzamos en nuestra vida diaria por estar atentos, centrados y preparados para participar en actividades. Nuestros sistemas neurológicos nos ayudan filtrando el exceso de estímulos, diciéndonos cuándo tenemos hambre o estamos cansados o cuándo tenemos que protegernos de algún peligro. Las personas en el espectro autista son extraordinariamente vulnerables a los problemas emocionales y fisiológicos cotidianos, principalmente debido a las diferencias neurológicas subyacentes (la manera en que funciona el cableado de su cerebro), por lo que experimentan más sensaciones de inquietud, ansiedad y confusión que otras personas. También tienen más dificultad para sobrellevar estos problemas y sensaciones.

Para ser claro: la dificultad para mantenerse bien regulado fisiológica y emocionalmente debería considerarse la característica principal que define el autismo. Por desgracia, los profesionales han ignorado esto durante mucho tiempo, y han centrado su atención en los *comportamientos* que se manifiestan en vez de en las *causas* subyacentes.

Si usted conoce a una persona autista, considere qué contribuye a que esta persona esté *menos* capacitada para estar bien regulada: problemas de comunicación, entornos caóticos, personas que producen confusión porque hablan o se mueven demasiado rápido, un cambio imprevisible e inesperado, una preocupación excesiva por cosas que son inciertas. Además, hay unas dificultades asociadas, tales como la sensibilidad sensorial al contacto y al sonido, alteraciones motoras y del movimiento, falta de sueño, alergias y problemas gastrointestinales. Para algunos, una historia de experiencias traumáticas y estresantes —unida al recuerdo intenso de estas— añade complicaciones adicionales.

Por supuesto, las personas autistas no son las únicas que experimentan estas dificultades. *Todos* nosotros nos sentimos desregulados de vez en cuando. Al hablar frente a una gran audiencia, puede que el sudor nos chorree por la frente, que nos tiemblen las manos, que se nos acelere el corazón. Llevar puesto un jersey de una lana que pica puede convertirse en algo tan irritante que nos impida concentrarnos. Cuando nuestra rutina diaria de las mañanas —café, periódico, ducha— se ve interrumpida por algo inesperado, nos podemos sentir fuera de juego el resto del día. Cuando asociamos personas, lugares o actividades con sucesos difíciles o estresantes, tratamos de evitarlos. Cuando estos factores se acumulan —nos falta sueño, estamos bajo presión, nos vemos atrapados en el tráfico, nos quedamos sin comer y además se nos estropea el ordenador—, es fácil llegar a estar muy alterado.

Todos tenemos estas dificultades, pero las personas en el espectro están muy mal equipadas para enfrentarse a ellas debido a su neurología. Esto las hace mucho más vulnerables que a otras personas —es decir, su umbral es mucho más bajo— y tienen menos estrategias innatas de afrontamiento. En muchos casos, las diferencias en el procesamiento sensorial pueden contribuir a la desregularización: las personas autistas pueden ser hipersensibles o hiposensibles al sonido, la luz, el contacto y otras sensaciones, y por lo tanto son menos capaces de gestionarlo. Además, muchas personas autistas ignoran de manera innata cómo puedan interpretar los demás sus acciones cuando están desreguladas. O bien las reacciones poco útiles de otras personas pueden añadir más estrés, contribuyendo aún más a la desregulación.

La desregulación emocional afecta a diferentes personas de distintos modos. A menudo las reacciones son impulsivas e inmediatas. El comportamiento de una persona puede cambiar de repente y de manera imprevisible, sin causa aparente. Cuando un niño está expuesto a un ruido fuerte, por ejemplo, puede tirarse al suelo. Veo a menudo a niños que se niegan a entrar a la clase de gimnasia o a la cafetería del colegio. Los profesores pueden creer erróneamente que desobedecen de manera deliberada, un intento de evitar una actividad que no les gusta. La razón normalmente es mucho más profunda: el niño no soporta el volumen o el tono del sonido, o el caos del sitio. O bien un adulto empieza a sentirse confuso y nervioso cuando se encuentra con una acera bloqueada por obras en su camino habitual de la biblioteca a casa, y regresa a casa lleno de ansiedad.

Cuando trabajé en un programa de autismo de preescolar que tenía lugar en un hospital, los niños comían dentro de la clase en bandejas que traían de la cafetería del centro. Una vez, el profesor y yo llevamos a los de cuatro y cinco años a la cocina de la cafetería para que pudieran ver cómo limpiaban las bandejas. Justo en el momento en que llegamos, el lavavajillas de tamaño industrial lanzó vapor y de repente emitió una frecuencia elevada: ¡SSSHHHH! Al instante todos los niños dejaron caer sus bandejas, algunos se taparon los oídos y chillaron, y corrieron hacia la salida. Fue como si de repente hubiera aparecido un monstruo a centímetros de sus caras.

Esto es la desregulación, visible y repentina.

A veces la causa de la desregulación es menos obvia. En una visita a un colegio de preescolar, donde yo asesoraba, estaba caminando por el exterior con Dylan, un niño autista de cuatro años, cuando de repente y sin previo aviso se tiró al suelo y se negó a continuar. Amablemente le levanté y le ayudé a continuar, pero en seguida se volvió a tirar. Mientras le ayudaba de nuevo, oímos ladrar a un perro. De inmediato entró en pánico e intentó huir del sonido. Caí en la cuenta de que Dylan, con su oído hipersensible, había estado escuchando todo el camino el ladrido del perro, pero se oía tan lejos que yo no lo había percibido. Lo que parecía un comportamiento poco cooperador, extraño o desafiante en realidad era una manifestación muy comprensible de miedo.

Esto también es desregulación.

Muchos niños autistas (y algunos adultos) agitan los brazos, bien como expresión de su nivel de excitación, bien para calmarse a sí mismos. Conner, cuando se sentía feliz, y a veces cuando se ponía nervioso en el cambio de una actividad a otra, hacía lo que sus padres llamaban su «baile alegre». Se ponía de puntillas y caminaba hacia adelante y hacia atrás, mientras chasqueaba los dedos delante de sus ojos. Un terapeuta anterior aconsejó a los padres de Conner que respondieran con un firme «¡Baja las manos!». Y si no obedecía: «¡Siéntate, siéntate sobre las manos!» (los padres de Conner, en vez de ayudarle a etiquetar sus sentimientos o a facilitarle los cambios anunciándole lo que iba a pasar, siguieron su propio parecer e ignoraron la recomendación).

Es fácil obviar los aleteos, los balanceos o los bailes como «un comportamiento autista». Pero los padres que crían a niños en el espectro, y los profesionales que trabajan con ellos, tienen que adoptar otra perspectiva. Como los detectives, necesitamos examinar y tener en cuenta todas las pistas disponibles y trabajar para poder discernir qué subyace o desencadena una reacción en particular. ¿Qué está pasando para que el niño se desregule? ¿Es interno o externo? ¿Es visible? ¿Pertenece a la realidad sensorial? ¿Es dolor, malestar físico o un recuerdo traumático? En la mayoría de los casos el niño no puede explicar con palabras su comportamiento, así que encontrar pistas va a depender de las personas que están cerca de él.

Estrategias de afrontamiento y conductas reguladoras

Esta es la gran ironía: la mayoría de las conductas que suelen ser etiquetadas como «comportamientos autistas» no son en realidad déficits en absoluto. Son estrategias que la persona utiliza para sentirse mejor regulada emocional y fisiológicamente.

En otras palabras: cuando son eficaces, son fortalezas.

El comportamiento de un niño con sensibilidad sensorial extrema cuando entra en una habitación ruidosa y ahueca sus manos sobre sus oídos y balancea su cuerpo es un signo se desregulación y a su vez una estrategia de afrontamiento. Se puede decir que es un «comportamiento autista». O podemos preguntarnos: «¿Por qué está haciendo esto?». «¿Le ayuda?». Hay dos respuestas: el niño está expresando que algo va mal y a su vez ha elaborado una respuesta para evitar la causa o controlar lo que le está generando ansiedad.

Pensemos en Sam, un camarero bailarín adolescente de un Starbucks de Toronto que protagonizó un video que atrajo millones de visitas en las redes y fue invitado al programa de entrevistas de Ellen DeGeneres. «Me concentro mucho mejor cuando bailo», le dijo a Ellen. En otras palabras, el movimiento constante de Sam —que muchos pueden ver como un estigma o un déficit— en realidad le ayudaba a estar centrado y coordinado, lo que le permitía tener un trabajo y hacerlo bien.

Tanto si nos damos cuenta como si no, todos los humanos tenemos estos hábitos y rituales que nos ayudan a regularnos —tranquilizarnos, calmar nuestros cuerpos y nuestras mentes y salir adelante—. Quizás, al igual que les sucede a muchas personas, a usted le parezca enervante hablar en público. Para calmarse, puede que haga una serie de respiraciones profundas o camine de un lado a otro mientras habla. Esta no es exactamente la manera en la que los seres humanos suelen respirar o comportarse en público. Una persona comprenderá que es su manera de enfrentarte al estrés de la situación y calmar sus nervios para hacerlo lo mejor posible.

Cuando llego a casa después de un día de trabajo, en seguida miro el correo, después lo clasifico, pongo las facturas en un montón, las revistas en otro, y tiro lo que no necesito a la papelera de reciclaje. Si tuviera que omitir este pequeño ritual, me perturbaría; en cierto sentido, me sentiría fuera de mí hasta que pudiera ocuparme de ello. Es una rutina tranquilizadora; es mi modo de aterrizar en casa. Mi mujer, cuando ha tenido un mal día o está preocupada, organiza y limpia. Cuando llego a casa y encuentro las cosas que había dejado desperdigadas por la casa apiladas en un montón, y la casa está más limpia de lo habitual, ya sé que algo le preocupa. Los servicios religiosos constan de rituales reconfortantes —cantos y rezos, gestos simbólicos y movimientos— para que las personas puedan olvidarse de sus preocupaciones y de las trivialidades diarias y entren en contacto con una realidad espiritual superior. Y las prácticas de *mindfulness,* como la meditación, el taichí y el yoga, son consideradas rituales que nos ayudan a conseguir un bienestar físico y emocional.

Las personas autistas tienen rituales reconfortantes y mecanismos de afrontamiento muy variados: se mueven de formas particulares, hablan con diferentes patrones, llevan consigo objetos familiares, cierran puertas de armarios, alinean objetos para crear entornos estables y predecibles. Incluso estar cerca de algunas personas les sirve como estrategia reguladora.

Al llegar a casa después de un día ajetreado en el colegio, Aaron, con ocho años, tenía el hábito de colocar delante de sí las dos palmas de las manos en la mesa y después saltar de manera rítmica en el sitio. Sus padres se dieron cuenta de que la duración y la intensidad de los saltos eran un buen barómetro del estrés que había tenido durante el día. Así como los bebés se consuelan y se calman balanceándose, y los niños pequeños corren en círculos para mantenerse despiertos, todos utilizamos el movimiento para modular nuestro *arousal*[1] fisiológico y emocional. Si las personas autistas se sienten poco estimuladas, puede que incrementen su atención trepando, girando sobre sí mismas, dando saltos o balanceándose. Si están hiperestimuladas, puede que se calmen a sí mismas caminando, chasqueando los dedos, mirando un ventilador o cantando repetidamente una misma frase.

Muchas personas lo denominan sencillamente «comportamientos». Una y otra vez he escuchado a padres y educadores describir a la gente del espectro diciendo que tienen «comportamientos». ¿No los tenemos todos? Solamente en el ámbito del autismo la palabra *comportamiento* —sin ningún adjetivo— tiene una connotación negativa. «Nuestra nueva alumna, Sally, tiene muchos comportamientos», dice un profesor. O apunta: «Estamos trabajando para deshacernos de los comportamientos de Scott». Otras personas utilizan el término *stim* o *stimming* (para el comportamiento autoestimulatorio, repetitivo), términos que tenían, y todavía tienen en algunos enfoques, connotaciones negativas. En décadas anteriores muchos investigadores querían que los niños dejaran de tener estereotipias, y muchos utilizaban el castigo e incluso el *shock* como un medio para eliminar «los comportamientos autistas».

Gracias a los *insights* y la ayuda de muchos adultos autistas, ahora podemos comprender que los *stims* [comportamientos autoestimulatorios]

---

[1] *Arousal* es un término técnico dentro del autismo que hace referencia al nivel de activación psicofisiológica de un individuo. También se utiliza el término «excitación». El autor utiliza ambos términos. *[N. de la T.]*

están al servicio de una función autorreguladora, que ayudan a la persona a sentirse segura cuando el ambiente sensorial es abrumador o cuando está ansiosa, asustada o incluso aburrida. O también puede uno tener un comportamiento repetitivo porque es placentero, divertido y creativo. Prue Stevenson, una artista autista australiana, hace arte visual y *performances* basándose en sus propios comportamientos autoestimulatorios. «Hemos reivindicado estos comportamientos como propios», me dijo una persona autista.

De modo que no deberíamos juzgarlos meramente como *comportamientos*. La mayor parte de las veces son *estrategias* para afrontar la desregulación, o simplemente para hacer algo divertido y conectarse a la realidad.

Cuando en 1943 un psiquiatra americano llamado Leo Kanner introdujo por primera vez el diagnóstico del autismo, percibió un rasgo llamativo en los niños que describía. Lo llamó «insistencia en la invarianza del ambiente» (un rasgo que todavía se considera definitivo en el autismo). Ciertamente, muchas personas autistas se regulan intentando controlar su entorno o el comportamiento de otras personas —buscando la no alteración—. Esto no es un síntoma patológico. Es una estrategia de afrontamiento.

Siempre que Clayton volvía a casa, inspeccionaba todas las ventanas y ajustaba las persianas de modo que todas estuvieran exactamente a la misma altura. ¿Por qué? Trataba de permanecer estable teniendo el control de su entorno y haciéndolo predecible y simétrico a nivel visual. Otras personas comen habitualmente los mismos alimentos, cierran todas las puertas de los armarios de la clase, ven el mismo vídeo una y otra vez o insisten en sentarse en la misma silla todos los días. Peter, un hombre joven que conozco, insiste en que al comienzo de la semana de las clases de expresión artística a las que asiste por Zoom saludemos a sus compañeros de clase en un orden determinado.

¿Los rituales del tipo de los de Clayton y Peter son un indicio de un trastorno obsesivo-compulsivo? El verdadero comportamiento TOC es perturbador y rara vez ayuda a la persona a sentirse mejor. En otras palabras, la necesidad de lavarse continuamente las manos o tocar todas las sillas antes de abandonar una habitación puede interferir en las actividades diarias. Pero cuando una persona autista busca la misma ropa o música, o establece un orden visual organizando las cosas, lo hace porque ha aprendido que todo esto le ayuda a regularse emocionalmente para que le sea más fácil involucrarse y aprender.

Una vez una pareja trajo a la clínica de prácticas que yo dirigía a su hijo de siete años de edad, Anton, para hacerle una primera evaluación. Un colega y yo, después de interactuar con el niño y observarle un rato, debíamos hablar con los padres, así que le dimos a Anton papel y unos rotuladores de colores para que se entretuviera.

Mientras conversábamos, Anton dibujaba concentrado. Cuidadosamente cogía un rotulador, retiraba el tapón, anotaba un número, colocaba de nuevo el tapón y volvía a colocar el rotulador en la lata; luego repetía el proceso decenas de veces con diferentes rotuladores. Cuando hicimos un descanso y miramos lo que había dibujado, me quedé sorprendido. Anton había creado una cuadrícula con números del 1 al 180 colocados en orden, alternando de manera sistemática siete colores. El resultado fue una secuencia de filas de números organizados de manera ordenada y precisa cuyas columnas diagonales creaban un arcoíris de color. Este chico solo podía decir una palabra de una vez y repetir un par de frases, pero estuvo tranquilo y ocupado unos treinta minutos con toda su atención puesta en crear este ingenioso despliegue visual.

«Jamás ha hecho algo parecido anteriormente», me dijo su madre.

El dibujo revelaba no solo que la mente de Anton era más ágil y compleja de lo que habríamos imaginado, sino que también había ingeniado su propia forma de mantenerse regulado. En este nuevo entorno con adultos —algunos desconocidos— que conversaban a su alrededor, encontró un modo de permanecer estable. Otro observador podría haber llegado a la conclusión de que estaba teniendo un comportamiento *stimming* (autoestimulatorio). Yo lo llamo *autorregulación* (y extraordinariamente creativa).

Algunas veces lo que ayuda a un niño a autorregularse puede ser un objeto. Un niño tenía consigo todo el tiempo un piedra concreta —pequeña, negra y pulida—, al igual que los bebés agarran las mantitas o los animales de peluche. Le tranquilizaba; le regulaba. Cuando la perdió, su padre estaba angustiado. «Lo hemos intentado con todo tipo de piedras negras», me dijo, «pero él sabía que no eran *esa* piedra». Al final encontró un sustituto, una anilla de llaves de plástico. Ron Sandison (véase el capítulo 12), un autor autista, ministro de una parroquia y conferenciante, describió con mucho afecto a su leal compañero de la infancia, un perro de las praderas de peluche llamado Prairie Pup, que a lo largo de muchos años llevaba consigo allá a donde fuera.

A menudo, los niños autistas mordisquean, mastican o chupan cosas para regularse, igual que muchas personas mastican chicle o disfrutan de picoteos crujientes. Glen recogía ramitas en el patio del jardín de infancia, las chupaba y con frecuencia las masticaba. En clase mordía continuamente los lápices, y su madre decía que se mordía tan a menudo las mangas y los cuellos de las camisas que la factura familiar en ropa estaba aumentando considerablemente. Cuando observé a Glen en clase, era evidente que buscaba cosas para morder o masticar cuando se sentía más desregulado: los ratos que no estaban planificados (como los descansos), las transiciones, o bien cuando aumentaba el ruido. Cuando trabajé con su terapeuta ocupacional, le sugerí formas alternativas de que Glen tuviera el contacto sensorial que anhelaba: ofreciéndole comida crujiente (zanahorias, galletas con pepitas) y un juguete o tubo de goma para masticar. También le proporcionamos una variedad de apoyos para disminuir su nivel de ansiedad y confusión.

Personas que actúan como factores reguladores

Uno de los muchos mitos dañinos sobre las personas autistas es el que afirma que son personas solitarias y aisladas que no necesitan ni buscan relaciones. Esto no es verdad. De hecho, para muchos la presencia y la proximidad de otro ser humano de confianza son la llave de su regulación emocional. Los McCann se habían trasladado recientemente a una nueva ciudad, en donde su hijo autista, Jason, de cuatros años, fue inscrito en un programa público de preescolar. Su madre pidió al colegio que le procuraran al niño descansos programados para moverse —momentos para salir fuera o al gimnasio una o dos veces al día— y solicitó que le acompañara su hermano de ocho años. Como los chicos se estaban adaptando al nuevo entorno, creía que podía ser muy beneficioso para ellos, dado que ambos estaban muy unidos. Además de permitir que Jason se regulara al disfrutar de la movilidad que necesitaba, también tenía la posibilidad de contar con la presencia reguladora de una persona familiar y de confianza, su hermano.

Algunas personas autistas se desregulan si una persona concreta se ausenta. Jamal, de siete años, preguntó a su profesor: «¿Mami en casa?». Un terapeuta sugirió que el profesor contestara afirmativamente solo una vez, y que después ignorara las repetidas preguntas. Con ignorarlas solo se consiguió que Jamal estuviera más ansioso: sus preguntas eran cada vez más insistentes y en voz más alta. En su lugar sugerí que colocaran en su mesa una foto de su madre en casa y le aseguraran: «Mami está en casa. Verás a mami después del colegio». Esto redujo su necesidad de preguntar y le ayudó a centrarse en el trabajo de clase.

Un alumno de tercer curso llamado Caleb se benefició de un compañero de otro tipo: un amigo imaginario al que llamó Stephen. En clase Caleb a veces insistía en guardar para Stephen el asiento al lado de él. En el patio de recreo hacía como que jugaba con Stephen. Su profesor decía que Caleb tendía a invocar a Stephen solo en momentos difíciles: los cambios entre actividades, preparativos o en circunstancias particularmente caóticas. Cuando le visité como especialista, sus compañeros de clase me dijeron que Stephen era el amigo imaginario de Caleb, que le ayudaba porque era autista. ¡Ellos lo comprendían! Claramente, Caleb estaba utilizando al amigo imaginario como una estrategia de regulación emocional, una forma de calmarse en los momentos difíciles.

«¿Deberíamos disuadirle?», preguntó la profesora. Mientras no le hiciera estar menos presente o relacionarse menos, le aseguré que parecía una estrategia útil. A medida que Caleb hacía amigos y estaba más cómodo, cada vez mencionaba a Stephen con mucha menos frecuencia, y luego en absoluto.

Algunas estrategias son verbales. Muchas personas autistas tienen ecolalia, la repetición del lenguaje hablado, ya sea inmediatamente o bien algún tiempo después (véase el capítulo 2). A menudo esto también ha sido rechazado por ser un comportamiento autista, como un habla irrelevante y sin sentido. Pero la repetición cumple muchas funciones para las personas autistas, incluso la regulación emocional. Un niño puede preguntar una y otra vez: «¿Vamos a ir a nadar esta tarde?». Se puede catalogar al niño de preguntón e intentar que deje de repetir. O podemos preguntarnos: ¿por qué necesita hacerlo?, ¿cuál es el propósito? Quizás tenga la necesidad de que las cosas sean predecibles. Así, preguntar de manera repetida es un signo de que se siente a disgusto y a su vez una estrategia de afrontamiento que utiliza para obtener información con el fin de saber a qué atenerse, reduciendo así su incertidumbre y su ansiedad.

Algunas personas autistas no solo se repiten, sino que acaparan conversaciones, durante las cuales comparten gran cantidad de información sobre un tema favorito (digamos geografía, películas de Disney, dinosaurios u horarios de trenes), y puede que no tengan en cuenta los pensamientos, sentimientos o intereses de su interlocutor. Esto también puede ser un signo de desregulación, o bien un profundo interés en compartir la información. A una persona que tiene dificultades para captar las sutilezas de los códigos sociales y que le resulta estresante lo imprevisible de las conversaciones normales, hablar sin parar sobre un tema familiar y querido puede proporcionarle una sensación de control. Como una vez me dijo un hombre autista: «Participar en una conversación que fluya libremente es como meterse en un campo minado. Algo que dices o haces puede explotarte en la cara». Puede que por eso Paul, que está en la treintena, casi siempre me salude diciendo: «Hola, Barry. La primera vez que me visitaste fue en la escuela de educación infantil de Stonehill cuando yo tenía cuatro años, ¿cierto?». Es su manera ritual de iniciar la conversación, básicamente su manera de decir: «Hola, Barry, ¿cómo estás?».

A menudo veo a gente ir más allá, tratando de controlar *ambas* partes de la conversación. Algunos les proponen a sus padres lo que tienen que decir:

«Pregúntame "¿quieres cereales Cheerios o Frosted Flakes?". ¡Pregúntame!». Muchos niños que ya saben las respuestas hacen preguntas repetidamente: «¿cuál es tu equipo favorito de baloncesto?», «¿de qué color es tu coche?», «¿dónde vives?». Si de manera intencionada y juguetona les doy la respuesta equivocada, me corrigen de inmediato. «Entonces ¿por qué preguntan?». Hacer esto puede ser otro intento de tener el control, aumentar la predictibilidad y evitar la alteración ante la ansiedad que les ha producido la conversación. A su vez, muestra el deseo del niño de conectarse e interactuar socialmente.

La importancia de comprender los «comportamientos»

Una vez que se entiende el papel que desempeña la regulación y desregulación emocional en el autismo, es fácil comprender por qué los métodos basados en una «lista de deficiencias» resultan ineficaces para tratar el autismo. En realidad, a las personas implicadas les puede causar *más* ansiedad, sobre todo cuando lo que pretenden es reducir las estrategias que les ayudan. Estos métodos catalogan como autistas ciertos comportamientos y características, considerándolos únicamente a través de la perspectiva de lo patológico, y después se centran en «la extinción» (un término que utilizan muchos terapeutas conductuales). Fracasan al indagar las verdaderas motivaciones que subyacen a los comportamientos, y a menudo reprochan a la persona el ser desobediente o manipuladora en vez de darse cuenta de que esta está utilizando con éxito las estrategias apropiadas. Si consiguen eliminar estos comportamientos, lo que en verdad están haciendo es despojar a la persona de sus estrategias de afrontamiento, y le están transmitiendo que lo que está haciendo es ofensivo o incorrecto, lo que posiblemente le provoque baja autoestima, depresión y la sensación de ser inferior y una incompetente. Un método mejor consiste en reconocer la valía y el propósito de dichos comportamientos y, cuando sea necesario, enseñarles otras estrategias que les permitan regularse bien.

Pretender eliminar un comportamiento sin entender por completo su propósito no solo es inútil, sino también una muestra de falta de respeto hacia la persona. Peor aún, cuando dichos esfuerzos son frecuentes, puede que la vida de la persona autista se torne más difícil y con el tiempo erosione la autoestima personal, al hacerle sentir que «ha metido la pata» o «está siendo mala otra vez».

Este fue el caso de Lucy, una niña de once años. Sus profesores del colegio público habían informado de que Lucy, que todavía no tenía un sistema de comunicación efectivo y seguro, era una niña infeliz y sumamente agresiva, propensa de manera impredecible a abalanzarse y arañar la cara y el cuello de los profesores y terapeutas. Después de estar una mañana observándola en mi función de orientador del distrito, vi dónde radicaba el problema. Gran parte del trabajo de los educadores y terapeutas con Lucy consistía en enseñarle a obedecer, realizando por ejemplo ejercicios en los cuales le pedían todo el rato que emparejara dibujos e imágenes en tarjetas o que señalara las imágenes según se las fueran diciendo.

En seguida deduje por qué parecía que Lucy arremetía contra sus profesores. En medio de la actividad, la profesora de apoyo cambiaba bruscamente de rumbo. Dejaba de mostrarle los dibujos y en su lugar escribía el nombre de Lucy en una tarjeta, la colocaba en una fila junto a otras y le pedía a la niña que la identificara. Casi al instante, Lucy se abalanzaba hacia la joven mujer, tratando de tirarle de la blusa en señal de protesta. ¿Por qué? La terapeuta había cambiado la pauta, modificando las reglas sin avisar. No es de extrañar que un cambio repentino descoloque y desencadene una reacción extrema en una niña con ansiedad elevada que para entender el mundo necesita una rutina.

Para probar mi teoría, ese día, más tarde, observé a Lucy cuando paseaba con una profesora a lo largo de un pasillo del colegio. Le sugerí a la profesora que hiciera un trayecto distinto del habitual. Cuando lo hizo, Lucy se disgustó de repente y otra vez se abalanzó y se agarró al cuello y a la blusa de la profesora, igual que había hecho anteriormente. No me agradó provocar esa reacción, pero permitió a la profesora entender algo importante, pues hasta entonces pensaba que el comportamiento de Lucy era un intento deliberado de «escapar» de las actividades.

Era evidente que el agarrarse no era un comportamiento *agresivo:* era a la vez una protesta y una súplica de ayuda en un momento de confusión extrema. Lucy no pretendía hacer daño. Se sintió confusa; se puso más ansiosa y se desreguló, aproximándose a un estado de pánico.

Cómo los adultos pueden causar desregulación

La experiencia de Lucy muestra de qué manera la gente puede causar desregulación en la vida de las personas autistas. Cuando dirijo talleres de autismo para padres y profesionales, a menudo le digo a la audiencia: «Levanten la mano si alguna vez su comportamiento ha sido la razón principal de que su alumno, hijo o cliente adulto haya sufrido una crisis total». Después de algunas risas nerviosas, prácticamente todos levantan la mano. No somos mala gente, señalo. Podemos estar actuando con las mejores intenciones cuando les pedimos al niño o a una persona mayor que permanezcan solos cinco minutos más en una actividad ruidosa y difícil, por ejemplo, o que resuelvan dos problemas más de matemáticas. Pero eso es todo lo que se necesita.

Por supuesto, también podemos desempeñar un papel importante al ayudar a la gente a salir adelante. Si un niño es hipersensible al sonido, el padre le puede proporcionar auriculares con amortiguación para el ruido. Con frecuencia una niña repetirá preguntas —«¿vamos al parque esta tarde?, ¿vamos al parque esta tarde?»— incluso después de que el padre le haya contestado varias veces. En lugar de contestar directamente, el padre podría decir: «Vamos a escribir la respuesta y vamos a ponerla en el calendario para no olvidarnos». Esto no solo responde a la preocupación de la niña y le ayuda a tranquilizarse a corto plazo; también le proporciona un modelo, una estrategia para mantenerse regulada en el futuro. En este mismo sentido, podemos animar a un estudiante universitario autista a que se proteja explicando a su profesor que puede que necesite hacer una pausa para moverse y poder seguir concentrándose en una clase de larga duración.

A menudo las cosas más importantes que podemos hacer para ayudar consisten en acoger y aceptar los sentimientos de desregulación de una persona; sin embargo, con frecuencia los profesores y otras personas pasan por alto este aspecto básico. Hice una visita de asesoría para James, de ocho años, en un día especialmente difícil para él. James era un chico pequeño, dulce, enjuto y activo con grandes ojos que a veces tenía episodios de desregulación impredecibles e incontrolables. Una parte favorita del día para él era la clase de gimnasia, una oportunidad para quemar energía y relajar el cuerpo. Pero aquel día en particular el gimnasio estaba siendo utilizado para las fotos de la clase. A los niños autistas a menudo estos cambios en el horario les confunden y les suponen un reto, por lo que no fue una sorpresa que James reaccionara con consternación. Los profesores se ofrecieron a llevarlo a dar una larga caminata, pero eso no satisfacía su necesidad de regularse.

«Pero *necesito* ir», dijo entonces, gritando. «Necesito *moverme en el gimnasio*».

Cuando me llamaron de la otra parte del edificio, la crisis de James se había vuelto tan grave que el profesor le sacó fuera de la clase y le llevó a una pequeña sala de conferencias, donde se escondió debajo de una mesa, gruñendo y negándose a salir. Previamente, un terapeuta había sugerido al personal que ignorara este comportamiento, de modo que al no prestarle atención, no se reforzara la conducta. Yo, en su lugar, le ofrecí a James un puf que le agradaba y un animal de peluche, una rana, que le gustaba agarrar cuando necesitaba calmarse. Los deslicé debajo de la mesa, donde estaba enroscado en posición fetal.

«James», le dije con clama, «creo que estás disgustado porque no has podido ir hoy al gimnasio».

«No pude ir al gimnasio», repitió. «Necesito *moverme*».

Apretujé despacio mi cuerpo bajo la mesa y me acerqué al chico. Sentado a su lado, acogí sus sentimientos de confusión y rabia y le trasladé algunas palabras de ánimo: «Todo el mundo se siente triste porque sabe que estás disgustado».

Al escuchar mis palabras, se calmó y se volvió hacia mí. «¿Mañana no hay fotos?», dijo finalmente. «¿Mañana voy al gimnasio?».

«Sí», le dije, «mañana irás al gimnasio».

James emergió voluntariamente, salió despacio de la habitación y pidió dar un paseo por el pasillo. Sus profesores dijeron que se recuperó mucho más deprisa que cuando le ignoraban.

James no necesitaba ser ignorado, y su reacción lo demostró con claridad. Se había interrumpido la rutina que le regulaba y en la que se apoyaba. Cambiaron las reglas sin previo aviso. Sus expectativas no se cumplieron. Necesitaba a alguien que estuviera presente y le escuchara, que acogiera y aceptara sus sentimientos.

Hacia el final del día escolar, un profesor de apoyo del colegio me paró en el pasillo y me trajo a James, que sostenía su rana de peluche. «Doctor Barry, solo quiero decir adiós», dijo James, «y mi rana también quiere decir adiós». No fue la primera vez que se me saltaron las lágrimas ante un gesto sencillo de un chico adorable.

Un padre o un profesor pueden marcar la diferencia, positiva o negativa, simplemente con el tono de voz o el nivel de energía o siendo predecible —o inesperado, acogedor o invasivo—. Si un extraño o incluso un pariente intentan dar un abrazo a una niña autista sin avisar, esta puede reaccionar de forma defensiva. Pero puede que a la misma niña no le moleste un abrazo si ella toma la iniciativa. Una vez, cuando mi amiga británica Ros Blackburn visitó Estados Unidos, la acompañé a varios discursos donde la presenté a algunos conocidos. Cuando la gente se acercaba a su espacio personal con gran emoción y energía —«¡Ros! ¡Es *tan* genial conocerte!»—, ella a menudo daba un paso hacia atrás, incluso retrocedía; su cuerpo se ponía rígido y adoptaba una postura de protección, en guardia. Pero cuando la gente estaba más alejada, se movía lentamente y hablaba más despacio y más calmada, Ros respondía con mucha más facilidad y confianza.

A veces ofrecer el mejor apoyo consiste en suprimir nuestras reacciones instintivas, emocionales. Barbara recogía a su hijo de cuatro años, Nick, en el colegio de preescolar todos los días a las 3 de la tarde. Un día, de camino al colegio, se le pinchó una rueda y tuvo que esperar cuarenta y cinco minutos a una grúa. Avisó al colegio, pero su hijo tenía tal dependencia de la rutina establecida que, mientras Barbara esperaba, estaba preocupada por cómo reaccionaría Nick. ¿Entraría en pánico? ¿Tendría una crisis?

Cuando por fin llegó, Nick estaba sentado en una alfombra en el «rincón de la tranquilidad» de la clase, balanceándose de manera frenética; parecía desconectado, perdido y desconsolado. Al resto de los niños ya los habían recogido, y él era el último que esperaba. La profesora le dijo a Barbara que Nick sabía que ella vendría, pero, llena de ansiedad, Barbara sintió el impulso de ir corriendo a tranquilizarlo. Sin embargo, se detuvo, inspiró hondo, se acercó despacio y con calma y se sentó a su lado. «Nick, cielo, mami está aquí», dijo en un tono comedido, suave. «Todo está bien». Paulatinamente, Nick la miró, dejó de balancearse y repitió: «*Mami* está aquí, mami está aquí, mami está aquí». Se levantó, la cogió de la mano y en silencio la llevó hasta la puerta. Barbara entendió que, para ayudar a que Nick se recuperase, ella misma necesitaba estar bien regulada.

El momento en que se contuvo es representativo de una idea importante: en lugar de intentar cambiar la reacción que tiene con nosotros una persona autista, tenemos que prestar mucha atención al modo en que *nosotros* reaccionamos ante ella.

El poder de escuchar e infundir confianza

Aprendí esa lección en un sentido más amplio a partir de mi experiencia con Jesse, el niño de ocho años cuyo difícil comportamiento había sido un problema en su antiguo colegio. En su nuevo colegio, donde yo asesoraba, claramente necesitábamos trabajar para poder infundirle confianza y ayudarle a ver el colegio de forma positiva. Mi método, siempre que sea posible, consiste en trabajar como un miembro más del equipo en vez de asumir que tengo todas las respuestas. Los padres, profesores, terapeutas, gerentes y otras personas que están involucradas en la vida de un niño, en colaboración, pueden elaborar y ejecutar programas mucho más eficaces. Poco después de que Jesse llegara, cuando el equipo de su nuevo colegio se reunió por primera vez, casi todos estaban de acuerdo en que Jesse no era agresivo, sino que más bien estaba a la defensiva, asustado y confuso.

«Vamos a tener que infundirle confianza», le dije al equipo. Jesse no hablaba, y desde que el colegio anterior dio la prioridad a la educación en la obediencia en vez de en la comunicación social, Jesse carecía de una comunicación efectiva. No tenía control sobre cómo pasaba su tiempo, y ni siquiera entendía qué podía esperar, ya que sus profesores no utilizaban los calendarios visuales que ayudan a los niños a organizarse y a hacer las cosas más predecibles. Mientras los profesores y terapeutas se habían centrado en conseguir que se portara bien, él había estado luchando por expresarse y sobrevivir.

Estaba siempre desregulado y no tenía modo de compartir cómo se sentía o expresar qué necesitaba —aparte de que la gente dejara de molestarlo.

El equipo de su nuevo colegio se ocupó en seguida de que tuviera medios para comunicarse. Utilizaron tarjetas con imágenes representativas y fotografías, y se aseguraron de brindarle oportunidades de sentir cierto grado de autonomía y dignidad. Le dimos un horario para que supiera qué esperar. Comprendimos que tenía graves problemas sensoriales, por lo que un terapeuta ocupacional creó un programa con varias estrategias sensoriales para ayudarle a regular su cuerpo. Como parte de la rutina de las mañanas, por ejemplo, se sentaría en una mecedora en un sitio tranquilo de su clase mientras un terapeuta ocupacional le masajeaba las manos con crema y luego la frente; le tranquilizaba la presión a fondo del masaje. Una vez bromeó comentando que la habitación debería haberse llamado Spa Jesse.

En pocas semanas el equipo había organizado las fotografías y las imágenes de Jesse en un libro para la comunicación mediante el cual expresase qué deseaba o quería hacer (esto fue antes de que los iPad fueran asequibles). El libro incluía actividades que para él eran reguladoras, tales como correr en el gimnasio, apretujones de cabeza, masajes y escuchar música. El terapeuta le permitía elegir en qué mano o brazo quería el masaje, y también le enseñó a hacerse masajes a sí mismo. Antes estaba tan nervioso y asustado que apartaba a todo el que se le acercaba. Ahora Jesse era capaz de comunicarse, se sentía a gusto e interactuaba con los compañeros y los profesores durante largos ratos. Pasó parte de sus días en clases normales, con un profesor de apoyo, y solo un par de meses después de su llegada su profesor tenía buenas noticias: por primera vez en el nuevo colegio, Jesse había esbozado una amplia sonrisa; por primera vez en su vida Jesse estaba encantado de ir todos los días al colegio.

¿Qué había cambiado? En el colegio anterior el personal había centrado la atención en conseguir que Jesse obedeciera, que siguiera su programa —no en escucharle, no en la comunicación—. Ahora el objetivo consistía en fomentar la comunicación social y encontrar el modo de que mantuviera un estado emocional bien regulado. Con el nuevo equipo, Jesse sintió que tenía el control de su vida; no ilimitado, pero sin límites fijos y con opciones dentro de una estructura predecible. Le enseñaron cosas que podía hacer de manera independiente para tener un sentimiento de control y mantenerse bien regulado. Le ayudaron a comprender que estaban allí para ayudarlo, no para controlarlo.

Todavía le quedaba un poco de trabajo y algunos días difíciles para sentirse seguro del todo. Pero con el tiempo estos días fueron menos frecuentes y Jesse se abrió, sintiéndose claramente más cómodo en las clases, con la gente, en su propia piel. Jesse continuó progresando en secundaria y se hizo cargo de dos trabajos diferentes. Con un compañero neurotípico de clase, recogía papel de las aulas para reciclarlo. También llevaba el correo a las aulas. Aunque Jesse no leía con fluidez, el personal creó un sistema de código de colores para ayudarlo a ordenar el correo. A lo largo de todo el proceso tuvo la oportunidad de interactuar con adultos y compañeros. Con la ayuda de un dispositivo generador de voz, Jesse mantenía breves conversaciones cada día con los profesores cuando les entregaba las cartas y los paquetes.

Sin crisis, sin golpes, sin resistencia, y con muchas sonrisas basadas en una gran confianza.

El chico que parecía estar tan asustado, herido y solo ahora estaba empleado en la tienda del colegio, vendiendo bocadillos y bebidas a compañeros de clase y a profesores, cobrando el dinero y dando el cambio. Celebró el final de secundaria asistiendo al baile de fin de curso con un amigo. Más tarde, en bachillerato, este adolescente, que en otro tiempo había sido tan nervioso e impredecible que el personal se alejaba de él en los pasillos, trabajó como ayudante del profesor de química. Jesse mantenía en un orden tan magnífico las cubetas y los tubos de ensayo en las estanterías (con la ayuda de una guía visual) que el profesor decía que nunca antes el laboratorio había estado tan organizado.

Recuerdo claramente un momento en una reunión de equipo cuando Jesse tenía diez años. Dos años antes, su madre había renunciado al distrito escolar anterior, frustrada y enojada por la forma en que Jesse había sido tratado: como un problema de comportamiento. Ahora miraba a los terapeutas, a los profesores y al personal en torno a la mesa con lágrimas en los ojos.

«Han salvado a mi hijo», dijo al grupo.

Si lo hicimos, no fue con medidas heroicas o *insights* geniales. En lugar de intentar cambiar a Jesse, escuchamos, observamos, preguntamos por qué, y nosotros cambiamos nuestro enfoque en función de lo que veíamos y escuchábamos. Identificamos lo que le hacía sentirse desregulado, y le ayudamos proporcionándole medios para hacerle frente y tener algo de control sobre su vida.

Si este enfoque funciona con Jesse, puede ayudar a casi cualquier niño.

CAPÍTULO 2

ESCUCHAR

David me enseñó a escuchar.

David era un niño de cuatro años enérgico y alegre que parecía estar en constante movimiento, saltando de un lado a otro como una bola de *pinball*. Al principio de mi profesión, cuando le observé en su clase de preescolar, me di cuenta de que, aunque David hablaba sin parar, casi todo su discurso eran repeticiones. En lugar de un lenguaje y un discurso normales, creativos, él tenía su propia forma de comunicación: o imitaba con gestos lo que acababa de oír decir a alguien o construía una frase u oración que parecía estar totalmente fuera de contexto o incluso parecía absurda. A veces repetía inmediatamente lo que escuchaba; otras veces lo repetía horas, días o meses después.

A David le fascinaban las sensaciones táctiles y las texturas, y tenía una afición particular por mis jerséis. Un día estaba intentando animarle a que se turnara conmigo para colocar las piezas de un puzle, pero estaba distraído. De manera descarada, como hacen los niños pequeños, comenzó a quitar bolitas de lana de la manga de mi jersey, y luego de la parte delantera, examinando de cerca cada bolita; la mantenía ante sus ojos y la frotaba entre el pulgar y el dedo índice. En lugar de protestar, decidí seguirle en su interés.

«¿Has visto esto, David?», dije. «Es un trozo de pelusa».

«Esto es un trozo de pelusa, pelusa, *pelusa*», repitió, excitado porque me interesara lo que a él le fascinaba.

Le escuché mientras se deleitaba jugando con la bolita de lana, y después mientras jugaba con la propia palabra. Parecía disfrutar la sensación según salía la palabra de sus labios: «¡Esto es un trozo de pelusa, pelusa, pelusa! ¡Esto es un trozo de *pelusa!*».

Para mí era evidente lo feliz que le hacía a David esta combinación de tacto y sonido, así que comprendí que era una manera de conectarme con él y atraer más su atención. Al día siguiente llevé un cuenco con bolas de algodón. Esto le encantó. Coloqué las bolas a lo largo de la estancia e ideé un juego: le pedí a David que siguiera mis indicaciones verbales y buscara hasta dar con las bolas de algodón —en una silla, por ejemplo, o debajo de un animal de peluche—. Estaba claro que algo relacionado con las texturas le excitaba, le hacía estar más presente y con más ganas de conectar conmigo. Si le hubiera obligado a hacer otra actividad, se habría resistido, pero al acompañarle en su interés y en su energía vi que estaba motivado e incluso persistiría en encontrar una manera de comunicarse. Su aprendizaje podía ser alegre en vez de estresante.

Un día los niños hicieron un trabajo de artes plásticas con pinturas, pero en vez de pinceles, utilizamos trozos de esponja. Después David descubrió fragmentos de la esponja cortada en el suelo de la clase. Tal y como había hecho con las bolas de pelusa, comenzó a recogerlas una por una, examinando cada una de ellas al tiempo que las frotaba entre sus dedos, disfrutando la textura.

«Esto es un trozo de esponja», dije.

«Esto es un trozo de esponja», repitió, mirándome de refilón. «¡Esto es un trozo de esponja, esponja, *esponja!*».

De nuevo observé la alegría originada por la combinación de la sensación del material, el sonido de las palabras que salían de su boca y el hecho de compartir su descubrimiento conmigo. Mientras sostenía los pedacitos de esponja con las manos ahuecadas y miraba los otros trozos que había en el suelo, comenzó a bailar de puntillas alrededor de la habitación, lanzando breves y disimuladas miradas en mi dirección. «¡Esto es un trozo de esponja, esponja, *esponja!*», seguía diciendo. «¡Esto es un trozo de *esponja!*».

Al día siguiente llegó la gran revelación. Para entonces ya habían limpiado la clase. Habíamos guardado el trabajo de artes plásticas y alguien había ordenado y aspirado todos los restos. Sin embargo, cuando David llegó a la clase, fue exactamente hacia el mismo sitio de la habitación donde el día anterior había encontrado los trozos de esponja. Lo observé mientras repetía su baile, volviendo su mirada hacia mí y diciendo: «¡David, esto es un trozo de esponja, esponja, esponja! ¡Esto es un trozo de esponja!».

Pensé: ¿qué habría pasado si alguien hubiera visitado la clase ese día para observar a los niños? Imagínese a esa persona viendo a este niño lleno de energía entrar en la habitación y luego contemplarle realizando un pequeño baile y balbuceando algo sobre una esponja. Con bastante probabilidad, a la visita el comportamiento le parecería absurdo. O tonto. O sin orden ni concierto. ¿Estaba alucinando? ¿Había perdido David el control sobre la realidad? ¿O simplemente no entendía la palabra «esponja»?

Pero si hubiera estado en la habitación el día anterior, si hubiera compartido la conversación que tuve con David, si conociera su entusiasmo por las texturas nuevas, entonces habría entendido exactamente lo que estaba pasando. Este niño pequeño estaba recordando y recreando su experiencia del día anterior: no solo los hechos de la experiencia (los materiales que se utilizaron en el trabajo de artes plásticas) sino, lo que es más importante, la emoción que experimentó y su conexión conmigo.

Estaba contando una historia.

Reconsiderar la ecolalia

Cualquiera que haya pasado tiempo con una persona autista que habla está familiarizado con esta tendencia a repetir palabras, frases, canciones u oraciones enteras, a menudo *ad infinitum*. De hecho, la ecolalia es una de las características que definen el autismo. Con frecuencia, uno de los primeros indicios para los padres de que algo está mal en un niño que puede hablar es que este, en lugar de responder o de iniciar la conversación con su propio lenguaje, se hace eco de palabras o frases que toma prestadas de los demás.

Madre: Cielo, ¿quieres salir fuera?

Hija: ¿Quieres salir fuera?

Estos diálogos iniciales adquieren muchas formas: la niña repite fragmentos de vídeos que ha visto, anuncios en el metro, saludos de los profesores, ruidos de animales o incluso frases sacadas de una conversación que sus padres han tenido en casa. Cualquier cosa puede convertirse en un eco. Las expresiones que los niños escuchan en momentos de gran entusiasmo, dolor, preocupación o alegría parecen adquirir vida propia, convirtiéndose en la fuente de los ecos, y el niño parece que revive el momento en toda su emoción.

Una vez un colega me pidió que visitara un colegio de primaria para darle mi opinión sobre una alumna autista de quinto curso llamada Eliza. Cuando llegué a la clase para observarla, el profesor me hizo un gesto para que entrara y tomara asiento. Pero cuando me acerqué a Eliza, de repente el rostro de la niña reflejó una mirada de preocupación, y sutilmente miró hacia mí y dijo tres palabras: «¡Tengo una astilla!».

No estaba seguro de haber oído bien. ¿Una astilla? Pero procedí con la mayor amabilidad y suavidad y me senté cerca, solo para oír a Eliza repetir las mismas palabras: «¡Tengo una astilla!, ¡tengo una astilla!», mientras me observaba con inquietud por el rabillo del ojo.

Miré sus manos para ver si se había lastimado, pero la profesora habló alto. «No te preocupes», le dijo a la niña, «Barry es un hombre amable. Solo está de visita hoy».

Eliza repitió literalmente: «Barry es un hombre amable. Solo está de visita hoy».

Eso pareció calmarla, pero a mí solo me hizo preguntarme qué estaba sintiendo Eliza y qué pasaba por su mente para que dijera «¡Tengo una astilla!». ¿De qué estaba hablando? ¿Tenía algo que ver conmigo? ¿Fue solo casualidad? ¿Y por qué respondió la profesora de aquella manera?

Cuando más tarde le pregunté a la profesora, me explicó que dos años antes Eliza se había clavado una astilla muy dolorosa en el patio de recreo. Desde entonces utilizaba la frase «¡Tengo una astilla!» siempre que se sentía nerviosa o asustada.

Así como la profesora de Eliza sabía lo que quería decir y yo comprendí y disfruté en la fiesta de las esponjas de David, los padres y otras personas cercanas a un niño a menudo comprenden exactamente lo que el niño está diciendo —y por qué—. «Oh, esa es una frase de un episodio de Bob Esponja que vio el año pasado». O «Escuchó a su profesor decir eso en un simulacro de incendio que hubo en el colegio el mes pasado». O «¡Le dije eso cuando lo bañé el mes pasado!». O «Eso es lo que dice el presentador en *El precio justo*».

Sin embargo, estos mismos padres se vuelven aprensivos cuando oyen hablar a algunos «expertos» de la ecolalia en términos patológicos: cuando se les dice que la ecolalia es un «comportamiento autista» más, que interfiere con el aprendizaje, un rasgo problemático que se considera un obstáculo para que el niño se integre y parezca «normal».

Esto es un error y está mal.

Es cierto que superficialmente es lo que parece, y debido al asesoramiento erróneo de algunos profesionales muchos padres están preocupados por si esta repetición constante va a interferir en su capacidad de conectar con otros niños, establecer relaciones o aprender el lenguaje y participar en el colegio. Puede que se les diga que aísla al niño, estigmatizándole como extravagante, diferente o extraño.

Algunos profesionales mal informados refuerzan estas creencias tildando este tipo de comunicación de «habla tonta» o *video talk* (ya que muchas de las frases provienen de películas y programas de televisión). Convencen a los padres de que la ecolalia no sirve de nada y se esfuerzan en darles estrategias que la eliminen. Al inicio de mi profesión, era común que los educadores y los profesionales utilizaran técnicas duras y negativas para que los niños abandonaran estos patrones del lenguaje. Los terapeutas respondían al «habla tonta» de un niño con ruidos fuertes y molestos (para el niño), como dar palmas cerca del rostro del niño, la manera en que se puede intentar disuadir a un perro para que deje de ladrar en casa. En un colegio que visité, los profesores vertían zumo de limón en la boca de una niña para castigar su comportamiento «indeseable» y le recordaban que hablara cuando fuera su turno o para retomar el tema. Más recientemente, las prácticas se han vuelto menos duras y agresivas; algunas ignoran al niño (conocida como «ignorar planificado»). Algunos profesionales instruyen a los padres para que le levanten un dedo índice al niño y le den una orden firme: «¡Cállate!» o «¡Sin hablar!». O: «¡Sin habla tonta!». Todos estos enfoques comparten el mismo objetivo: dejar de hablar. Muchos adultos autistas que han sufrido estos «patrones» de comportamiento cuando eran niños ahora confiesan que estaban disgustados, asustados e incluso traumatizados.

Durante mucho tiempo he creído que esto es una equivocación, que estos profesionales estaban entendiendo mal la ecolalia y que las respuestas que proponían no solo eran erróneas, sino puede que incluso dañinas. Con el propósito de que los niños parecieran más «normales», estos «expertos» ignoraban lo que claramente eran intentos legítimos de comunicación y —lo que es peor— estaban entorpeciendo su proceso de aprendizaje en la comunicación y conexión con el mundo.

Cómo llegué a comprender la ecolalia

Poco después de haber obtenido mi título de grado en patologías del lenguaje y el habla, aterricé en un trabajo que me pareció de ensueño. En relación con una beca clínica que había solicitado, me ofrecieron un puesto en un proyecto en el Buffalo Children's Hospital Autism Program [Programa de Autismo del Hospital Infantil de Buffalo] (la gente a veces se sorprende al oír que ese programa existía en 1975, pero puedo dar fe de él y su excelente calidad). Ese año trabajé como especialista de lenguaje y habla en un aula con cinco chicos jóvenes, todos ellos del espectro. Al mismo tiempo, dirigía un estudio piloto, en el cual observaba a estos chicos con el objetivo de comprender qué función específica desempeñaba la ecolalia en el desarrollo de su lenguaje y su comunicación.

Una razón por la que quería estudiar la ecolalia era porque muchos de los dictámenes sobre niños autistas los hacían personas que no tenían experiencia ni conocimiento del lenguaje infantil ni del desarrollo de la comunicación, o del desarrollo infantil en general. Eran terapeutas de la conducta, especialistas en el desarrollo de programas para reducir el comportamiento indeseable y aumentar el comportamiento deseable. La mayoría compartía la creencia, que muchos todavía mantienen, de que la ecolalia se encuadra en la categoría de comportamiento «indeseable», sin en realidad entenderla. En palabras de Ros Blackburn, no habían preguntado «¿por qué?». Se consideraban expertos y no tenían la consideración de intentar entender el punto de vista de los niños o de sus padres.

Sospechaba que en este tipo de lenguaje había algo más que un simple comportamiento caprichoso o patológico. Mis observaciones, y mi formación en psicolingüística y en patologías del lenguaje y el habla, me enseñaron que la ecolalia era mucho más compleja que «un parloteo sin sentido», que esta forma de expresión tenía un propósito, o posiblemente muchos propósitos distintos. Y yo quería comprobar esta hipótesis.

Hasta ese momento la limitada investigación sobre la ecolalia se había llevado a cabo en condiciones artificiales y forzadas en laboratorios. Yo hice un estudio sociopráctico; es decir, estudié el lenguaje de los niños en el contexto de lugares y actividades cotidianos. Observé a estos niños pequeños en clase. Los observé en casa. Los grabé mientras interactuaban con sus compañeros y hermanos. En resumen, los observé y escuché mientras vivían sus vidas.

Era la primera vez que trabajaba con tantos niños con ecolalia, y como llegué a conocerlos bien, pude constatar que para ninguno de ellos era un discurso sin sentido. Estos niños pequeños se comunicaban y también utilizaban la ecolalia con otros propósitos. Al hablar con sus madres y padres, averigüé que los padres tenían percepciones similares.

Primero lo vi en David, el mismo niño que había hecho una fiesta sobre los trozos de esponja. Cada vez que uno de los profesores o asistentes le decía con disgusto a David «¡No!», este reaccionaba de la misma forma. Saltaba por la habitación, repitiendo con una voz cargada de negatividad: «No se dan portazos. No se orina en la pared».

Estas diez palabras contaban toda una historia. No lo decía como una orden a otra persona; tampoco era un capricho ni una tontería —aunque es cierto que a los adultos que estaban en la habitación les pareció bastante divertido—. David había sido regañado en ocasiones anteriores y esta era su manera de reconocer la importancia social del momento: «No se dan portazos. No se orina en la pared». Significaba que comprendía que los adultos lo desaprobaban y le estaban regañando. Todo lo que había estado haciendo encajaba en la misma categoría que golpear puertas y orinar: cosas que se supone que no debes hacer en clase. Él estaba sintonizando con la emoción subyacente al mensaje y a su manera estaba diciendo: «Entendido».

Aprendí que los ecos, las repeticiones, también pueden transmitir información y sentimientos importantes. Una tarde, Jeff, otro chico de la clase, parecía menos enérgico que de costumbre, pero como aún no se comunicaba de forma directa, no sabíamos qué le pasaba. Entonces empezó a aproximarse a los distintos adultos de la clase, se acercó a sus rostros e hizo un ruido que no habíamos escuchado antes: «¡Haaz-aaah! ¡Haaz-aaah!». Al tiempo que lo decía, abría la boca ampliamente y extendía su mandíbula hacia abajo con un prolongado «Aaah».

Continuó con ese patrón durante toda la tarde: caminaba de un lado a otro de la clase y luego volvía sobre sus pasos manteniendo contacto visual y repitiendo esas dos sílabas: «¡Haaz-aaah! !Haaz-aaah!». Mi primera impresión fue que estaba jugando con los sonidos para comprobar qué se sentía con los distintos ruidos que salían de su boca. Lo intenté con todas mis fuerzas, pero no pude comprender qué intentaba decir, aunque estaba claro, por su estrategia, su manera de expresarse y su persistencia, que estaba tratando de comunicar algo. Pedía y esperaba una respuesta.

Cuando a la mañana siguiente Jeff repitió su «¡Haaz-aaah!», la profesora llamó a su madre para investigar. Ni siquiera se detuvo a pensar. «Oh», dijo, «creemos que puede estar cogiendo un resfriado».

Esperamos a que dijera algo más. «¿Y?».

«Bueno, cuando creo que está enfermando, le pido que abra la boca y haga "Aaah"».

Tenía todo el sentido. Jeff estaba intentando decirnos que no se encontraba bien. Tenía un catarro, o quizás dolor de garganta. En su estado de desarrollo era incapaz de explicarlo con sus propias palabras, por lo que nos representó una escena en la que recreaba lo que había oído decir a su madre en casa: «¡Haz "ahh"!».

Fuera de contexto, no significaba nada; era un niño pequeño emitiendo sonidos raros. Pero le seguimos preguntando «¿por qué?». Tanteando y con una escucha atenta, comprendí perfectamente a Jeff. Aquel año escuché mucho. Con una subvención federal del Department of Education's Bureau of Education for the Handicapped, grabé veinticinco vídeos de los chicos en actividades cotidianas: en el colegio, durante el recreo, el almuerzo o las sesiones de terapia individual y de grupo, y en casa, con sus hermanos y padres, a lo largo de un año. Pasé meses analizando el discurso, los gestos y las acciones de los niños, y en el proceso identifiqué 1.009 repeticiones distintas y las clasifiqué (como hacen los buenos académicos) en siete categorías funcionales. Diferencié la ecolalia inmediata (cuando un niño repite una palabra o frase en el momento) de la ecolalia demorada o *scripting* (cuando el discurso se repite horas, días o incluso meses o años más tarde)[1].

La conclusión fue la siguiente: estos niños pequeños se comunicaban de todo tipo de formas. A veces afirmaban lo que entendían. A veces tomaban el turno de palabra, como se hace en una conversación. A veces repetían palabras para ensayar algo que iban a decir más tarde. A veces repetían ciertos sonidos porque los sonidos en sí les tranquilizaban, como cuando se recita un mantra. A veces hablaban para sí mismos en voz alta siguiendo los pasos de un proceso o razonamiento de una situación determinada para tranquilizarse. Algunas veces hacían repeticiones para poder regularse emocionalmente, diciéndose a sí mismos que no debían estar ansiosos o asustados.

En otras palabras, utilizaban el lenguaje con los mismos propósitos que todos nosotros.

Solo teníamos que escuchar, observar y prestar atención.

Un modo alternativo de comunicación

Cuanto más he escuchado a lo largo de los años, más he desarrollado mi habilidad para reconocer y encontrar sentido a los ecos que oigo a los niños autistas e incluso a los adultos que utilizan la ecolalia. ¿Alguna vez nos parece que la ecolalia tiene poco valor comunicativo, en el sentido de que no podemos descifrar su significado o su objetivo? Por supuesto. Por ejemplo, cuando las personas que por otra parte no hablan sueltan palabras o frases, ahora decimos que utilizan un «discurso poco fiable». No están utilizando los sonidos o las palabras con la intención de comunicarse (véase el capítulo 11). Pero la mayoría de las veces, con una escucha atenta y un poco de trabajo de detective, se hace evidente que el niño (o el adulto) se está comunicando —a su manera—. Mi investigación lo ha demostrado, y otros investigadores han obtenido resultados similares[2].

Aidan, por ejemplo, era un niño adorable de tres años cuya capacidad para hablar no se desarrollaba como se esperaba pero que tenía un don para reproducir fragmentos enteros de lenguaje. La mayoría de los niños con un desarrollo típico van añadiendo a su vocabulario palabra a palabra *(mamá,*

---

[1] En este estudio me centré en la ecolalia inmediata, pero más tarde estudié la ecolalia demorada con Patrick Rydell, un alumno mío, y llegamos a conclusiones similares.

[2] Inspirándose en nuestra investigación, Marge Blanc aborda esta cuestión y la investigación en su libro *Natural Language Acquisition on the Autism Spectrum. The Journey from Echolalia to Self-Generated Language* (Madison, WI: Communication Development Center, 2013).

papá, bebé), combinan las palabras con flexibilidad y luego van construyendo frases cortas («abrazo de mamá», «papá come una galleta»). En cambio, Aidan sorprendería a sus padres con frases y oraciones completas, a veces bastante sofisticadas gramaticalmente. A los cuatro años, a la gente que no conocía no les saludaba diciendo «Eh» u «Hola», sino con una frase de su película favorita. Inclinaba la cabeza hacia un lado, entrecerraba sus ojos chispeantes y preguntaba: «¿Eres una bruja buena o una bruja mala?».

Por supuesto así es como Glinda, la Bruja del Norte, saluda a Dorothy en la famosa escena de *El mago de Oz.* Es un momento dramático. Dorothy acaba de llegar a Oz cuando una minúscula burbuja brillante que aparece va creciendo de tamaño gradualmente a medida que se acerca y de repente estalla, y Glinda aparece como una princesa de las hadas con un vestido de fiesta y sosteniendo una varita mágica. Se acerca a Dorothy y le dice estas palabras inmortales: «¿Eres una bruja buena o una bruja mala?».

¿Qué otro ejemplo más poderoso puede haber de una persona saludando a otra? Este niño no decía tonterías; había captado la esencia de lo que significa el encuentro de dos seres humanos (más tarde sus profesores y su terapeuta le enseñaron a utilizar un saludo más convencional: «Hola, mi nombre es Aidan». La madre apreciaba esto tanto como añoraba el singular saludo de su hijo).

Algunas veces los niños utilizan los ecos para narrar cómo han vivido una experiencia —en ocasiones las experiencias más mundanas—. Eso era así en el caso de Bernie. Era un joven muy agitado, con mucha energía, y gran parte de su comunicación consistía en repetir con entusiasmo cosas que obviamente había escuchado a otras personas, incluida su madre. Tenía una asombrosa habilidad para imitar el acento de otras personas. Hace décadas, cuando trabajaba en su colegio, a veces estaba con él en el cuarto de baño y de repente, desde uno de los servicios, oía su voz, que sonaba igual que la de su madre: «¡Ya has terminado! ¡Ahora límpiate el culo!». De descendencia afroamericana y criado en una zona urbana, sus repeticiones tenían características de lo que entonces se llamaba *Black English* y ahora se denomina AAVE *(African American Vernacular English).* Cuando repetía cosas que yo había dicho, su discurso claramente reflejaba mi acento de Brooklyn, pues sabía que yo era de «New Yawk».

A menudo los niños utilizan los ecos para decirnos lo que están pensando, pero rara vez lo hacen de forma que en seguida resulte obvio. El padre de Kyle, un joven chico autista, me invitó una vez a ir con ellos dos en un velero por la bahía de Narragansett, en Rhode Island. A mitad de una tarde preciosa, estábamos fondeados en una calita cuando el chico empezó a correr por la cubierta mientras se agachaba nervioso para mirar dentro del agua.

«¡Perros no! ¡Los perros muerden!». Cada vez con más apremio, miraba hacia atrás a su padre y decía: «¡Perros no! ¡Los perros muerden!».

¿Perros no? Estábamos en medio del agua, sin ningún barco alrededor —sin gente, sin animales—. Solamente el viento y las olas. ¿De qué podría estar hablando? Su padre sabía a qué se refería exactamente: «Está preguntando si puede ir a nadar».

Le pedí al padre que me lo explicara. Me dijo que Kyle tenía miedo a los perros. Cuando no se sentía seguro, esta era su manera de expresarlo: «¡Perros no! ¡Los perros muerden!». Ahora quería ir a nadar en la cala poco profunda, pero no las tenía consigo sobre si era un sitio seguro, y por eso preguntaba. Con esta frase lograba tres cosas: expresaba su miedo, pedía permiso a su padre y se aseguraba de estar a salvo. Y cuando el padre le respondió: «¡Está bien, es seguro! ¡No hay perros!», Kyle saltó al agua con gran alegría.

Todas las familias tienen un lenguaje

Como ilustran estas historias, la ecolalia muestra ejemplos no solo sobre el desarrollo del lenguaje y la comunicación, sino sobre la crianza de los hijos. Muchos padres esperan que los médicos o terapeutas sean los expertos y les den explicaciones sobre sus hijos. Con el tiempo me he dado cuenta de que los mejores enfoques que proporcionan un apoyo efectivo y significativo a niños y adultos autistas son los que se centran en la familia y en las personas cercanas a esta. Los padres casi siempre conocen a sus hijos mejor que nadie. Los hermanos adultos y los abuelos a menudo tienen una comprensión muy profunda de la persona autista, con la cual han compartido gran parte de su vida. Y sobre la base de innumerables experiencias compartidas durante tantos años, cada familia desarrolla su propio lenguaje: sus propias frases familiares, sus propios términos, sus abreviaturas. En otras palabras, cada familia desarrolla su propia cultura, que les permite comunicarse, comprenderse y apoyarse.

Cada familia tiene su propia cultura inherente, y los desconocidos a menudo son ajenos a ella. Así que, en lugar de que los padres dependan de personas ajenas, como los profesionales, para darles sentido a las cosas, los profesionales necesitan confiar más en las personas implicadas: los padres, sus hijos y otros miembros de la familia. Cuando los padres me piden que explique el hábito de su hijo de repetir frases y palabras (o cualquier patrón de conducta desconcertante), mi primera respuesta siempre consiste en darle la vuelta a la pregunta: «Bueno, ¿ustedes qué piensan?». Generalmente me lo cuentan —o al menos hacen alguna conjetura—. En cualquier caso, a menudo proporcionan información importante sobre su hijo de la que yo no estaba al tanto, y en el proceso se está teniendo en consideración su experiencia con su hijo o hija; se sienten respetados y valorados como miembros de un grupo de colaboración con profesionales.

Para un estudio envié a los padres unos cuestionarios con preguntas acerca de sus experiencias con la ecolalia. Casi todos sus hijos autistas hacían uso de la ecolalia, y los padres tenían sus propias explicaciones al respecto: «A veces lo hace para tener algo en mente que le ayude a entenderlo mejor». «A veces la utiliza para pedir algo». «Así es como toma la palabra cuando no entiende». «Cuando repite, está diciendo "Sí"». Casi todos encontraban sentido al lenguaje nada convencional de sus hijos.

La ecolalia como estrategia de aprendizaje

De hecho, descubrí que para muchos niños autistas la ecolalia sirve a un propósito aún más vital: es una manera de adquirir el lenguaje. En los términos más simples, funciona así: muchos niños autistas tienen dificultad con la comunicación, pero tienden a tener mucha memoria. Así que aprenden el lenguaje escuchándolo y repitiéndolo, de inmediato o bien con algún retraso. A medida que el niño continúa avanzando a nivel social, cognitivo y lingüístico, comienza a discernir las reglas del lenguaje, pero lo hace en parte mediante un estilo de aprendizaje *gestalt,* haciendo uso de la ecolalia, rompiendo los fragmentos memorizados del discurso.

Por supuesto esto no significa que sea fácil vivir con ello. Siempre les digo a los padres que el hecho de que sea un lenguaje funcional —que puede proporcionar los peldaños para la adquisición del lenguaje y es vital para el desarrollo de la comunicación de sus hijos— no significa que a veces no les vuelva locos. La quincuagésima vez que tu hija repite la misma frase de *Frozen,* la cabeza puede estar a punto de estallarte. La centésima vez que tu hijo dice: «No se dan portazos. No se orina en la pared», tú mismo puedes tener ganas de dar un portazo. Pero es importante tomar en consideración dos cosas: en primer lugar, saber que este tipo de comunicación sirve a un propósito del niño, y segundo, que representa un proceso de desarrollo en constante evolución. Con el tiempo, probablemente los ecos se irán reduciendo a medida que evoluciona el lenguaje creativo del niño, aunque, por supuesto, el progreso de cada niño se produce en momentos distintos y a diferentes ritmos.

Los padres y otras personas pueden contribuir a que un niño tenga un lenguaje más creativo —en vez de las repeticiones— a través de diferentes estrategias, como pueden ser simplificar el lenguaje que utilizan con el niño, descomponer los fragmentos que repiten en palabras y frases más cortas, añadir gestos e introducir ayudas visuales y el lenguaje escrito. Por ejemplo, un padre puede decirle a su hija: «Por favor, vete a la nevera y coge algo de leche y galletas». La niña puede tomar la «palabra» en la conversación simplemente repitiendo la frase, o parte de ella, pero en realidad sin responder. Entonces el padre puede simplificar la frase compleja dividiéndola en segmentos: «Vete a la nevera (mientras señala). Coge leche. Abre el armario. Coge galletas».

Otra estrategia consiste en introducir fotografías, dibujos o palabras escritas en dispositivos visuales o iPad en vez de utilizar exclusivamente el lenguaje hablado. Esto puede ayudar a que el niño entienda de forma más fácil y rápida y a su vez no le resulte tan necesario utilizar la ecolalia como una estrategia para la comprensión.

A algunos niños escribir o teclear les ayuda a trasmitir lo que quieren decir. Esto puede mejorar su capacidad de expresión lingüística en lugar de depender de fragmentos memorizados. La mayoría de las personas autistas tienen más capacidad para expresar y entender el lenguaje por medios visuales que meramente escuchando o hablando. Algunas personas autistas que no hablan y cuya ecolalia es más automática y menos fiable son capaces de teclear o deletrear sentimientos y pensamientos complicados. Aunque es crucial aceptar y comprender las funciones, intenciones y los diferentes tipos de ecolalia, es igual de importante ayudar al niño a que adquiera un lenguaje propio, más creativo, y una comunicación más convencional en el discurso u otros medios aumentativos o alternativos.

Muchos niños que utilizan la ecolalia con persistencia cuando son pequeños la van usando menos a medida que maduran, pero cuando se enfrentan a circunstancias o momentos difíciles de desregulación, puede que vuelvan a recurrir a la repetición. Elijah, un alumno de secundaria, era un fanático apasionado de los musicales de Broadway, en concreto de *El Rey León*. Aunque Elijah tuvo dificultades académicas importantes, sobre todo en asignaturas que requerían un alto nivel de comprensión del lenguaje abstracto, asistió a clases normales en un colegio público de secundaria para poder beneficiarse de compartir tiempo y establecer relaciones con compañeros neurotípicos. En general progresó, excepto cuando se sentía abrumado y ansioso por el trabajo académico de más dificultad. Cuando su ansiedad aumentaba, Elijah se levantaba en mitad de la clase de historia y empezaba a cantar a todo pulmón «El ciclo de la vida», primero en inglés y luego en alemán (que había aprendido de los vídeos que había encontrado en Internet).

Los profesores de su colegio (a quienes yo orientaba) querían respetar el espíritu creativo de Elijah, pero resulta perturbador que un alumno se ponga a dar un concierto en la clase de historia. Así que le pregunté a Elijah por qué cantaba durante esta clase. Su explicación: el profesor estaba hablando demasiado rápido y Elijah no podía seguir el ritmo. Tenía dificultades para prestar atención y esta era su manera de regularse emocionalmente. La canción era solo otro tipo de eco, a lo que algunos profesionales se refieren como *scripting*. Él no estaba siendo estrambótico ni exhibiendo un comportamiento al azar; estaba haciendo frente a una situación, de la misma manera que otra persona evoca para sí su melodía favorita cuando se siente aburrida o estresada (pero sin hacerlo público).

Cuando trabajé con su profesor, sus padres y otras personas del colegio, busqué una forma con la que pudiera tranquilizarse y que fuera menos perturbadora. Además de las canciones, a Elijah también le gustaba dibujar los personajes de *El Rey León*. Así que propusimos que trajera un bloc de dibujo a clase, y más tarde una pizarra blanca y rotuladores, de modo que cuando se sintiera nervioso pudiera dibujar en silencio en vez de interrumpir la clase (años más tarde Elijah se convirtió en un artista, y vendía su trabajo en ferias de artesanía y elaboraba tarjetas de felicitación).

Otro adolescente que también se benefició de este tipo de medio alternativo fue Justin, un artista con talento. Cuando tenía once años, en un pequeño café local estuvieron de acuerdo en hacer una exposición con su obra artística. Sus padres agradecieron la oportunidad para que desarrollara sus habilidades sociales, así que pasó el tiempo ensayando cómo iba a saludar a los amigos y a los desconocidos que fueran a acudir a la exposición. La noche de la inauguración estrechó la mano y dio la bienvenida a los primeros invitados de forma adecuada, pero conforme fue llegando más gente, Justin se fue poniendo cada vez más nervioso y agobiado. Así que, en lugar de un saludo estándar, preguntaba: «¿Quién es tu personaje favorito de dibujos animados?» (a Justin le encantaba la animación, y muchas de sus ilustraciones eran dibujos animados). Incluso cuando conocía bien a las personas, se olvidaba de los saludos que había preparado y en su lugar les soltaba abruptamente su pregunta, mostrando muy poco interés por la respuesta. El nerviosismo de su voz parecía que aumentaba con cada repetición. Al repetir su pregunta familiar, Justin era como Elijah cuando cantaba las canciones de *El Rey León*. En ambos casos la repetición les calmaba el nerviosismo.

Para reemplazar este saludo inusual por uno más convencional, sus padres prepararon una ficha con recordatorios de qué decir en situaciones sociales. No era un guion, pero había algunas palabras clave para recordarle que entablara una conversación en lugar de volver a su pregunta acostumbrada. Saber que tenía ese recordatorio visual y escrito era suficiente para ayudar a Justin en situaciones sociales en las que se sentía agobiado y nervioso.

La ecolalia también tiene un propósito evolutivo. Un niño no puede adquirir un lenguaje creativo y funcional pleno solo repitiendo palabras o frases memorizadas, pero la ecolalia es un comienzo. Para muchos de estos niños es el primer paso para entender el concepto básico de que pueden utilizar su cuerpo como un medio para expresar sus deseos, necesidades, observaciones y sentimientos. Y de esta manera pueden conectarse con otros seres humanos.

Incluso algunos adultos autistas que han progresado pasando por diferentes etapas de la ecolalia hasta llegar a un lenguaje más creativo y dialogante cuentan que mucho de lo que dicen se basa en «guiones». Julia Bascom, directora ejecutiva de la organización Autism Self-Advocacy Network (ASAN), compartió que lo que quiere comunicar lo extrae de su «almacén de expresiones».

Escuchar estimula la comunicación

Esta es la razón por la cual es tan importante que los padres escuchen a sus hijos y no desprecien este tipo de comunicación. Uno de mis primeros mentores, el difunto doctor Warren Fay, un especialista en habla y lenguaje que trabajó en lo que ahora es la Oregon Health & Science University [Universidad de Ciencia y Salud de Oregón], lo expresó de esta manera: si todavía no entendemos del todo qué es la ecolalia, ¿no deberíamos al menos dar a los niños el beneficio de la duda?

Considere la perspectiva del niño, que está tratando de comunicarse de forma desesperada a pesar de las dificultades neurológicas que acompañan al autismo: la ansiedad social, la sobrecarga sensorial, a menudo déficits en el procesamiento del lenguaje. Cuando esos primeros intentos de comunicación que el niño tiene se topan con órdenes severas recomendadas por algunos profesionales para «¡que se calle!» o «¡pare el habla tonta!», no solo no se le ayuda, sino que en realidad se lo está desalentando en su esfuerzo por comunicarse y trabajar en el difícil proceso de averiguar qué son el habla, el lenguaje y la comunicación. Además, bloquear estos intentos de comunicación puede provocar aún más estrés y confusión en el niño. No es sorprendente que muchos de estos niños reaccionen evitando a determinada gente, cerrándose en banda y rindiéndose.

Mi simple consejo: escucha, observa y pregunta «¿por qué?».

Cuando los padres, profesores y cuidadores actúan así —cuando prestan mucha atención a las palabras, los gestos y el contexto—, a menudo entienden de manera intuitiva que la ecolalia es parte del proceso del aprendizaje en la comunicación. Yo vi que esto le ocurrió a Namir, un niño pequeño al que conocí cuando tenía dos años y medio y estaba fascinado con los vídeos de Disney.

Este es un tema común en los niños con los que he trabajado. Las películas de animación de todo tipo ejercen una particular fascinación en los niños del espectro del autismo, pues captan su atención como casi ninguna otra cosa. ¿Por qué? A muchos niños les resultan reconfortantes la previsibilidad y consistencia de los personajes animados (así como la música), un contraste agradable con la naturaleza impredecible de la gente real en las situaciones cotidianas. En *GRU: Mi villano favorito* o *Madagascar,* la voz de los personajes y el lenguaje facial y corporal están exagerados de tal modo que para estos niños es más fácil descifrar las emociones. Para las personas con autismo la clara delimitación entre personajes buenos y malvados es una alternativa a los tonos grises que se encuentran en la vida real. Y ver las películas repetidas veces les genera una sensación tranquilizadora de familiaridad y control.

A muchos padres les inquieta que sus hijos pasen demasiado tiempo viendo *El Rey León* o *Shrek;* les preocupa que esto sea perjudicial para su desarrollo. A menudo los terapeutas u otros profesionales acentúan sus temores, advirtiendo que la repetida visualización de estas películas puede servir para exacerbar los comportamientos o de algún modo intensificar el autismo. Con frecuencia los padres me preguntan si estas películas solo sirven para alimentar más el «habla tonta», más frases inútiles para que los niños las repitan.

Aprendí de Namir y sus padres a tener más perspectiva, una mirada con más matices. Como niño de tres años que era, Namir parecía estar perdido en las películas de Disney. Gran parte de lo que salía de su boca eran fragmentos de *Peter Pan,* su favorita. En lugar de usar el lenguaje para interactuar con otras personas, repetía para sí mismo frases de la película; algunas veces parecía estar ajeno a los seres humanos reales que lo rodeaban.

Otras personas habrían intentado disuadirlo respondiendo con exigencias para que dejara de utilizar dicho discurso, convencidas de que este «parloteo sin sentido» estaba obstaculizando su progreso. Los padres de Namir lo escucharon y colaboraron con él. Compraron figuras de Peter Pan e interactuaron con él mientras escenificaba situaciones imaginarias con los juguetes. Ellos atendieron su tema de interés y se implicaron, por lo que Namir se sintió escuchado y respetado.

Con el tiempo, su juego progresó. Había más comprensión en lo que decía. Todavía utilizaba frases que había escuchado en *Peter Pan,* pero encontró medios para utilizar los diálogos de Disney en el contexto social apropiado. Como Aidan, el chico que empleaba la frase de *El mago de Oz* para saludar a la gente. Namir comenzó a integrar fragmentos de lenguaje que tenía en su cabeza como una manera de conectar con otras personas.

A medida que aprendía a utilizar el lenguaje más creativamente, usaba «la forma de hablar de Disney» de manera más selectiva, de forma apropiada al contexto social y de acuerdo con sus propósitos. Cuando quería que alguien se fuera, por ejemplo, decía: «¡Campanilla, por la presente te hago desvanecer para siempre!». Al estimular el único esfuerzo que hacía por comunicarse, los padres de Namir le ayudaron de forma espectacular en su desarrollo. Entre preescolar y primaria, un niño que parecía estar perdido en un mundo de *scripting* aleatoria y que jugaba solo se transformó en un niño pequeño interactivo y sociable.

Cuando su profesor de cuarto curso pidió a los niños que hicieran un trabajo sobre algún personaje famoso americano, Namir eligió a Walt Disney. Y después de hacer un trabajo precioso, sus padres tuvieron una oportunidad más de elogiar a su hijo —y comprendieron la importancia de tener confianza en él.

CAPÍTULO 3

ENTUSIASMOS

Algunas veces una sola palabra puede cambiar nuestro punto de vista para siempre.

Una vez invité a la fallecida Clara Claiborne Park a hablar en una conferencia anual de recaudación de fondos para el autismo que yo había ayudado a organizar. Clara, que era profesora de inglés en el Williams College, era madre de Jessy Park, una pintora autista con mucho talento. Clara y su esposo, David, fueron pioneros en el mundo del autismo. En los años sesenta estaban entre los fundadores de la National Society for Autistic Children [Asociación Nacional para Niños Autistas], la primera organización de apoyo de su tipo —y precursora de la Sociedad de Autismo de América—, y en 1967 publicó *The Siege,* las primeras memorias, ampliamente leídas, escritas por una madre acerca de cómo criar a un niño autista. Tuve el privilegio de conocer a Clara y a David al inicio de mi profesión y aproveché todas las oportunidades que tuve para pasar tiempo con ellos.

Jessy muestra muchas características típicas del autismo. Tiene dificultad en las interacciones sociales y para expresarse con el habla, y retrocede si alguien la toca sin previo aviso. A lo largo de los años, los padres de Jessy apreciaron y apoyaron sus intereses más profundos, muchos de los cuales se convirtieron en los temas de sus vivaces pinturas, con colores del arcoíris: sobre arquitectura, números primos, nubes, odómetros, calentadores de cuarzo, constelaciones, farolas, cajeros automáticos y muchos otros.

Después de su discurso en la conferencia, Clara, entonces con setenta años largos, aceptó preguntas de la audiencia. «Tengo curiosidad sobre las obsesiones de su hija», dijo alguien. «¿Cómo ha lidiado con ellas?».

«Obsesiones», repitió Clara, meditando la pregunta durante un momento. «Humm. Siempre las hemos considerado *entusiasmos*».

Clara y David tenían una actitud muy constructiva hacia los numerosos temas que atraían la atención de su hija, no importaba lo insólitos que fueran. Clara explicaba que, si algo atraía verdaderamente la atención de Jessy, ella y David buscaban modos de encauzar su interés hacia ese tema de manera que la ayudara.

Esto no siempre era fácil, ya que su gusto era muy impredecible. Durante un tiempo, Jessy centró su atención en los calefactores de cuarzo. Le admiraba el diseño; clasificaba los modelos y las marcas; examinaba cuidadosamente sus piezas. Este entusiasmo dio paso a otro: los logos de las bandas de rock. Escrudiñaba las portadas de los álbumes y las fotografías de las revistas, examinaba de cerca las letras y las imágenes. Comenzó a introducir calefactores de cuarzo y logos de bandas de rock en sus pinturas, muchas de las cuales han sido colgadas en museos y han sido expuestas en galerías de arte. En lugar de alejar a su hija de sus intereses, Clara trató a Jessy con respeto: asumía que tendría sus razones para fascinarse —que para Jessy todo aquello tenía sentido.

Los niños y los adultos autistas manifiestan todo tipo de entusiasmos, hablan sin parar sobre algo o centran su atención en temas como rascacielos, especies de animales, geografía, tipos concretos de música, las horas del amanecer y el atardecer o las salidas de las autopistas. Tal vez centrarse en un tema le procura al niño una sensación de control, de previsibilidad y seguridad en un mundo que puede ser impredecible y atemorizante.

Crear a partir de los entusiasmos

Sin embargo, algunos padres y profesionales ven estos profundos entusiasmos como otro síntoma indeseable del autismo, que hace que sea aún más difícil que el niño se integre. A menudo el impulso es disuadir al niño, reorientar su atención y proponerle una gama más amplia de temas de interés, más convencionales y más aceptados socialmente. Pero disuadir de un entusiasmo puede ser otra manera de destruir una estrategia que mantiene el interés y la implicación y ayuda a una persona autista a sentirse mejor regulada. Cuando intentamos desanimar o eliminar fuentes de interés y placer, perdemos oportunidades para aprender y entablar relaciones de confianza. Un acercamiento más provechoso es actuar como lo hicieron los padres de Jessy Park: utilizaron el entusiasmo para ampliar la perspectiva de la persona y mejorar su calidad de vida.

Fue el caso de Eddie, que cursaba cuarto curso y mostraba muy poco interés por la lectura de las historias que su profesora les mandaba para leer. No parecía que tuviera dificultad en la lectura, y normalmente no evitaba hacer los deberes. Más bien el contenido de la materia le resultaba demasiado abstracto y las historias le parecían irrelevantes desde su experiencia de vida.

Cuando conocí, como especialista del distrito, a su profesora de educación especial, Kate, la cual tenía talento, sugerí que hiciéramos un esfuerzo por encontrar un señuelo que lo atrajera hacia el trabajo académico. Seguro que podíamos encontrar *algo* que lo motivara a leer y escribir. ¿Había algo que pudiera involucrar a Eddie? Kate había advertido una cosa: a Eddie le gustaba pasar mucho tiempo mirando las matrículas de los coches en el aparcamiento del colegio, y después disfrutaba emparejando de memoria los números de las matrículas con los coches.

Un observador casual o un profesor con menos sintonía puede que no se hubiera dado cuenta de que el interés de un niño hacia algo tan rutinario como las matrículas de los coches pudiera convertirse en una oportunidad. Le sugerí a Kate que prestara atención a ese interés concreto. Quizás nos pudiera dar una idea para involucrar a Eddie.

Cuando regresé al mes siguiente, ella estaba impaciente por enseñarme un proyecto que Eddie había terminado recientemente. Eddie trabajó a partir de una idea que Kate le había ayudado a crear, y dedicó tiempo a fotografiar todos los coches y matrículas que había en el aparcamiento del colegio. Con la ayuda de su profesora y la administración del colegio, hizo la correspondencia de cada coche con su propietario. Luego se reunió con todos los propietarios de los coches, fotografió a las personas y les hizo entrevistas para conocerlas: ¿tiene alguna afición?, ¿está casado?, ¿cuántos hijos tiene?

Con el paso del tiempo reunió las fotografías, documentó las entrevistas e hizo una presentación en PowerPoint para su clase. El proyecto no solo cumplió con su propósito (darle a Eddie la oportunidad de centrarse en la lectura, la escritura, la investigación y la organización del material), sino que la experiencia fue también transformadora. El mismo niño que parecía no tener interés ni motivación en la lectura se dedicó al proyecto con entusiasmo, involucrando a sus profesores, recopilando y reuniendo información para compartirla con su clase. También le brindó la oportunidad de trabajar las habilidades sociales y la comunicación, pues presentó con orgullo el proyecto terminado a sus compañeros de clase y respondió a sus preguntas.

Sus padres no podían estar más sorprendidos ni encantados. En el siguiente encuentro del equipo para revisar el progreso de Eddie, Kate explicó el proyecto y sus objetivos, y los ojos del padre de Eddie estaban abiertos de asombro. «¿Qué hizo *qué?* ¿Entrevistó a *profesores?*», dijo. «¡Es *increíble!*».

Cuando Kate le enseñó las fotografías de Eddie haciendo la presentación de su proyecto en una sala llena con los compañeros de clase, el padre estaba asombrado. Eddie estaba consiguiendo cosas que sus padres no habrían podido imaginar. Estaba progresando académica y socialmente, y su autoestima estaba mejorando.

Probablemente otros padres habrían desaprobado que un profesor involucrara a su hijo en un tema tan trivial como las matrículas de coches. Y otro profesor habría insistido en que Eddie leyera las mismas historias que sus compañeros, le gustara o no. En otro colegio puede que no se hubieran abierto a un enfoque académico alternativo e individualizado, obligando al niño a esforzarse (y que posiblemente fracasara) en el plan de estudios estándar. Pero el éxito de Eddie no requirió un dinero extra ni un cambio radical; solo fue necesaria una profesora que prestó mucha atención y tuvo la intuición de ver en el entusiasmo una posibilidad. Kate lo consiguió centrándose en lo que más motivaba a Eddie, y utilizó su tema de interés como una gran inspiración para el aprendizaje. Contempló el entusiasmo como un potencial en lugar de como un impedimento o un problema.

¿Cómo se generan los entusiasmos?

¿Por qué las personas del espectro autista desarrollan entusiasmos? Para responder a esto, es útil considerar que todo tipo de personas se confortan con aficiones, pasiones y colecciones. Si usted visitara mi casa, puede que se sorprendiera al ver que tengo una vitrina china que contiene más de cien piezas de colmillos de morsa de distintas formas y tamaños. Hace años, en una visita a la isla de Vancouver, encontré por primera vez tallas de marfil inuit, y algo en ellas me atrajo (el colmillo de marfil de morsa utilizado lo adquieren legalmente los nativos que cazan morsas para comprar comida, ropa, herramientas y materiales para la artesanía indígena). Tal vez fue el brillo del marfil o sentir su textura en mis manos. A medida que ampliaba mi colección, parte del atractivo eran los detalles y la belleza visual de las tallas, la forma en que los artesanos tallaban la materia prima en forma de morsas, osos y ballenas. Cualesquiera sean los motivos, comencé a coleccionar estas piezas y el proceso en sí me satisfacía a nivel emocional.

Yo no me considero una persona obsesiva, pero, al igual que muchas personas, he pasado por varias etapas en mi afán coleccionista. Cuando vivía en el Medio Oeste, en la treintena, los fines de semana iba a las tiendas de muebles de segunda mano y a las subastas en las granjas en busca de muebles antiguos. Más tarde eran colchas viejas, luego alfombras navajo, y después relojes antiguos, taburetes para piano y lámparas de cristal de desecho antiguas.

El hecho de que conserve estas colecciones no me hace diferente. Y esta es la cuestión. Casi todo el mundo tiene pasiones y aficiones. Cubren una necesidad; nos dan placer; nos hacen sentir bien por razones que no siempre entendemos. Forman parte del hecho de ser humanos.

¿Por qué, sin embargo, tantas personas autistas tienen una tendencia mucho mayor hacia estas pasiones que otras personas? ¿Por qué sus entusiasmos a menudo parecen de manera exponencial más intensos que los intereses de otras personas? Como cualquier tipo de afición o pasatiempo, a menudo comienza con una respuesta y conexión emocionales. Una experiencia nutre la necesidad neurológica básica para involucrarnos, apreciar la belleza y tener emociones positivas. Cuando una persona autista desarrolla un interés, debemos asumir que el tema concreto que lo suscita es una buena mecha para su neurofisiología y cumple una función importante. Un adulto con el síndrome de Asperger me explicó que, como el contacto social es un desafío, muchas personas autistas dirigen sus energías hacia sus áreas de interés, llevándolas, en algunos casos, hacia pasiones más fuertes y focalizadas.

Michael se centró en la música. Cuando tenía ocho años, mucho antes de que pudiera sentirse cómodo en una conversación, demostró tener el don del oído absoluto. Al paso de un coche podía oír la bocina e identificar su nota musical. Distraído de repente, miraba hacia arriba y exclamaba: «¡Si bemol!». Luego escuchaba una canción en la radio, se sentaba al piano y al primer intento la reproducía. También podía, a petición, cambiar de inmediato la tonalidad de una canción.

Hasta un 15 por ciento de las personas autistas manifiestan estos talentos o dones naturales de alto nivel, conocidos como habilidades de *savant,* pero la mayoría no lo hacen. Muchas otras personas tienen «habilidades especiales» —tales como la memorización o el talento artístico y musical— que destacan en relación con su perfil general. Estas habilidades poco usuales proceden de distintos tipos de aprendizaje que se basan en las diferentes maneras en que el cerebro procesa y retiene la información. Algunos niños se sienten atraídos por información, actividades o tareas que se corresponden con un tipo especial de memoria. A algunos les gusta la información concreta y basada en hechos que se puedan memorizar fácilmente; otros disfrutan de actividades que requieren un buen discernimiento visoespacial, como encajar cosas. Un niño de más edad puede que memorice sin esfuerzo innumerables hechos y detalles sobre dinosaurios o equipos deportivos. Un niño pequeño puede que sea capaz de hacer puzles complejos.

Algunos padres de niños más pequeños o con más dificultades en el desarrollo cuentan que no tienen habilidades, talentos ni aficiones tan sorprendentes, o al menos de momento. Sin embargo, puede que tengan debilidad hacia determinados tipos de estimulación sensorial. Quizás busquen una estimulación visual, auditiva o táctil al chasquear los dedos frente a los ojos, al producir un tipo de ruido concreto o al explorar texturas específicas a través del tacto. Los niños se sienten a menudo atraídos hacia determinados juguetes debido al registro sensorial que tienen. Un niño pequeño con quien trabajé parecía atraído magnéticamente por los ventiladores eléctricos de todo tipo. Si sabía que había un ventilador en una habitación, se esforzaba por poder verlo y sentirlo, y cuando encontraba uno lo inspeccionaba de cerca desde todos los ángulos. Algo que tenía que ver con las sensaciones —sentir la brisa, observar las vueltas, percibir las vibraciones, o la combinación de todo ello— le excitaba, captaba su atención y aumentaba su nivel de alerta.

El rey de los túneles de lavado y otras significativas historias apasionadas

Cuando un niño es consciente de una preferencia, lo que comienza como una percepción sensorial agradable a menudo se convierte en un centro de atención, interés y preocupación. El niño busca lo que le produjo sensaciones positivas, y puede ocupar sus pensamientos a todas horas del día.

Los túneles de lavado de coches captaron la atención de Alexander. Desde temprana edad, cuando su padre llevaba a limpiar el coche familiar, Alexander estaba a la vez fascinado y asustado; por el sonido, el agua salpicada, los cepillos al abrir paso a los coches. Alexander no podía explicar por qué, pero pedía a sus padres que lo llevaran una y otra vez para poder mirar y escuchar. Iban tan a menudo que el dueño del lavadero local se hizo amigo de la familia y acogía a Alexander para que le ayudara a dirigir, agitando los brazos, la entrada de los conductores hacia el túnel de lavado.

Sus padres no entendían cuál era el origen de la fascinación de Alexander, pero percibían su felicidad. Otros niños disfrutaban de los parques de atracciones, los *karts* o las pistas de esquí. Su hijo se deleitaba en los túneles de lavado de coches. Cada vez que la familia viajaba, buscaban túneles de lavado de coches y trazaban sus viajes en consecuencia; visitaron túneles de lavado desde Florida hasta Maine. En cada parada del viaje, Alexander, emocionado, se quedaba fuera inspeccionando los terrenos y adoptaba el comportamiento que otro niño pudiera tener viendo un partido de la NBA o una película de acción.

Cuando tenía diez años, sus padres se pusieron en contacto con la International Carwash Association [Asociación Internacional de Túneles de Lavado de Coches] para conseguir folletos con los que pensaban que Alexander podría disfrutar. Para su sorpresa, eso desembocó en unas vacaciones de ensueño para Alexander y su familia: no fue un viaje a Disneylandia ni a Hawái, sino a Las Vegas como invitado de honor en la convención anual de la asociación. Estaba tan emocionado que durante tres noches apenas pudo dormir. Su interés continuó cuando creció. El padre de Alexander le llama «el rey de los túneles de lavado», y décadas después, ya adulto, le sigue encantando ir a los túneles de lavado de coches.

Luego estaba el caso de Chad. Su pasión eran los aspersores de jardín. De niño y adolescente, en todos los sitios a los que iba buscaba por el suelo aspersores automáticos. En un parque lleno de gente viendo los fuegos artificiales de las vacaciones, Chad estaba con los ojos clavados en el suelo buscando las cabezas de los aspersores. Cuando encontraba uno, lo levantaba para identificar al fabricante. A los ocho años podía distinguir un aspersor de riego Toro de un Orbit o de un Rain Bird. Cuando hacía dibujos en la clase de artes plásticas, junto a los animales y a los árboles, siempre añadía la cabeza de un aspersor emergiendo del suelo y disparando un chorro de agua en el aire.

¿De dónde procedía su afición por los aspersores de jardín? Tal vez empezó con alguna experiencia sensorial: tal vez Chad se sintió intrigado por la visión y el sonido de los aspersores emergiendo del suelo y luego desapareciendo misteriosamente, o por la suave sensación del agua rociando la hierba. Con el tiempo, su interés se transformó en una preocupación. En un entorno desconocido le resultaba difícil concentrarse en cualquier otra cosa hasta que inspeccionaba el área y encontraba los aspersores. Y aunque no era algo a lo que otros niños de su edad prestaran atención, los padres apreciaban que su hijo hubiera encontrado algo que le produjera alegría. Otros padres llevaban a sus hijos a ver partidos de béisbol o a pescar. El papá de Chad navegó en eBay para comprar cabezas de aspersores de segunda mano. Chad les ponía nombre y los llevaba en su mochila al colegio. Su padre dibujaba caras sonrientes en las cabezas de los aspersores. A veces Chad se los llevaba a la cama por la noche como si fueran peluches.

Estas motivaciones profundas pueden ayudar a los niños a estar más implicados y atentos. Se pueden utilizar para motivar el aprendizaje y propiciar la participación en situaciones en las que de otro modo podría ser difícil conseguirlo. Esto ocurría en el caso de Ken, un adolescente autista. Desde muy joven, Ken estaba fascinado con el dibujo —no tanto en el sentido artístico como con el simple hecho de dibujar líneas en un papel—. Con el tiempo se interesó por resolver laberintos: se quedaba mirando fijamente una página mientras se abría paso en el laberinto con un bolígrafo o un lápiz. La atracción de Ken no solo consistía en dibujar líneas, sino en resolver problemas. Cada laberinto tenía una lógica y un orden, un comienzo y un final.

Dondequiera que la familia fuera, Ken llevaba consigo sus libros de laberintos. A pesar de que se comunicaba muy poco a través del habla —estaba aprendiendo a utilizar un dispositivo generador de voz—, sus padres siempre lo llevaban a las reuniones de su equipo educativo, ya que sabían que podía entender bastante más de lo que podía decir. El simple hecho de estar en una reunión sentado escuchando era difícil para Ken, pero la pila de libros de laberintos le ayudaba a permanecer en la habitación. Mientras hacía sus laberintos, participaba en la reunión prestando atención a la conversación cuando le interesaba, y cuando no le interesaba volvía a su laberinto. Con esta estrategia, Ken era capaz de mantenerse centrado y bien regulado, al poder desviar su atención de la conversación, tarea que le exigía más, hacia una actividad para la que se sentía más capacitado.

A muchas personas autistas les resulta útil llevar consigo un juguete u otro artículo o una afición que les entusiasme a entornos donde pueden tener dificultades, como restaurantes, eventos familiares o actividades en grupos grandes en el colegio. Casi cualquier entusiasmo puede ayudar en este sentido. El interés de Vinny, de cinco años, eran las aspiradoras Oreck. Cuando Vinny se sentía agobiado en el colegio, a menudo pedía ir al baño, lo necesitara o no. Allí se refugiaba en uno de los servicios, a veces negándose a volver a clase. Su madre ideó una estrategia en la que utilizaba su interés para que pudiera descansar cuando lo necesitase, especialmente durante las actividades en grupos más grandes. Recopiló catálogos Oreck, recortó las imágenes de las aspiradoras y las ordenó en un libro que tituló *El libro feliz de Vinny*. Cuando Vinny necesitaba un descanso en las actividades grupales grandes, podía pedir el «libro feliz» y sentarse en una esquina en un puf algunos minutos, mirando fotos de soportes y recipientes, y recuperar energía antes de reunirse de nuevo con sus compañeros de clase.

Algunos entusiasmos van y vienen como etapas pasajeras, y otros duran décadas. Los intereses profundos concretos pueden tener conexiones más obvias con aficiones futuras. Matt era un apasionado de todo lo relacionado con el tiempo. Cuando era un niño pequeño y yo visitaba su clase en mi función de orientador del colegio, venía corriendo hacia mí y me cogía el brazo para ver mi reloj de pulsera. «Doctor Barry», me decía sin mirarme, «¡son las nueve y cuarto de la mañana!».

Era su manera de establecer contacto social. Una mañana de diciembre, cuando tenía poco más de cinco años, me contó muy emocionado su último descubrimiento: «Doctor Barry, ¿sabe qué pasa el treinta y uno de diciembre después de las once y cincuenta y nueve de la noche?».

«¿Qué?», le pregunté.

Su cuerpo se tensó mientras se ponía de puntillas, agitando las manos como si fueran las alas de un pájaro. «¡La bola grande cae!», dijo con la cara iluminada de alegría. «¡Y entonces ya es el *próximo año!*». Ese era su entusiasmo, su manera de tener una conversación, de compartir lo que sabía y le preocupaba. Años más tarde, ya un adulto joven, Matt mantuvo su entusiasmo por los relojes y el tiempo, e incluso prefería los deportes con un componente temporal (como el hockey) a los que no lo tienen (como el béisbol).

Danny, de nueve años, sentía entusiasmo por las especias que se utilizan en la cocina. Cuando era niño, a menudo observaba a su madre trabajar en la cocina. Sin una preparación previa, se interesó por los condimentos que su madre utilizaba. Adquirió el hábito de ordenar las especias por orden alfabético, y más tarde comenzó a ver programas de cocina en la televisión y a buscar páginas web sobre comida. Se hizo experto en variedades regionales de barbacoa, y recitaba las diferencias entre los estilos de Texas, Kentucky, Louisiana y Carolina del Norte. Sus padres no pudieron identificar qué fue lo primero que le despertó el interés por estos temas o por qué le atrajeron, pero estaba claro que le producían satisfacción. Su madre pensó que podría llevar a Danny a una universidad de artes culinarias para que se convirtiera en chef. Lejos de querer reconducirlo, sus padres se sentían orgullosos de su conocimiento en la materia y se contagiaron de su entusiasmo.

Así es como me sentí cuando conocí a Brandon. Estaba visitando una clase para una consulta regular en el colegio cuando uno de los terapeutas me presentó a un niño de cuatro años adorable y que se expresaba maravillosamente, el cual en seguida me dijo que su familia acababa de instalarse en la ciudad.

«¿De qué estado eres?», preguntó inmediatamente.

Le conté que vivía en Rhode Island.

«¿Providence, Rhode Island?», preguntó.

«Justo a las afueras de Providence», contesté.

«Providence es una especie de ciudad pequeña», dijo. «¿Te gustan las ciudades grandes?».

Le dije que sí, que me había criado en Nueva York. Los ojos de Brandon se iluminaron de inmediato.

«¡¿Creciste en la *ciudad* de Nueva York?!», preguntó. «A mi familia le gusta visitar Nueva York y a mí me encanta la ciudad de Nueva York. Nos quedamos en el Mariott Marquis en Times Square. Siempre nos quedamos en el piso dieciséis porque tiene las mejores vistas de todos los letreros y anuncios de Times Square». Continuó contándome los distintos números de las habitaciones en las que se habían quedado en las últimas visitas y cuáles tenían las mejores vistas.

Le pregunté qué es lo que le gustaba mirar desde las ventanas de las habitaciones del hotel. Al contestarme, adoptó una mirada distante, como si estuviera viendo un vídeo de la escena en su mente. «Había una valla publicitaria de Nike con una fotografía de Kobe Bryant», empezó a contar, a la vez que señalaba la pared de la clase, y luego siguió describiendo el panorama completo que tenía en su mente, como si estuviera viviendo de nuevo la experiencia.

Utilizar las aficiones para establecer contacto

Cuando un niño o un adulto se queda anclado a un tema, como le ocurrió a Brandon con Nueva York, y nos unimos a su entusiasmo, podemos conseguir que este sea la base para establecer relaciones e infundir confianza. Una razón importante por la que muchas personas en el espectro se centran en un tema en particular es que les da seguridad para iniciar una conversación. Incluso el tema más extraño, fuera de contexto y en apariencia irrelevante («¿cuál es tu raza de perro favorita?», «¿qué tipo de nevera tienes?») puede ser una estrategia para establecer contacto. Cada vez que Brandon me veía, aprovechaba la oportunidad para hablarme de Nueva York: «¿Vivías en Manhattan o en alguno de los otros cuatro distritos? ¿Brooklyn? ¿En qué parte?».

Ese no era el final de la conversación, solo el comienzo. A menudo un entusiasmo nos da la oportunidad de establecer contacto con un niño, el señuelo para que se involucre en una actividad o conversación, sintiéndose orgulloso al mostrar su conocimiento e incluso compartir intereses. Una vez involucrado, de forma gradual podemos ir cambiando o ampliando el tema para añadir más a la conversación. Por supuesto que lo que se pueda conseguir va a depender en gran medida de la capacidad de desarrollo individual y el interés por conversar. Pero, con creatividad, los padres y profesores pueden utilizar la pasión que el niño tenga por un tema concreto para motivarle de una forma divertida a que se implique más socialmente y utilizar la comunicación para resolver problemas.

Matt, por ejemplo, estaba matriculado en un jardín de infancia inclusivo, pero su profesora tenía dudas sobre si encajaba allí. El problema: tenía dificultades para concentrarse en las actividades de grupo. Solo participaba en la clase de la mañana, cuando se le pedía que recitara los días de la semana, pero luego se desconectaba del resto de la conversación, aparentemente sumido en sus pensamientos.

La madre de Matt sabía a *qué* prestaba atención su hijo de cinco años: a Winnie the Pooh. A Matt le encantaba la película de Disney y hablaba interminablemente sobre sus personajes. Su madre le llevó a la profesora algunos paquetes de pegatinas con varios personajes de Pooh. «Si pudiera encontrar una manera de incorporarlos en la clase de la mañana», le dijo, «tal vez Matt se involucre más».

La profesora introdujo las pegatinas en la clase de la mañana y asignó un personaje a cada día de la semana. El lunes era el día del tigre, el martes el día de Roo, el miércoles el día de Eeyore. Eso fue suficiente para que Matt se involucrara más que anteriormente, y los otros niños de la clase estaban felices de unirse a él en el uso de los nombres de los personajes para los días de la semana.

En lugar de considerar la fijación de Matt un factor perjudicial que lo separaba de sus compañeros, la profesora la utilizó con éxito como una forma de conectarlo con ellos y con el contenido que estaba enseñando (días de la semana, meses del año). Matt empezó a mostrar más disposición de la que había tenido nunca a participar con sus compañeros y se distraía menos porque la profesora le proporcionó un modo de poder seguir progresando.

Con seis años, George aprendió a hacer chistes de un programa de TV para niños, y después los repetía en encuentros por Zoom con su profesora y sus compañeros de clase. La madre, preocupada por si no era apropiado, pensó en disuadirle, pero un día se sentó a observar. La profesora y sus compañeros disfrutaban tanto con este nuevo talento de George que empezaron a pedirle las últimas novedades («¿Por qué el oso Teddy le dijo "no" al postre? ¡Porque estaba relleno!». «¿Qué obtienes al cruzar un vampiro con un hombre de nieve? ¡Un mordisco helado!»). La preocupación de la madre desapareció cuando comprobó el orgullo de George y el entusiasmo de sus compañeros de clase ante esta nueva faceta social, y que bromear le ayudaba a entablar amistades. Con el apoyo de la profesora, George y sus compañeros empezaron a crear sus propios chistes.

En el apartado «El entusiasmo de la semana» del podcast *Uniquely Human,* mi coanfitrión autista, Dave Finch, cuyo entusiasmo durante su niñez eran los números, conectó a fondo con Ryan, de ocho años, que tenía un entusiasmo similar, y este expresó su ambición: llegar a ser profesor de matemáticas.

El mismo tipo de evolución y desarrollo puede darse si las familias encuentran maneras de reconocer y atender el interés particular de un niño, compartirlo con los más allegados e integrarlo en las rutinas de la familia. La pasión compartida de la hermana de Ryan, de seis años, por los números y los juegos de números ha dado lugar a horas de juego divertido compartido. Hace años también presencié algo similar cuando un padre me trajo a su hijo adolescente, Hakeem, un alumno de doce años de un colegio internacional en Kuwait, para que lo conociera y les aconsejara sobre su vida en el colegio y en casa. Aunque el chico presentaba muchas de las dificultades frecuentes en el autismo, al observarle estaba claro que tenía mucha más flexibilidad y resiliencia que muchos otros niños con autismo. Pronto me di cuenta de que en gran parte se debía a que sus padres se mostraban muy abiertos a aceptar sus entusiasmos.

Cuando visité su casa, lo primero que compartieron conmigo fue la fascinación de Hakeem por los trenes y, en particular, los horarios. Me explicaron que le animaron a asumir un papel activo en la planificación de las vacaciones anuales de agosto de la familia en Europa. Los padres le daban voz en la elección de los destinos, y luego pasaban meses estudiando los detalles, reuniendo mapas, guías y toda la información necesaria para la planificación. Una vez que la familia había decidido el plan general del viaje, dependía de Hakeem determinar los detalles: qué trenes tomarían, cuántos días permanecerían en una ciudad, cuándo se trasladarían al siguiente destino.

Como esto tuvo lugar antes de internet, la planificación requería un esfuerzo muy detallado y preciso, pero Hakeem estaba a la altura del reto. Me mostraron los álbumes que habían hecho de cada viaje, con fotografías y recortes de folletos y mapas. Cada sección del libro empezaba con el horario de los trenes, claramente representativo de cómo la familia ensalzaba los intereses de Hakeem. Al reconocer y atender el interés de su hijo por los horarios de los trenes, le habían ayudado a ampliar sus esfuerzos para involucrarse más con la familia y con el mundo, con una sana conciencia de orgullo de sus logros. Hakeem no solo tenía un notable conocimiento de las ciudades y lugares de interés europeos, sino que también se sentía un miembro valioso en su familia.

Los entusiasmos centrados en las personas

A veces el foco de atención de un niño no es un tema sino una persona. Al igual que muchos niños, las personas autistas a menudo se sienten fascinadas por ciertas estrellas de cine, músicos o atletas. A veces un niño enfoca la atención en un compañero, como cuando los adolescentes establecen una relación romántica. La diferencia estriba en que los niños autistas a menudo no entienden los límites que los demás perciben intuitivamente, por lo que estos entusiasmos pueden volverse embarazosos. Es posible que un niño en el espectro autista no entienda que, en general, cuando se tiene un fuerte sentimiento hacia una persona, no lo va diciendo a esa persona ni a cualquier otra. Esas situaciones pueden ser un problema, pero mostrar mucho interés por un compañero también es una oportunidad para que un profesor o un padre enseñen pautas sobre las amistades y los límites sociales.

Tyler era un alumno de infantil diagnosticado con síndrome de Asperger y TDAH (trastorno por déficit de atención e hiperactividad) cuya fijación era la directora de su colegio de primaria. Vi por primera vez a Tyler en su escuela de preescolar (donde yo era orientador), cuando era un niño enérgico que rodaba por el suelo de la clase en lugar de unirse a sus compañeros en la hora de grupo. Rubio y robusto, vivaz y parlanchín, en preescolar el foco de atención de Tyler eran principalmente los robots y las construcciones Lego.

Tras algunas semanas en el jardín de infancia, surgió su fascinación por la señora Anderson, la directora. Cada vez que la veía, le hacía una serie de preguntas rápidas: ¿dónde te sientas?, ¿qué haces?, ¿cuál es tu trabajo?, ¿tienes hijos? Ella respondía, se tomaba un interés especial por Tyler y lo invitaba a visitar su despacho. Vio la oportunidad de utilizar su gran interés para propiciar su participación en la escuela, y le propuso un trato: si durante un mes ponía todo de su parte en participar en las actividades de clase, entonces le permitiría unirse a ella como director por un día. Eso significaba que, si Tyler se unía al grupo en lugar de arrastrarse bajo un escritorio, si pedía ayuda en lugar de enfadarse, si podía mejorar en otros ámbitos, obtendría ese privilegio especial.

Eso atrajo la atención de Tyler, que de inmediato aceptó el trato. A diario revisaba con la profesora su progreso. Practicaba pedir ayuda o solicitar un descanso cuando lo necesitaba, una estrategia que le ayudó a mantenerse bien regulado emocionalmente. Estuvo más atento en la clase e hizo todo lo posible por participar de manera apropiada. A finales de mes la directora selló el trato y Tyler tuvo su día especial. El colegio documentó la experiencia en un álbum de fotos: Tyler, vestido con traje y una corbata estampada, acompañó a la directora en sus rondas y reuniones y se sentó en un pequeño escritorio en una esquina del despacho. Estaba encantado, se sintió parte importante del colegio y aprendió sobre su capacidad para regularse bien y buscar ayuda en caso de necesidad cuando quería algo que para él era importante.

Cuando los entusiasmos causan problemas

En ocasiones el objeto de la atención de un niño es en verdad un problema. El interés concreto de Gabriel eran los tobillos de las mujeres. Si hubiera sido otra persona, se podría considerar fetichismo, pero para este adolescente simplemente era un objeto de fascinación que quería explorar —de cerca—. A veces, cuando veía a una mujer con tacones altos y los tobillos desnudos en un centro comercial o en la calle, Gabriel, que medía más de un metro ochenta, se agachaba para tratar de tocarle los tobillos. Aquellos que le conocían comprendían que era un ser adorable y amable, pero por supuesto las mujeres cuyos tobillos llamaban su atención no sabían cómo actuar. Aunque su motivación era inofensiva, su comportamiento podía interpretarse fácilmente como obsceno, amenazante o incluso peligroso. Dado que Gabriel era negro, por desgracia su comportamiento era visto por muchas personas de distinto modo que si fuera blanco (véase en el capítulo 11 la discusión acerca de los temas relativos al autismo y la raza).

En tales situaciones, es importante ayudar a la persona a entender cuáles son las normas y las expectativas de un comportamiento aceptable, pero para ello hay que adecuarse a su capacidad, sin hacerle sentir mal consigo misma. Para una persona con un nivel alto de comprensión, podría ser útil crear una lista de comportamientos aceptables o esperados en situaciones sociales y analizar cómo puede la otra persona percibir la situación. Para los niños más pequeños o aquellos con una comprensión más limitada, es importante establecer normas más concretas, poniendo mayor énfasis en lo que se debe hacer que en lo que no se debe. Para todo tipo de capacidades, es de utilidad emplear material visual —como fotografías, dibujos o incluso vídeos— mejor que depender del uso de la palabra. El objetivo a largo plazo es ayudar a que las personas comprendan cuáles son las respuestas apropiadas en las diferentes situaciones sociales y puedan refrenar las reacciones impulsivas y regularse bien, aun cuando estén relacionadas con una pasión o interés. También es importante ayudar a que la persona entienda cómo las otras personas interpretan su comportamiento y cómo les afecta.

Incluso cuando el centro del interés profundo de un niño es más aceptable, su entusiasmo puede plantear dificultades. La preocupación más frecuente que escucho de los padres es que sus hijos hablan excesivamente sobre un tema —dinosaurios, trenes, dibujos animados, ascensores— y no paran. Aun cuando los padres y colegas comprenden y respetan el interés particular de la persona, pueden sentir frustración cuando esta no parece entender que hablar de ello sin parar no es apropiado, sobre todo cuando los compañeros o los adultos muestran su disgusto o simplemente dejan de escuchar.

Todos tenemos temas preferidos, pero tenemos que saber cuándo hemos hablado demasiado de ellos. Cuando me encuentro con otro fanático de los Yankees de Nueva York, podemos pasar una hora reviviendo las jugadas más destacadas del partido de la noche anterior. Pero otras personas pueden aburrirse y preguntarse si no voy a parar después de un minuto o dos. Si soy rápido en la lectura de las señales sociales, puedo darme cuenta y cambiar mi comportamiento. Pero si tengo problemas para entender esas señales sutiles, puedo continuar con los detalles de cada lanzamiento en la novena entrada mientras usted está desesperado tratando de huir.

Enseñar «el momento y el lugar»

Para ayudar a una persona en este aspecto de la comprensión, es útil utilizar lo que yo llamo la estrategia de «el momento y el lugar»: a veces otras personas puede que deseen escuchar su tema particular de interés, pero otras veces puede que estén menos predispuestas. Un padre, profesor o *coach* laboral puede explicarle a la persona que no hay nada malo en su entusiasmo por los horarios de los trenes o los cereales para el desayuno, y que sus entusiasmos son incluso geniales, pero no son temas apropiados para hablarlos en la clase de matemáticas o en el dentista, o en otra situación social («Estamos aquí comiendo con nuestros familiares, así que quieren saber lo que haces en el colegio. Pero a la una del mediodía puedes hablarnos sobre el horario de los trenes, ¿de acuerdo?»). Es una oportunidad para profundizar en la comprensión social de la persona. Es útil trabajar con ella para poder elaborar una lista de los lugares y los momentos que son apropiados para hablar de las aficiones, los que no lo son y las personas con quienes se puede hacer. Utilizar apoyo visual, como calendarios y horarios escritos, en lugar de solo hablar puede ayudar a mejorar la comprensión. Otros apoyos adicionales, como los juegos de rol o los recordatorios del teléfono, pueden facilitar la comprensión. El objetivo no es reprimir un entusiasmo; es ayudar a que la persona pueda ser apreciada como una conversadora deseable o una compañera de juego.

La verdad es que, incluso con práctica y ayuda, la gente puede seguir teniendo problemas «en contener sus entusiasmos». Algunas personas, ya sean niños, adolescentes o adultos, todavía no han evolucionado hasta el punto de ser capaces de comprender las convenciones y normas sociales que ayudan a que las interacciones sociales sean más fluidas y exitosas. Puede que algunas lo comprendan, pero tienen dificultad para controlarse e inhibir sus impulsos en el momento, tomar en consideración el punto de vista de los demás o reprimir su deseo de compartir información. Los familiares cercanos pueden desesperarse tratando de encontrar una manera de ayudar a la persona a controlar el impulso de centrarse excesivamente en un tema o entusiasmo. Les preocupa que se acentúe la diferencia ante sus compañeros. Algunos familiares y otras personas cercanas pueden estar cansados de escuchar los mismos temas una y otra vez. He escuchado muchas veces al cuidador más paciente decir: «Solo necesitamos que pare».

El problema con esta respuesta es que se centra en el *comportamiento* sin preguntarse qué lo está *motivando*. Es esencial hacer preguntas: ¿hay momentos en los que la persona se centra más que en otros en este tema?, ¿ve algún patrón?, ¿puede que ocurra cuando el niño está estresado?, ¿qué puede estar causando el estrés?, ¿cómo se pueden aliviar la presión y la ansiedad?, ¿está la persona utilizando este discurso para calmarse? Si le funciona, ¿es realmente una prioridad eliminar este tipo de discurso? ¿Es consciente la persona de su comportamiento? ¿Cómo podemos ayudarle a que sea más consciente?

En otras palabras, no es tan simple como parar el comportamiento. De hecho, este no debería ser el primer objetivo. Como siempre, el primer paso es preguntar qué es lo que subyace al comportamiento y lo motiva y, si es posible, cuáles son las emociones que la persona está teniendo.

También es importante recordar que, si alguien empieza constantemente una conversación hablando de su propio tema de interés, sucede así porque para él es una forma fácil de comenzar. A una persona autista las interacciones sociales le pueden provocar ansiedad y confusión porque no tienen una estructura fija y no siempre pueden predecir lo que la otra persona va a decir. Así que una persona autista intentará crear previsibilidad y comodidad en la conversación limitando los temas a áreas que domina.

Cuando un niño o adolescente necesita ayuda para desarrollar o mejorar la destreza en la conversación, pueden serle de ayuda grupos centrados en la comprensión social y relacionados con competencias sociales, ya que le proporcionarán un espacio seguro y de apoyo donde puede aprender a mantener una conversación y escuchar y mostrar interés hacia los demás. En lugar de reprender a un niño y dañar su autoestima, es preferible ofrecer opciones más positivas, como actividades, juegos o interacciones cotidianas de *roleplaying*, de modo que sea divertido para todos los implicados. Las correcciones, no importa lo bienintencionadas que sean, a veces pueden hacer sentir a los individuos más sensibles que son incapaces de hacerlo-bien; así que ¿para qué arriesgarse?

Crear fortalezas

Aunque los entusiasmos puedan plantear algunas dificultades, a menudo constituyen el mayor potencial de las personas autistas. Lo que comienza como un fuerte interés o pasión puede convertirse en una manera de conec-

tarse con otras personas con intereses similares, una afición para toda la vida
o, en muchos casos, una profesión. Recordemos a Michael, el niño que tenía
pasión por la música y la extraña capacidad de escuchar una canción por
primera vez y luego sentarse y tocarla al piano. Ahora, a sus cuarenta años y
viviendo semiindependiente, toca el órgano en su iglesia y canta en un coro.

Cuando Matt Savage era joven, era tan hipersensible al sonido que, si su
madre tocaba el piano, se tapaba los oídos y se iba gritando. Con la terapia
superó ese problema y comenzó a mostrar una habilidad musical excepcional. Cuando conocí a Matt, solo tenía once años, y leyendas del jazz como
Dave Brubeck y Chick Corea ya ensalzaban su excepcional talento para el
piano. Ahora, en la veintena, Matt se ha convertido en un pianista, compo-
sitor y artista de jazz conocido a nivel internacional, de talante generoso y
con una atractiva personalidad. Encuentra tiempo para enseñar música a
niños autistas, actúa en eventos benéficos y gentilmente brinda su música
a *Uniquely Human: The Podcast*.

Cuando Justin Canha (véase el capítulo 10) era pequeño, todavía no
hablaba, pero le encantaba ver películas de animación y dibujos animados y
mostraba un talento precoz para el dibujo. Ahora, como adulto, expone su
obra en galerías de Nueva York, trabaja como artista de guion gráfico profesional, enseña artes plásticas a niños pequeños y diseña y decora tartas de
cumpleaños para pastelerías. Justin «transmite una sensación de paz, y a veces de sorpresa», a su trabajo, dice Randall Rossilli Jr., que dirige una produc-
tora de vídeos donde Justin estuvo de prácticas. «Ha inspirado a los artistas
con los que trabaja a convertirse en mejores artistas y mejores personas».

Una de mis historias favoritas de entusiasmo es la de Stanford James, un
joven autista que fue criado por una madre soltera en un bloque de viviendas
de protección oficial de Chicago. Desde que era joven, tenía pasión por los
trenes y le encantaba estar en la ventana del apartamento de su abuela viendo
pasar los trenes elevados.

«No sé lo que los trenes hicieron por él», dijo su madre, Dorothy, a un
reportero del *Chicago Tribune*. «Pero sin duda le engancharon».

Aunque era joven, vivía en la pobreza y sabía poco acerca del autismo,
Dorothy luchó por su hijo. Alentó el interés de Stanford y observó su notable
habilidad para dominar las rutas y los horarios del extenso sistema de transporte de Chicago, valiéndose en gran parte de su memoria. Cuando entraba
en la veintena, consiguió un trabajo en la Regional Transit Authority o RTA
[Delegación Regional de Transporte] de Chicago, ayudando a que los clientes encontraran las rutas y los horarios según sus necesidades.

No solo era naturalmente apto para ese trabajo, sino que demostró tal
dedicación, atención y responsabilidad que la RTA le nombró empleado del

año. «Viene a trabajar sin importarle el tiempo que haga y siempre es educado», dijo su supervisor al periódico. «Es riguroso, y eso es lo que los clientes desean».

Más importante aún, Stanford se sentía un miembro importante y valorado de su comunidad. Cuando era joven, su madre se preguntaba qué sería de él. Después de ayudar a un cliente, Stanford dice con gran orgullo: «Me felicito para mis adentros, diciéndome: "¡Stanford, eres el mejor hombre que puede hacer todo!"». Stanford es un testimonio de hasta dónde se puede llegar al persistir en un entusiasmo.

CAPÍTULO 4

CONFIANZA, MIEDO Y CONTROL

Después de unos pocos minutos con Derek, me di cuenta de que algo le estaba molestando, pero no estaba seguro de qué era exactamente[1].

Durante mucho tiempo visité a Derek unas cuantas veces al año a petición de sus padres para orientarles y darles consejo. Le observaba en el colegio y en casa, y luego me reunía con sus padres y el equipo escolar. Mi visita de otoño siempre había sido en septiembre, unas pocas semanas antes de empezar el curso escolar. Pero el año que cumplió ocho años me retrasé unas semanas del calendario habitual. En el pasado Derek siempre me había saludado con entusiasmo —o al menos con una sonrisa discreta—. Esta vez, sin embargo, desde el momento en que llegué, parecía nervioso y ausente, y oponía resistencia a mis intentos de que se implicara. Después de un rato, le pregunté por qué. «¿Pasa algo?», interrogué, «pareces un poco incómodo conmigo».

No vaciló en responder. «Doctor Barry, la primera vez siempre vienes en septiembre», dijo, «¿por qué has venido en octubre?».

Solo eran dos semanas más tarde de la fecha habitual en la que me solía ver, pero el mes cayó en el calendario de manera distinta, y para su mente había una gran diferencia. Sin hablarlo, Derek había interiorizado el ritmo de mis visitas habituales. Como nadie se dio cuenta, nadie hizo el esfuerzo de

---

[1] Algunas de las ideas e *insights* de este capítulo aparecieron por primera vez en «The Primacy of Trust», un artículo dividido en dos partes del que fui autor junto a Michael John Carley, en *Autism Spectrum Quarterly* (2009).

explicarle que vendría más tarde que en las visitas anteriores. Por lo tanto, Derek tuvo que averiguar por qué había ocurrido este quebrantamiento en el orden de su universo.

Sin saberlo, había traicionado su confianza. Derek se había hecho una imagen de cómo deberían suceder las cosas en función de cómo habían sucedido siempre, o al menos de cómo las recordaba él. Ahora tenía un motivo para preguntarse si podía confiar en mí, o en el mundo que creía haber entendido.

Una incapacidad para confiar

La reacción de Derek resalta una dificultad fundamental del autismo: para la gran mayoría de las personas del espectro, el autismo puede entenderse mejor como una incapacidad para confiar. Debido a sus problemas neurológicos, las personas autistas se enfrentan a tres obstáculos enormes: confiar en su cuerpo, confiar en el mundo que les rodea y —lo más difícil de todo— confiar en otras personas.

Daniel Tammet, el autor de *Born on a Blue Day*, es conocido por sus proezas de memoria, tales como recordar más de 22.000 dígitos de pi y aprender un idioma en una semana. Cuando fue entrevistado en *60 Minutes* describió lo difícil que había sido para él cuando era un niño encajar socialmente. Se sentía incómodo entre otros niños, le resultaba difícil predecir sus comportamientos. Los matices de las relaciones sociales le desconcertaban. Así que encontró consuelo en las matemáticas. «Los números eran mis amigos y nunca cambiaban», aseguraba, «eran fiables. Podía confiar en ellos».

Mi amigo Michael John Carley, un adulto con Asperger que es un líder en el movimiento de defensa y apoyo de las personas autistas, una vez lo expresó de esta manera: «Lo contrario de la ansiedad no es la calma, es la confianza».

Esta comprensión explica en gran parte aquello que nos produce ansiedad a todas las personas, no solo las del espectro, y por qué reaccionamos con miedo y buscamos a menudo formas de controlar nuestras vidas, el entorno y las relaciones. Estas tendencias están aún más pronunciadas en las personas autistas.

La confianza en el cuerpo

Si una persona neurotípica se despierta con un resfriado común, es un mal menor. Puesto que es muy probable que anteriormente haya tenido un resfriado, cuenta ya con criterio y experiencia para comprender que su tos y la secreción nasal probablemente durarán unos días antes de que empiece a sentirse bien otra vez. Pero cuando una persona en el espectro autista experimenta los mismos síntomas físicos, puede reaccionar con ansiedad y miedo: ¿qué me está pasando?, ¿por qué no puedo respirar normalmente?, ¿va a durar para siempre?

Esa respuesta no se diferencia tanto de la reacción que tenemos la mayoría de nosotros ante una enfermedad más grave. Hace algunos años sufrí de forma severa el síndrome del túnel carpiano. Los años que me dediqué a cortar madera para calentar nuestra casa me pasaron factura. Había tocado la batería desde la infancia, pero ahora, cuando lo hacía, mis manos se entumecían y no podía sujetar las baquetas. Cuando intentaba sostener un periódico para leerlo, tenía pinchazos como agujas de dolor en los dedos. Mis brazos y mis muñecas no respondían de la manera en que siempre lo habían hecho ni tampoco los sentía igual. De repente, *no podía confiar en mi cuerpo*. Estaba alterado y preocupado por la evolución de mi enfermedad. Afortunadamente, una cirugía que tuvo éxito en ambas muñecas alivió los síntomas. El hormigueo había desaparecido; el entumecimiento había disminuido. Podía confiar en mis manos y tocar la batería de nuevo.

Los pacientes con cáncer suelen tener problemas similares. De algún modo el cáncer puede entenderse como una manera en que el propio cuerpo se ataca a sí mismo. Gran parte del estrés de la enfermedad proviene de los cambios físicos que se producen, de la incertidumbre sobre el futuro y de la misma pregunta: ¿podré alguna vez confiar en mi cuerpo otra vez?

Un gran porcentaje de las personas autistas presentar alteraciones motoras y del movimiento, a menudo padecen movimientos involuntarios en diferentes partes de su cuerpo. Martin expresó a su madre su desconcierto ante el modo en que su mandíbula se movía, sus brazos se le iban hacia fuera y los otros tics impredecibles que experimentaba, sobre todo cuando se sentía desregulado. «¿Me estoy volviendo loco?», preguntó.

«¿Qué te hace pensar eso?», respondió ella.

La respuesta de Martin: «Mi cuerpo hace cosas que no puedo controlar».

De modo similar, la gente autista que no habla declara tener dificultades para hilar un discurso inteligible debido a alteraciones motoras y del movimiento. Cuando me encontré con miembros de la Tribu, un grupo de gente autista que no habla de la Universidad de Virginia y que utilizan tableros con letras y teclados para comunicarse, muchos notaban la dificultad para controlar sus cuerpos en las actividades diarias. Ian Nordling, al que siendo niño se le había considerado discapacitado intelectual y muy agresivo, dijo que había trabajado en el control del cuerpo y que podía comunicarse bien deletreando palabras en un tablero de letras cuando llegó a la veintena. «Pude progresar cuando enseñé a mi cuerpo loco a funcionar», dijo. «He aprendido a controlar mi cuerpo por medio de los tableros con letras y practicando ejercicios motores con un propósito. Empecé a deletrear y ahora se ha transformado en un trabajo de control del cuerpo entero». Con trabajo duro, Ian se ha convertido en un comunicador desenvuelto por medio de la comunicación aumentativa y alternativa (AAC), tiene mucho más control y confianza en su cuerpo y está trabajando para incorporar el habla a sus múltiples medios de comunicación (véase el capítulo 11 para una discusión detallada sobre las personas sin lenguaje oral del espectro autista).

Colin, un alumno de tercer curso con Asperger, me mostró una vez dos diagramas que había hecho, elaborados con detalle: un mapa de su propio cerebro y otro que calificó como un cerebro «normal». El mapa del cerebro normal era una cuadrícula ordenada, con filas y columnas simétricas dibujadas a través de toda la corteza cerebral: una imagen de orden y organización. El mapa del cerebro de Colin era un desorden caótico, dividido en secciones irregulares de varias formas y tamaños. También hizo un videoteatro en el que describía sus preocupaciones. Señaló a su médula espinal él denominaba la fuente de «los calambres» que sufría. A la parte más grande del cerebro, que él denominaba «la parte loca», era a la que culpaba cuando no podía controlar sus pensamientos o su comportamiento.

Claramente, Colin estaba tratando de expresar que no podía confiar en su propio cerebro.

La confianza en el mundo

Aunque podamos confiar en nuestro propio cuerpo, es difícil confiar en el mundo que nos rodea. A menudo pregunto a los padres de niños pequeños autistas: «¿Qué es lo que más le molesta a su hijo?». Con frecuencia la causa de la frustración es un juguete mecánico que ya no funciona como lo hacía en un principio. Se han agotado las pilas de un coche de juguete o un iPad se bloquea, provocando un fallo total. Para los padres, a menudo es desconcertante: la reacción ante el problema les parece muy desproporcionada. Pero, si nos ponemos en el lugar del niño, su sentido del orden —de cómo funcionan las cosas— se ha roto. Se ha topado con un mundo en el que no puede confiar.

Los niños también lo expresan de maneras más sutiles. Una semana concreta de otoño, Sharon notó que el comportamiento de su hijo de seis años dio un giro notable a peor, pero el cambio no parecía que estuviera relacionado con nada que hubiera sucedido en casa o en el colegio. Dmitri se ponía de tan mal humor que era prácticamente inconsolable, y no cenaba. Entonces la madre identificó la causa: el cambio sucedió justo después del cambio de hora a la hora estándar. La rutina de Dmitri se rompió. Durante meses la familia cenó cuando todavía había luz natural. Ahora, de repente, pretendían que cenara cuando estaba oscuro. «Es como si no pudiera confiar en lo que es un día», dijo Sharon, «o cuando se supone que hay que comer». Desde su punto de vista, sus padres habían cambiado las reglas sin previo aviso. ¿Es de extrañar que estuviera de mal humor? Por razones similares, muchos padres temen las vacaciones escolares —el mismo periodo que otras familias esperan con entusiasmo— porque este cambio en la rutina altera a sus hijos autistas.

Matthew, de quince años, experimentó un tipo diferente de pérdida de confianza en su entorno. Cuando visité su casa, me dijo emocionado que la familia había estado recientemente en la ciudad de Nueva York.

«¿Cómo te lo pasaste en el viaje?», pregunté.

«Estuvo bien», dijo, «excepto que nos retrasamos cuatro minutos cerca de la salida 87 en la Ruta 95, y luego nos demoramos tres minutos cerca de la salida 54», y pasó a enumerar uno detrás de otro todos los retrasos y desvíos que la familia había tenido hasta que su madre pudo pararle. De ese viaje de tres días Matthew recordaba lo inesperado, las veces que las cosas no sucedieron como estaba previsto, las veces que descubrió que no podía confiar en el mundo.

Cuando fui orientador en un campamento de verano que ayudaba a niños con trastornos del desarrollo, uno de mis campistas favoritos era Dennis, un niño grande y enérgico de 12 años del espectro con el pelo rizado y mejillas sonrosadas. Un lunes por la mañana nuestro grupo salió en autobús a un parque de atracciones. A Dennis le encantaban las montañas rusas y las norias, y estuvo hablando durante días de forma obsesiva de esta excursión. Cuando nuestro autobús llegó al parque, sentí inquietud al ver que el aparcamiento estaba vacío. El conductor pisó el freno y, sin molestarse en consultarme, soltó la mala noticia: «Lo siento, niños. ¡El parque está cerrado!».

La respuesta de Dennis fue explosiva. Se precipitó hacia mí gritando «¡No, no, no!», desvió su mirada hacia arriba a lo lejos y de repente comenzó a golpearme con los puños. Mientras trataba de apartarlo —y a su vez ponernos los dos a salvo—, me arrancó la camisa y en su furiosa agitación me clavó las uñas en los brazos y en el pecho, causándome profundos rasguños. Resultó desgarrador y espantoso ver a este niño, que normalmente era encantador, en este estado fuera de control.

Con ayuda, pude trasladar a Dennis a un asiento, donde escondió la cabeza debajo de una almohada y se balanceó, obviamente perplejo y en *shock* por lo que acababa de suceder. Cuando estaba bien regulado, era un chico alegre y agradable que sonreía a todos los que le rodeaban. Pero cuando sentía mucha ansiedad, miedo o una confusión cada vez mayor, a punto de colapsar, a menudo la emprendía contra las personas a las que se sentía más apegado. ¿Por qué? En este caso, porque el mundo había traicionado su confianza. Era como si le hubieran golpeado con un mazo. Habíamos hecho una promesa para ese día, y le habíamos decepcionado. Su expectativa fue quebrantada —de repente, bruscamente.

Afortunadamente, pude compensar la situación de tal modo que pareció una intervención divina. Una vez que Dennis estaba a salvo y yo me había recompuesto, me levanté y le expliqué que el parque estaba cerrado. Entonces, de forma misteriosa, me vinieron las palabras y me oí decir: «¡Pero vamos a hacer una excursión mágica y misteriosa!» (esto fue en 1970, solo un par de años después de que saliera el álbum de los Beatles). Al instante, Dennis miró hacia arriba, mostró interés y luego repitió: «¿Una excursión mágica y misteriosa?», y después: «¡Una excursión mágica y misteriosa! ¡Una excursión mágica y misteriosa!».

Los orientadores nos apresuramos a trazar un nuevo plan. En silencio le pregunté al conductor si había otros lugares cerca, e improvisamos una visita por la mañana a un pequeño zoológico, y a continuación a un minigolf. Cuando comunicamos el plan a los niños, Dennis se adaptó y terminó disfrutando el día —y prometimos volver a programar la excursión al parque de atracciones para otro día.

Comprendí que el estallido de Dennis estuvo totalmente fuera de su control, e incluso de su conciencia. El inesperado suceso le desencadenó una reacción extrema debido a su incapacidad neurológica. Pero nunca olvidé las lecciones de ese día: que las personas autistas pueden pasar de cero a sesenta sin aviso; que cuando se desregulan de forma severa, se pueden pagar su frustración y confusión con las personas en las que más confianza tienen, y que la pérdida de confianza ocurre de muchas formas.

Una de estas perturbaciones que afectó a todo el mundo de manera generalizada fue el comienzo de la pandemia de Covid-19, una cruda demostración de la ansiedad que aparece cuando no podemos confiar en el mundo y en las rutinas que hemos establecido para manejarnos en nuestra vida diaria. Cuando la salud y la seguridad se convirtieron en la máxima prioridad, la mayoría experimentamos una desconcertante pérdida de previsibilidad. ¿Sería el colegio virtual o presencial? ¿Podríamos coger un avión para las vacaciones que tanto necesitábamos? Los servicios religiosos, las bodas, los funerales y otros eventos importantes en que se fundamentan las relaciones interpersonales eran cancelados o se hacían en línea. ¿Serían eficaces las vacunas? No es de extrañar que también hubiera una epidemia de trastornos de ansiedad y otros problemas de salud mental en la población, no solo en aquellos con diferencias en el desarrollo neurológico.

La confianza en las personas

En relación con la confianza, la dificultad más importante para las personas autistas radica en confiar en los otros. La mayoría de nosotros estamos neurológicamente conectados con la capacidad de predecir el comportamiento de los demás: interpretar intuitivamente el lenguaje corporal y hacer juicios subconscientes en función de la relajación del cuerpo de alguien, por cómo una persona mira a otras o por el contexto social. Así es como enjuiciamos las intenciones de las personas, si quieren relacionarse o si es seguro estar cerca de ellas. Pero a menudo esto resulta más difícil para las personas del espectro. Ros Blackburn explica que vive cada día tratando de entender las intenciones de las personas que se acercan a ella. «Debido a que me resulta tan difícil predecir el comportamiento de las otras personas» que no están en el espectro, explica Ros, «a menudo lo que hacen me resulta muy repentino y amenazante».

La visión de Ros ayuda a explicar la reacción defensiva que vi en Christopher. Era un adolescente que se comunicaba de forma multimodal, a través de un sistema de imágenes de baja tecnología que implicaba señalarlas en una tableta, utilizando su iPad con generador de voz, o repitiendo frases que ya había escuchado o pronunciando una sola palabra cada vez. Si en el pasillo del instituto un compañero o un profesor le decía de repente «¡Hola, Chris!», él retrocedía de forma instintiva y se agachaba con cara de susto, como si la persona hubiera aparecido de repente y le hubiera lanzado un cuchillo.

No saber en quién confiar o lo que una persona puede hacer a continuación significa vivir en un estado constante de alerta, como los soldados que trabajan en equipos de desactivación de bombas. Imagínese vivir en ese estado de alerta, receloso de cada persona, de cada objeto. Si su sistema neurológico está en constante alerta, ¿cómo puede prestar atención a cualquier otra cosa? Es agotador. Se hace difícil funcionar. Toda su energía se centra en defenderse.

Algunas personas autistas tienen casi la dificultad contraria. Estos individuos pueden moverse y reaccionar con más lentitud que otros, y se muestran menos alertas y aparentemente ajenos a la gente y a los acontecimientos de su alrededor. A menudo es más difícil descifrar sus sentimientos, porque sus expresiones faciales no cambian mucho. Tener un estado de *arousal* bajo es como caminar adormilado sin concentración. Los profesionales se refieren a estos individuos diciendo que tienen un «nivel de *arousal* bajo». Al manifestar menos problemas de comportamiento, parece que están mejor regulados y a menudo se piensa que «son buenos chicos» o «que no son un problema» porque aparentan tener buen comportamiento. ¿Significa esto que no experimentan ansiedad? No necesariamente. Cuando se sienten desreguladas, estas personas tienden a interiorizar su ansiedad en lugar de expresarla hacia fuera. Los sentimientos de ansiedad se acumulan con el tiempo, se perciben pocos signos de ansiedad o desregulación o de forma muy sutil, de tal modo que los estallidos o las crisis pueden ser difíciles de predecir.

La función del miedo

Todos afrontamos situaciones en las que nos sentimos inseguros o amenazados. Cuando tenemos la sensación de peligro o riesgo, nuestra reacción natural es sentir miedo —y luchar o huir—. Las personas autistas tienen una respuesta innata similar, pero su umbral de reacción es mucho menor, especialmente para aquellos con un perfil hiperreactivo. Se necesita menos para desencadenar una respuesta emocional fuerte. La causa de la ansiedad no tiene que ser un león, un incendio o un hombre con una pistola. El miedo se desencadena cuando se pierde la confianza, cuando se rompe el equilibrio que sostiene a la persona.

Temple Grandin es probablemente la persona autista más conocida del mundo. Es profesora de ciencias animales, una oradora consumada que transmite confianza y entereza. Pero a menudo describe su vida emocional de esta manera: «Mi emoción principal es, y siempre ha sido, el miedo». La mayoría de sus temores están arraigados en sus sensibilidades sensoriales. Mientras que un trueno tiene poco efecto sobre ella, por ejemplo, el ruido agudo de la alarma de un camión dando marcha atrás puede hacer que su corazón se dispare. Los cambios inesperados en la rutina también son para ella los desencadenantes principales de la ansiedad.

Observo ese miedo a menudo en mis primeros encuentros con los niños del espectro; se ve en sus ojos y en su lenguaje corporal. Veo su miedo cuando se enfrentan a situaciones en las que se sienten inseguros, cuando se exponen a la sobrecarga sensorial de la cafetería del colegio, abarrotada y bulliciosa, o del gimnasio lleno de ruido.

Vi esa mirada en los ojos de Jeremy, un alumno de segundo curso que una primavera comenzó a mostrar una ansiedad extrema cuando llegaba la hora del descanso. Cuando su clase tenía que salir al patio de recreo, se resistía con todas sus fuerzas, protestaba y se negaba a ir mientras los otros niños estaban encantados y felices por el descanso.

Se supo el motivo: los arbustos que bordeaban el patio de recreo atraían a las mariposas, y a Jeremy le aterrorizaban. ¿Por qué puede un niño tener miedo de las mariposas, criaturas que para la mayoría de los niños son bonitas y fascinantes? No muerden ni pican, ni siquiera hacen ningún sonido. A Jeremy le asustaba no tener control sobre las mariposas: no podía predecir lo que harían. Quizás alguna vez se le posó una mariposa en un brazo o en la cara, asustándolo, y no fue capaz de espantarla. No entendía a las mariposas. Parecía que surgían de la nada, zumbando de forma imprevisible y sorprendiéndolo. Jeremy, en su nivel de desarrollo, no era capaz de razonar ni de considerar que, aunque una mariposa se posara en su nariz, no le haría daño. Su capacidad de comunicación era muy limitada, de tal modo que un desconocido podía pensar que estaba muy perturbado. Pero su comportamiento tenía sentido: a un nivel muy primitivo, estaba tratando de mantenerse a salvo.

Para ayudarlo, sugerí al profesor que proporcionara a Jeremy la sensación de control pasando tiempo con falsas mariposas, mariposas de papel, dejándolas «volar» cerca y luego permitir que Jeremy las despidiera con la mano, diciendo: «¡Adiós, mariposas!». Pasó tiempo buscando libros sobre mariposas para comprender que son inofensivas. A lo largo del tiempo, esta táctica le ayudó a superar la ansiedad.

Lily tenía su miedo particular: las estatuas. Cuando tenía siete años, a la hora de la comida, estaba dando un paseo con su clase por un parque cuando vio una escultura de un hombre a caballo. Una mirada de terror atravesó su rostro. ¿Por qué un niño puede tener miedo de una figura de bronce que no se mueve? Porque desafiaba la lógica. *Parecía* una persona, y *parecía* un caballo, pero por lo que ella conocía y entendía, la gente y los animales se movían. La estatua del parque rompió la idea que Lily tenía sobre las personas y los animales, y esto la asustó y le produjo ansiedad. He observado reacciones similares en niños autistas cuando ven a artistas callejeros que actúan como estatuas o robots —seres vivos que se comportan como si no lo fueran.

Ayudar a los niños a superar el miedo

Cuando estos miedos se apoderan de una persona autista, puede ser difícil superarlos. Ned, un alumno de quinto curso de un colegio de la ciudad de Nueva York, se aterrorizó cuando su profesor anunció una excursión que iban a hacer en el ferri de Staten Island. La idea pareció atraer a sus compañeros de clase. Una chica preguntó emocionada por las olas que pudiera haber en el agua. Un chico quería saber si podrían avistar alguna ballena desde el ferri. Ned se fijó en algo más: un accidente de barco del que oyó hablar en las noticias. Después mencionó otro desastre: el hundimiento del *Titanic*. Esas asociaciones significaban que el ferri de Staten Island, para él, estaba fuera de lugar. Se negó con obstinación incluso a considerar la posibilidad de apuntarse al viaje con su clase.

A medida que se acercaba la fecha de la excursión, Ned se preocupaba cada vez más por el *Titanic*. Quiso ver la película y fotografías de la catástrofe, y continuamente preguntaba a sus profesores y a sus padres cómo sería estar en el fondo del océano con peces nadando alrededor. Estaba claro que iba a ser difícil conseguir que fuera a la excursión.

Cuando me reuní con sus profesores y con sus padres, que me pidieron consejo, hablamos sobre la dificultad: Ned no se sentía seguro. Estuvimos de acuerdo en que la prioridad era tranquilizarlo, proporcionarle información para que tuviera la seguridad de que estaría a salvo. Juntos le explicamos que en el ferri estaría protegido por un chaleco salvavidas, y que los botes salvavidas estarían disponibles en caso de que hubiese algún problema. Ned estaba escuchando con calma hasta que oyó la palabra *problema*. Entonces de repente soltó: «¿¡Qué tipo de PROBLEMA!?», y se puso cada vez más nervioso y ansioso en lugar de tranquilizarse.

Para tratar de calmarle y animarle, nos centramos en dos soluciones: primero intentamos crear una conexión emocional positiva haciendo una descripción de la emoción de subir al ferri con sus amigos, poder ver las banderas de colores del parque Battery y otras cosas destacadas. En segundo lugar, introduje el concepto de valentía. «Ser valiente significa intentar hacer algo, aunque nos de miedo», le dije, «y confiar en las personas con las que estamos».

Lo que no hicimos fue obligarlo a ir. Ned estaba asustado. Su miedo le estaba desregulando. Imponerle la excursión en contra de su voluntad solo habría servido para empeorar las cosas. También habría perdido la confianza en los adultos que le rodeaban. Era esencial que Ned sintiera que ir a la excursión era decisión suya. Así que, después de consultarlo con sus padres, le dijimos que tenía la posibilidad de ser valiente —y enfrentarse a sus miedos—. Pero también le dimos la opción de quedarse en casa con su madre ese día. Le dejamos que decidiera hasta unos pocos días antes del viaje.

Cuando llegó el día, tomó su decisión: «Voy a ser valiente».

Ned fue a la excursión y se lo pasó fenomenal con sus compañeros de clase. Un mes más tarde, cuando le vi en la siguiente cita, me dijo con orgullo: «Doctor Barry, fui en el ferri. Me asusté un poco cuando el bote se mecía, ¡pero fui valiente!». Pude sentir su orgullo, y sus padres también. Era dueño de su éxito. Después de eso, con frecuencia abrazaba la idea de ser valiente para ayudarse a afrontar situaciones difíciles que en el pasado habría evitado. Y sabía que podía confiar en otras personas si necesitaba ayuda adicional.

La ansiedad de Ned es un recordatorio de que lo que la mayoría de la gente puede considerar una sorpresa puede ocasionar miedo en los niños y personas autistas. Una vez ayudé a preparar una fiesta para un grupo de niños pequeños autistas. La idea consistía en proporcionar una experiencia especial a niños para los cuales es imposible, o al menos muy difícil, asistir a una fiesta normal. Queríamos que los padres pudieran relajarse y no tuvieran que preocuparse de dar explicaciones o tener que disculparse por el comportamiento de sus hijos. Los profesores, los padres y los voluntarios que ayudaron en la planificación tuvieron cuidado de crear un ambiente tranquilo con pocos estímulos, donde los niños pudieran estar cómodos y contentos. Llevamos juguetes con los que los niños estaban familiarizados, pusimos soportes visuales para ayudarles a elegir sus actividades favoritas e integramos rutinas del programa preescolar que los niños conocían para que se sintieran cómodos.

Todo iba muy bien hasta que Santa llegó. Era un voluntario, compañero de uno de los padres, que se había ofrecido a representar a Santa Claus, pero al parecer no estaba muy familiarizado con el autismo. Dio un golpe repentino y fuerte en la puerta y entró dando saltos en la habitación con un traje rojo brillante, gritando «¡Jo, jo, jo!». Su brusca aparición sobresaltó tanto a los niños que se dispersaron, algunos gritando o tirándose al suelo, otros huyendo hacia las esquinas de la habitación, hacia sus padres o hacia el guardarropa. Santa fue un tsunami sensorial, y en el contexto de un evento desconocido y lleno de emoción, no pudieron manejar la experiencia. Aunque se planifique mucho, siempre hay sorpresas. Y muchas personas autistas no reaccionan bien a las sorpresas. Nos esforzamos al máximo para hacernos con la situación y ayudar a que los niños se recuperaran.

Las personas autistas tienen un registro de respuestas ante los sucesos inesperados que les desencadenan miedo y ansiedad: huyen, entran en pánico, a veces se cierran en banda y se quedan quietos como los ciervos ante la luz de los faros. Las cabras miotónicas son una raza con *miotonía congénita,* una afección que les produce rigidez en las patas cuando se excitan o se sienten amenazadas; se quedan paralizadas donde están y se caen al suelo. Es similar a lo que les sucede a muchas personas autistas. Cuando se sienten abrumadas, ansiosas o asustadas, de forma súbita se quedan paradas en el sitio. A veces cierran los ojos y se tapan los oídos, tratando de olvidar el mundo, o huyen espantadas. Como Ros Blackburn ha contado, los servicios de emergencia y otros que trabajan en situaciones estresantes reciben una formación extensa para controlar sus reacciones y permanecer estables emocionalmente, pero las personas autistas no reciben esta formación.

Los padres y otros allegados a estas personas con frecuencia se hacen preguntas ante lo irónico de estas reacciones: ¿por qué a menudo muestran miedo ante cosas ordinarias e inofensivas como mariposas y estatuas y *no* tienen miedo de otras muchas cosas de las que *deberían* tener miedo? ¿Por qué un niño que siente terror ante las estatuas se lanza aparentemente sin miedo al tráfico, o sube a lo alto de un tejado poco estable o intenta permanecer de pie cuando monta en una montaña rusa?

Es importante entender que niños y algunos adultos que en dichas situaciones no muestran miedo en verdad no lo sienten. Cuando una niña autista de seis años se sube a un tejado, no está evaluando la situación ni está considerando cuáles pueden ser las consecuencias. Actúa instintivamente: *tal vez suba allí porque así podré ver cosas que de otra manera no puedo ver.* No sopesa el riesgo porque no lo percibe. No siente miedo en su cuerpo, y exponerse a esa situación le puede producir emoción o placer. Su cerebro no le envía señales que le adviertan de que eso puede ser peligroso, y su mente no predice el peligro que puede conllevar dicha acción. Puede sentir miedo de una mariposa porque no es capaz de controlarla, pero la perspectiva de caer al suelo desde siete metros de altura no está en su mente. Centrada en la sensación del momento, no se preocupa por la posibilidad de hacerse daño. Para abordar estas preocupaciones, muchos programas que se realizan para personas autistas ponen el énfasis en temas de seguridad, para ayudarles a entender qué situaciones pueden representar un peligro o producirles daño.

Aunque esos esfuerzos son cruciales para ayudar a las personas autistas a comprender cómo reaccionar ante la policía u otros servicios de emergencia, es una vía de doble sentido. Los representantes de la ley que saben poco sobre el autismo pueden ser físicamente intrusivos o hablar en voz demasiado alta, generando mucha ansiedad en las personas autistas, que pueden reaccionar dando tirones o huyendo, o bien no cumpliendo las indicaciones. La policía puede interpretar estas reacciones como indicios de culpabilidad, dando lugar a situaciones más extremas. Habiendo reconocido estos problemas, ahora muchos organismos de seguridad realizan una amplia formación sobre autismo. Ante una emergencia, algunos distritos envían primero a profesionales bien formados en salud mental en lugar de a la policía, para evaluar la situación y proporcionar apoyo cuando no exista un peligro inminente.

El control: una respuesta natural ante el miedo y la ansiedad

Cuando perdemos la confianza y sentimos miedo y ansiedad, nuestra respuesta natural es tratar de ejercer control. Algunos profesionales del autismo hablan del control en términos negativos. «Oh, ella está controlando de nuevo», dirán, o «Él está tratando de controlar la conversación». Pero cuando se entiende cuáles son los motivos que subyacen, se hace evidente que muchas de estas conductas representan estrategias para hacer frente a la ansiedad o a la desregulación. Algunos profesionales hacen un gran esfuerzo para tener controladas a las personas autistas, pero actuar de este modo no ayuda; causan *más* desregulación al interferir en las estrategias que despliegan para conseguir regularse.

Hablar sin cesar sobre un profundo interés —trenes, dinosaurios o automóviles— es una forma de ejercer control (véase el capítulo 3). Un niño puede sentirse incómodo y ansioso en situaciones sociales, incapaz de predecir lo que otras personas pueden decir o pedirle. Pero cuando rompe el silencio con largos monólogos sobre su tema de interés, siente que tiene algún control. Hablar evita la ansiedad que le produce lo desconocido y amortigua la imprevisibilidad de una conversación abierta.

Mientras que algunos niños reaccionan ante la ansiedad hablando en exceso, otros se retiran a la protección del silencio. Grace, de once años, acababa de trasladarse a un colegio nuevo. Se desenvolvía bien, se abría paso a través de la cafetería del colegio, se sentaba con sus compañeros y jugaba con un terapeuta. Pero nunca hablaba —y nunca sonreía.

No es que fuera incapaz de hablar. En el anterior colegio lo hacía. Pero en el colegio nuevo se había vuelto silenciosa, y hacía gestos para dar a conocer sus necesidades. A las siete semanas, el personal informó de que le habían oído susurrar solo en una ocasión, una sola palabra: «Queso».

La madre informó de que Grace hablaba en casa —aunque gran parte de su habla consistía en repetir— y podía leer en voz alta. Con los vídeos caseros que la madre le ponía, Grace sonreía y se reía fácilmente. La madre instó al personal a no presionar a su hija para que hablara ante el temor de que tales esfuerzos aumentaran su ansiedad y le causaran más perjuicio que beneficio. Como orientador del distrito, estuve de acuerdo en que era más importante establecer relaciones de confianza con Grace, fomentar su participación activa en las actividades y su comunicación (aunque fuera no verbal) en lugar de tratar de forzar a la niña a hablar en contra de su voluntad.

Algunos profesionales podrían haber etiquetado la conducta de Grace como «controladora» o «negativa» ante su tozudez y su obstinado rechazo a hablar. Sin embargo, lo que vi fue a una chica despierta, inteligente y con capacidad que estaba nerviosa debido al nuevo entorno y todavía no sabía en qué ni en quién confiar. No hablar era su forma de desenvolverse, ejercer control y darse la oportunidad de adaptarse y poder estar cómoda en su nuevo entorno. Manifestaba una variante de mutismo selectivo que también se observa en niños que no están en el espectro autista. Era más bien el reflejo de una ansiedad significativa que un problema del lenguaje y el habla.

Con el tiempo, los profesores y el terapeuta que trabajaron con Grace establecieron con ella una relación de confianza. Cuando se sintió cómoda y preparada, comenzó a leer en voz alta en el colegio, y al final tenía más disposición a hablar y a relacionarse de manera relajada con sus compañeros de clase, y a sonreír y reírse. Se había establecido confianza —y el instinto de la madre de no forzarla resultó ser un acierto.

Cómo ejercen las personas el control

Algunos individuos intentan tener la sensación de control de maneras que no percibimos: crean reglas en su mente para que el mundo tenga un sentido acorde con su lógica. Un caso era el de un alumno de segundo curso llamado José, que participó en la preparación de la fiesta de su octavo cumpleaños. Pero al pensar la lista de invitados, José decidió que solo invitaría a un grupo: los chicos de su clase. Sus padres y profesores sugirieron que sería agradable incluir también a las niñas, así como a otros niños del colegio y de otros ámbitos de su vida. Pero José insistió: solo chicos, y solo los de su clase. No era que no le gustaran los otros niños. Mostraba gran interés por variedad de niños en su vida, pero por alguna razón redujo su lista de cumpleaños a un solo grupo.

Durante mi consulta mensual en su colegio de primaria, me reuní con su madre, los profesores y uno de los terapeutas que trabajaban con él para hablar de cómo ayudarle a encarar la fiesta. Muchos de los adultos se preguntaban por qué José insistía con tanta obstinación en qué personas estaban invitadas. ¿Estaba siendo insensible o elitista? Yo no pensaba así. Sospechaba que simplemente se sentía agobiado. José nunca había preparado un evento como este, y sin duda sintió que era apabullante tener en cuenta a todo el universo de gente que poblaba su vida. Su manera de tener algún control consistió en crear una regla, por muy fortuita que pareciera, que redujera el agobio de tantas posibilidades. Esto simplificaba la situación y calmaba su ansiedad.

Los padres de José querían animarle a que invitara a más niños a la fiesta, pero yo sabía que no lo lograrían apelando a su lógica con largas explicaciones o imponiendo una regla que no tenía sentido para él. Sabíamos que a

José le encantaban los juegos de mesa, así que creamos una cuadrícula parecida a un juego y distribuimos a los niños que conocía en varias categorías: primos, compañeros de clase, compañeros del equipo de béisbol, niños, niñas y otros. El profesor y un terapeuta le sugirieron algunas reglas para el «juego de la fiesta de cumpleaños»: tenía que elegir al menos un niño para cada casilla de la cuadrícula, un chico de su clase, una chica de su clase, un primo, una prima, y así sucesivamente. Dado que este era un juego con normas que él entendía, a José le encantó jugar. Después de haber escogido al menos un niño para cada casilla y haberlas completado todas, podía seleccionar a otros niños y rellenar las casillas a su antojo. Para José las categorías tenían sentido, y el proceso parecía lógico, era predecible y divertido. Y lo que es más importante, la estructuración le ayudó a simplificar la toma de decisiones, que le estaba sobrepasando. En pocas palabras, José tuvo una sensación de control y dominio. No le impusimos que invitara a un grupo más variado de niños. Simplemente creamos un contexto en el que él lo hiciera sintiéndose más cómodo.

La necesidad de sentir control también ayuda a explicar uno de los desafíos más desconcertantes relacionados con el autismo: la dieta. Los padres a menudo se preguntan por qué sus hijos autistas son tan exigentes con la comida. Algunos solo quieren comer alimentos de un determinado color (con frecuencia beis) o se niegan a comerse el brócoli si ha tocado el pollo en su plato. En un programa de preescolar para niños autistas donde yo trabajaba, cada niño tenía una preferencia diferente con los sándwiches, y la mayoría de ellos, todos los días a la hora del almuerzo, examinaban el contenido de sus sándwiches para asegurarse de que no habían introducido ingredientes desagradables. Un chico, Brian, no comía queso, así que si encontraba el mínimo rastro que se le hubiera podido colar a su madre, lo retiraba con cuidado.

A menudo estas preferencias están relacionadas con problemas sensoriales. A los niños les puede molestar la textura de un alimento en particular o su temperatura, olor o sabor. La elección de los alimentos, cómo se sirven y los rituales que rodean a la comida son en todos los casos formas de tener el control; se esfuerzan para sentir que el mundo es más seguro y fiable.

De hecho, las personas autistas que no hablan con frecuencia se comunican con intensidad a través de sus preferencias alimentarias. Eso ocurría con Ron, un joven de quince años que conocí en mi segundo año de trabajo en el campamento de verano, cuando yo solo tenía diecinueve años. Era un adolescente grande, de pecho fuerte y ancho, que no hablaba y raramente hacía ruido, excepto un sonido agudo parecido a un balbuceo cuando se entusiasmaba o estaba nervioso. Usaba botas militares negras sin anudar, incluso con pantalones cortos en los calurosos días de agosto. Ron tenía muchos pequeños rituales para mantenerse con los pies en la tierra. En el trayecto de la cabaña al comedor, siempre se alejaba del camino, se detenía junto a un arce concreto y frotaba la corteza mientras hacía vocalizaciones repetitivas como gorjeos. También le encantaba mover los dedos al lado de sus ojos a la vez que disfrutaba con los sonidos de alegría que emitía en voz muy alta. Me sorprendían la serenidad y dignidad de Ron, y su atención a los detalles de la rutina diaria.

En mi primer día de trabajo, un orientador que conocía a Ron me dio instrucciones de que *nunca, nunca* le ofreciera a Ron nada con mayonesa. Al día siguiente, en el almuerzo, intentando llevar la nueva rutina lo mejor posible, traté de distribuir el almuerzo con rapidez y sin pensar. Coloqué un plato de ensalada de patata delante de Ron y me di la vuelta. De repente sentí que algo húmedo y viscoso cayó en mi cabeza. ¡Ron me había tirado la ensalada! Con las prisas, no me di cuenta de que contenía mayonesa. No fue un acto violento ni agresivo; me estaba recordando su preferencia, y al rechazar lo que yo le había dado reafirmaba su sensación de control y su identidad. Era su manera de decir: «¡Soy Ron, bienvenido al campamento!».

El control en las relaciones

Ese esfuerzo para lograr el control frente a un mundo confuso o agobiante a menudo también se extiende a las relaciones. Miguel y William eran niños del jardín de infancia, ambos del espectro, que al parecer se sentían atraídos y disfrutaban de la mutua compañía. Pero entonces la profesora manifestó su preocupación por Miguel, pues había empezado a tener un comportamiento inquietante: seguía a William tan de cerca por toda la clase y por el patio de recreo que estaba casi pegado a él. «A veces le ordena a William que se siente a su lado», me dijo la profesora. «Y ahora William le empuja para que se aleje; no quiere estar cerca de él».

Siempre merece la pena preguntar «¿por qué?». Así que cuando me reuní con la profesora como orientador del colegio, le pregunté si recientemente había cambiado algo para Miguel —quizás en casa estaba ocurriendo algo inusual—. De hecho, así era: el padre de Miguel se había roto una pierna en un accidente de esquí y tuvo que permanecer en el hospital durante varios días. Miguel tuvo un corte repentino en su rutina familiar. Su padre no estaba por casa y su madre tenía que dejarlo al cuidado de una niñera cuando iba al hospital. Para él, las cosas habían cambiado de forma dramática, y ya no podía confiar en las personas con las que contaba en el día a día. ¿Era de extrañar que estuviera tratando de ejercer el control donde podía, aferrándose a la relación con la que creía que podía contar?

Adquirir confianza

Los profesores informaron de que Jonah estaba teniendo muchas dificultades en el inicio de secundaria, y cada vez estaba más ajeno a los compañeros y educadores. No tenía verdaderos amigos, y a menudo se sentaba en clase con la cabeza apoyada en el pupitre. Era un muchacho estupendo y elocuente que en primaria había tenido cierto éxito. Cuando aceptó hablar conmigo en mi función de orientador del colegio, Jonah me dijo que a menudo se sentía triste. No le gustaban sus profesores, y ya no disfrutaba de sus compañeros de clase, con los que al parecer alguna vez disfrutó hablando de sus aficiones —los dinosaurios, el béisbol y los videojuegos.

«¿Hay alguien en el colegio en quien puedas confiar?», inquirí.

«¡Imposible!», dijo.

Le pregunté cómo creía que podría hacer un nuevo amigo en el que confiar.

Él respondió: «Conocer a alguien durante un año, y al menos cuatro visitas en mi casa y en la de la otra persona».

Como muchas personas del espectro, Jonah tuvo problemas con la confianza, lo que le dificultó poder entablar relaciones. En mi experiencia, establecer relaciones de confianza es la clave para poder ayudar a las personas autistas a que se enfrenten a un mundo que perciben confuso, impredecible y abrumador. Muchas personas del espectro sufren malentendidos de forma cotidiana: malinterpretan las acciones de los demás, y regularmente su propio comportamiento es entendido de manera errónea por sus compañeros, educadores, desconocidos e incluso personas cercanas a ellos. Cuanto más a menudo ocurren estos malentendidos, menos confianza tiene el sujeto en la gente y más probable es que se cierre y desconecte, con el sentimiento de *¿por qué debo siquiera intentarlo?* En momentos de cambio, como el paso de primaria a secundaria, con horarios que implican muchas aleraciones y cuando las relaciones se vuelven más complejas, resulta difícil saber en qué o en quién se puede confiar.

Por eso es esencial que las personas que forman parte de su vida —padres, educadores, compañeros, preparadores laborales, otros mentores y trabajadores— hagan un esfuerzo adicional para establecer relaciones de confianza. De mis años de experiencia y de amigos queridos del espectro he aprendido que en lugar de exigir o presionar a la persona autista para que cambie, somos nosotros los que debemos cambiar primero. Cuando nosotros cambiamos, de modo que damos el apoyo adecuado, la persona autista también cambia, gracias a una base creciente de confianza.

Con demasiada frecuencia, sin embargo, sucede lo contrario: en vez de aliviar el estrés a la persona autista, la gente del entorno le ocasiona más ansiedad y miedo.

Al transmitir constantemente el mensaje «Debes cambiar», sin darnos cuenta estamos comunicando: «No lo estás haciendo bien. Estás metiendo la pata». Así anulamos la autoestima y, en última instancia, la confianza. El niño no puede confiar en que otras personas le puedan dar comprensión y apoyo; no puede confiar en que el mundo sea un lugar seguro —o el adulto autista puede sentir que no se le respeta y se le trata como a un niño pequeño—. Como resultado, la ansiedad, y en algunos casos la rabia, aumentan. Esta situación puede exacerbarse en los individuos que no hablan o hablan mínimamente. Demasiado a menudo la gente da por hecho que estas personas son menos conscientes o menos inteligentes y por lo tanto tienen más necesidad de ser controladas, rompiendo aún más su confianza.

¿Qué podemos hacer para ayudar a las personas autistas a establecer relaciones de confianza?

- **Reconocer los intentos de comunicación.** Uno de los elementos básicos en una relación de confianza es sentir que la otra persona te escucha. Las personas autistas a menudo se comunican sin hablar o utilizan un discurso peculiar, usando gestos naturales u otras formas más sofisticadas de comunicación aumentativa y alternativa. Es crucial que las personas de su entorno se esfuercen por escucharlas, aceptarlas y, siempre que sea posible, darles una respuesta. Esto puede requerir mucha paciencia, ya que las personas sin lenguaje oral pueden necesitar más tiempo para expresar y formular lo que desean decir, y las personas que tienen lenguaje oral pueden tener dificultades para rescatar las palabras con las que expresar los pensamientos y sentimientos, sobre todo cuando están desreguladas. Con paciencia, les facilitamos la base para que haya cierto progreso que de otro modo no sería posible.
- **Compartir el control para desarrollar la autonomía.** Piense en un matrimonio o cualquier relación íntima: si un miembro de la pareja siente que la otra persona está constantemente tratando de ser el jefe, dándole órdenes, se dañará la confianza. Hay que ofrecer alternativas, en vez de imponer un control externo, para dar voz a la persona autista en la planificación de los horarios, actividades y aspectos significativos de su vida. Cuando se siente respetada y tiene una sensación de poder sobre su propia vida, ella siente más confianza en la gente que la rodea.
- **Aceptar el estado emocional del individuo.** Cuando las personas autistas se sienten emocionalmente desreguladas, a veces tienen un com-

portamiento que parece inadecuado, perjudicial o peligroso. En vez de culparles, debemos pararnos y preguntarnos: ¿qué estará sintiendo esta persona ahora? y ¿qué puedo hacer yo para disminuir su ansiedad? Si respondemos como corresponde, aliviaremos el estrés en vez de empeorarlo y, a su vez, infundiremos confianza.

- **Ser digno de confianza, responsable y claro.** Las personas autistas pueden encontrarse en situaciones sociales confusas y pueden tener dificultades para descifrar los matices del comportamiento de los demás en los encuentros sociales. Necesitamos dedicar tiempo y esfuerzo a explicar las reglas y expectativas sociales y por qué existen. No es suficiente exponer las reglas, en concreto a las personas que tienen una elevada comprensión del lenguaje. Si las normas no tienen sentido para una persona autista, puede enfadarse y resistirse a seguirlas. Sin embargo, si dedicamos tiempo a analizar por qué existen reglas y por qué debemos seguirlas, estamos mostrando un mayor respeto. Cuando tenemos claras nuestras intenciones y somos coherentes, estamos ayudando a infundir un sentimiento de confianza. Y siempre hay que recordar: si nuestro comportamiento no es un ejemplo de lo que tratamos de enseñar, en realidad estamos enseñando otra cosa.

- **Celebrar los éxitos.** Demasiado a menudo, los que trabajan con personas autistas —al igual que algunos padres— prestan excesiva atención a lo que está mal, lo que es problemático y difícil. Cuesta confiar en una persona que siempre responde con prohibiciones, comentarios negativos y críticas o que constantemente está tratando de cambiarte o reformarte. La vida ya es bastante difícil como para que encima nos estén recordando lo que no podemos hacer o lo que hacemos mal. Cuando nos centramos en los éxitos, creamos autoestima y aumentamos la capacidad de la persona de confiar en nosotros, en los demás y en el mundo.

CAPÍTULO 5

MEMORIA EMOCIONAL

Cierta vez hice una visita al colegio de Buffalo donde había trabajado doce años atrás como estudiante de postgrado con varios niños autistas. Al caminar por los conocidos pasillos, pensé en los niños con los que había disfrutado tanto y me pregunté qué habría sido de ellos. Cuando entré en una de las aulas con una pequeña cocina, algunos adolescentes y adultos jóvenes estaban preparando juntos el desayuno. Uno de los alumnos —de unos dieciocho años, de más de un metro ochenta de alto, lleno de energía— me miró desde el otro lado de la habitación y pareció reconocerme de inmediato. Sonreía, saltaba sobre las puntas de los pies, se mecía y hablaba emocionado mientras miraba hacia mí.

Al ver la reacción, la profesora se acercó a mí: «Sé que solía trabajar aquí», dijo. «¿Conoció a Bernie?».

De hecho, había trabajado con un chico llamado Bernie. En aquella época solo tenía seis o siete años.

La profesora llamó al joven al otro lado de la habitación. «Bernie, ven aquí. Quiero que conozcas a alguien».

Sonriendo de nuevo, se acercó a mí emocionado. Claramente me reconoció, pero su saludo no fue nada convencional. «¡Es Barry!», dijo él, dándome un fuerte abrazo. «¡Ahora vamos a sentarnos de forma que podamos atarnos los zapatos!».

Volvieron los recuerdos en tropel: años atrás había trabajado en la clase de Bernie. Una de mis tareas consistió en enseñarle, durante muchas semanas, cómo atarse los cordones de los zapatos.

«Vamos a sentarnos para que podamos atarnos los zapatos», repetía. Mientras lo hacía, más que recordar, parecía que revivía aquellos días. Una enorme sonrisa iluminó su rostro, y escuché la emoción y alegría en su voz mientras repetía la frase: «¡Ahora vamos a sentarnos para que podamos atarnos los zapatos!».

Otra historia: Louis contactó conmigo porque él y su esposa estaban desconcertados con el misterioso hábito de su hijo de cuatro años, Julio. Cada vez que paraban el coche ante una señal de *stop,* el niño, que no hablaba, entraba en pánico, gritaba de repente y se golpeaba la cabeza con los puños. «Es muy perturbador para nosotros», me dijo Louis, «¿qué lo puede provocar?».

Yo estaba desconcertado. «¿Puede evitar ese cruce de calles?», le pregunté, suponiendo que había algo en ese lugar que desencadenaba su angustia extrema.

«No», dijo Louis. El cruce estaba en la ruta que él y su esposa cogían de forma regular, así que no iba a ser fácil evitar ese camino.

Yo no tenía una hipótesis específica, pero le recordé que los padres a menudo tienen que desempeñar el papel de detectives. Le sugerí que estuviera atento a cualquier posible conexión.

Tres días más tarde Louis volvió a llamar. «Creo que lo hemos comprendido», apuntó. Me dijo que cuando Julio era mucho más pequeño, tuvo una fiebre muy alta y una deshidratación severa. Sus padres lo llevaron a un centro médico, y cuando el personal lo sujetó para colocarle una vía intravenosa para hidratarle reaccionó con un miedo y un pánico tremendos.

Entonces Louis encontró la conexión: en la intersección donde Julio sufría los ataques con gritos, había un edificio de estuco blanco con un parecido asombroso con la clínica donde Julio había estado. Tal vez tenía recuerdos muy fuertes de aquella experiencia temprana, y al haber visto un edificio similar, se le desencadenó el recuerdo traumático.

Al igual que Bernie retrocedió a la feliz experiencia de aprender a atarse los zapatos, Julio se encontró de repente con el recuerdo de unos momentos de pánico y dolor agudo, como si estuviera experimentando un *flashback.* La sola visión del edificio de estuco blanco fue suficiente para desencadenar un ataque de pánico total.

El impacto de la memoria emocional

Estas dos historias —una de recuerdos felices, otra de recuerdos traumáticos— demuestran el poderoso impacto que tiene la *memoria emocional* en las personas autistas. Cuando pensamos en la memoria, a menudo pensamos en los hechos —información neutral y objetiva sobre experiencias que hemos tenido, personas a las que hemos conocido o conocemos o lugares donde hemos estado—. Más allá de los hechos, sin embargo, tenemos recuerdos de nuestros sentimientos acerca de las cosas. En nuestras mentes relacionamos de manera subconsciente los recuerdos con determinadas emociones: felices, tristes, dolorosas, frustrantes, alegres, estresantes, traumáticas.

Todos experimentamos esto en diversos grados. Cuando escucho la canción «Moon River», me invade la melancolía. Era la melodía favorita de mi madre, que falleció cuando yo tenía apenas doce años. Más de cincuenta años después, todavía hoy puedo oírla cantándola. Una experiencia más frecuente es asistir a una reunión del colegio de secundaria y ver a un compañero cuyo nombre no recuerdas, pero sí si te caía bien o no. Los hechos se pueden desvanecer, pero las emociones a las que están asociados se nos quedan grabadas con fuerza. Todos funcionamos de esta manera. Si tenemos recuerdos positivos de personas, lugares o actividades, nos sentimos atraídos por ellos. Si tenemos recuerdos negativos, llenos de estrés, los evitamos, y solo pensar en ellos nos puede provocar sentimientos que nos incomodan.

Todo esto se magnifica en las personas autistas, para quienes la memoria a menudo es su punto fuerte. Solo un pequeño porcentaje de personas autistas poseen el tipo de habilidades de *savant* conocidas por películas como *Rain Man* o gente muy famosa como Daniel Tammet, pero muchos padres y profesores se maravillan ante las proezas memorísticas de sus hijos y sus alumnos. A menudo, estos niños tienen mucha memoria para los cumpleaños, la geografía o los sucesos de su propia vida. Aunque no se habla de esto con frecuencia, es importante comprender, cuando se ayuda a personas autistas, el impacto que tienen en ellos los recuerdos emocionales, tanto los buenos como los malos.

Es una explosión perfecta: una niña tiene una gran capacidad para recordar el pasado y, además, debido a sus problemas neurológicos, ha ido acumulando experiencias más estresantes que sus compañeros típicos a causa de la confusión, los malentendidos sociales y los problemas sensoriales asociados al autismo. Es por ello por lo que una asociación aparentemente insignificante —la visión de un edificio blanco o el rostro de un profesor mayor— puede desencadenar lo que parece una reacción dramática desproporcionada (por desgracia, todos recordamos y evocamos los recuerdos estresantes e incluso traumáticos con más precisión y durante más tiempo que los recuerdos positivos).

La manera en que los recuerdos determinan el comportamiento

Cuando el comportamiento de una persona nos parece desconcertante o inexplicable, a menudo es debido a que la persona que tenemos delante está atrapada en un recuerdo tan intenso y vívido que parece que los hechos le estuvieran sucediendo de nuevo. Cuando Bernie se deleitó con la experiencia que compartimos de atarse los zapatos, no estaba recordando el pasado lejano: los recuerdos eran tan intensos y abrumadores que parecía como si estuviera allí, en ese lugar y en esa época.

Un motivo por el cual un niño o un adulto puede tener una crisis repentina o un ataque de pánico extremo sin advertencia o causa aparente puede deberse a recuerdos emocionales traumáticos negativos no reconocidos, como en el caso de Julio. Seguramente este no *quería* retroceder a aquellos momentos de dolor en el centro de salud, pero ahí estaba: gritando de dolor, fuera de sí, aterrorizado ante la vista de un edificio de estuco blanco. A menudo no hay un aviso previo, algo significativo en el comportamiento de la persona que indique un aumento de la ansiedad o del miedo y que permita a alguien intervenir y ayudar antes de que la situación se desborde. La memoria emocional no funciona de esta manera. Julio no podía percibir que su visita al centro médico ocurrió años antes en otras circunstancias, y que ahora el lugar y el momento eran diferentes. La imagen visual le disparó la memoria, el miedo invadió su mente, y no sabía cómo pararla.

El detonante puede ser algo tan simple como un nombre. Miguel era un niño de once años del espectro que solo tenía una capacidad limitada para comunicarse con el habla. Pero cuando su madre soltera, Leslie, le aunció que había contratado a una nueva profesora de apoyo llamada Jennifer para ayudarle en la escuela y en casa, tuvo una reacción rápida y exclamó: «¡Jennifer no!», le dijo, «¡Jennifer no!».

Ni siquiera conocía a la mujer, por lo que la madre no podía entender por qué reaccionaba con tanta dureza. Un tiempo después, Leslie se dio cuenta de qué había desencadenado el estallido. Cuando Miguel era pequeño, tuvo una niñera que se llamaba Jennifer. A Leslie no le satisfacía, y cuando llegaba del trabajo a casa, a menudo Miguel estaba turbado y desregulado, de modo que al final la despidió y contrató a otra niñera. Cuando su madre le preguntó: «¿Por qué no Jennifer?», con mucho esfuerzo Miguel soltó que la niñera había abusado físicamente de él: «¡Jennifer pegó a Miguel! ¡Jennifer pegó a Miguel!». Daba igual que la nueva Jennifer fuera una persona completamente distinta. Miguel oyó el nombre, le provocó un recuerdo emocional y no pudo escapar de él.

En mi trabajo experimento de manera cotidiana cómo una sola palabra puede resultar traumática para un niño autista. Cuando algunos niños escuchan mi nombre, «doctor Barry», se ponen muy nerviosos no por algo que yo haya hecho, sino por la palabra «doctor».

Una vez fui a visitar a Billy, un niño autista de ocho años. Mientras esperaba en la sala de estar, su padre le llamó: «¡El doctor Barry está aquí!».

En lugar de venir a saludarme, el niño gritó para protestar: «¡Agujas no! ¡Agujas no! ¡No doctor Barry! ¡No doctor Barry!».

Billy no me conocía, pero simplemente al escuchar la palabra «doctor» se le dispararon recuerdos emocionales negativos de las visitas a su pediatra. Intenté que se tranquilizara, le dije que todo iba a ir bien, pero él estaba tan alterado que se fue al cuarto de baño y se encerró. A través de la puerta le oímos gritar y después lloriquear: «¡No quiero una inyección! ¡No quiero una *inyección!*».

Su padre trató de convencerlo: «Cariño, el doctor Barry no es un médico de agujas. Es un médico que juega». Llevó unos diez minutos tranquilizarle lo suficiente para que pudiera escuchar y asimilar la información. Pudimos oír cómo se calmaba a sí mismo repitiendo en voz alta: «¡El doctor Barry no es un médico de agujas! ¡Es un médico que juega!». Al final salió del baño y los dos tuvimos una sesión agradable.

¿Qué habría pasado si Billy hubiera sido un niño que no hablara, o si, en vez de decir «¡Agujas no!», hubiera utilizado palabras con sentido para él pero no para su padre o para mí? Su respuesta repentina y temerosa debida a mi llegada habría sido un misterio. Para entenderlo, habría sido necesario más trabajo de detective.

La verdad es que los recuerdos emocionales no requieren palabras en absoluto. Naomi, una logopeda, no podía conseguir que Max, de ocho años, entrara a su despacho en el colegio. Sabía exactamente por qué: un día fue a recoger a Max a su clase para tener una de las primeras sesiones de terapia. Era un día frío de invierno, y debido a que el chico tenía ciertos problemas sensoriales, se le había permitido moverse por el colegio en sandalias o en calcetines. Bajaron juntos por el pasillo alfombrado —ella caminó, él arrastró los pies— hasta el despacho y ella le pidió a Max que abriera la puerta. Cuando agarró el pomo —*¡zas!*—, se asustó al recibir una sacudida de electricidad estática. No es peligroso, pero no deja de ser una sorpresa desagradable.

Después de aquello, Max no se acercó a su despacho durante semanas. Cuando tenía que pasar por el pasillo, presionaba su cuerpo contra la pared opuesta. Era como si el pomo de la puerta hubiese cobrado vida y le hubiera mordido. Le llevó tres meses ayudarle a que superara ese recuerdo emocional negativo y pudiera acudir a su despacho para recibir la terapia.

¿Por qué no podía razonar con él? Para las personas autistas, las respuestas ante recuerdos emocionales son viscerales y primarias. En determinadas situaciones, a menudo tienen una capacidad limitada para razonar sobre una situación, para recordarse a sí mismos que el hecho de que algo haya sucedido una vez no significa que vaya a suceder de nuevo. Es probable que otro niño sea capaz de contextualizar la experiencia: *Oh, tuve una descarga. Eso pasó antes, pero no va a suceder de nuevo, e incluso si sucede, no es tan grave.* Puede que incluso quiera provocar la descarga eléctrica como parte de la exploración de su mundo. Pero, para una persona autista, el recuerdo se queda atascado en su mente y a menudo no puede desprenderse de él.

Eso le sucedió a Steven, que estaba progresando bien en la adaptación a su nuevo colegio hasta que ocurrió un suceso desafortunado: se realizó un simulacro de incendio justo en el mismo momento en que él estaba bajo la sirena de alarma. Steven tenía dificultades sensoriales, y en concreto era sensible a los ruidos fuertes, por lo que tardó unas cuantas semanas en poder entrar en el edificio del nuevo colegio sin sufrir un estrés significativo.

Cualquier cosa puede ser un desencadenante

Como la mayoría de los padres de niños autistas saben, es difícil predecir qué puede ser un desencadenante. A menudo decimos algo con la mejor intención y sin quererlo provocamos una respuesta instintiva, brusca. En una visita escolar que hice para observar a Scott, que entonces tenía siete años, lo vi corriendo dando vueltas en el gimnasio. En un momento en que pasó corriendo por delante de mí, de manera instintiva le sonreí y dije: «¡Buen trabajo, Scott!».

Paró en seco y me fulminó con la mirada, disgustado: «No hay "buen trabajo"!», dijo con severidad. «¡No digas "buen trabajo"!».

¿Simplemente estaba siendo desafiante? ¿No quería ser el centro de atención? ¿O estaba afirmando su control personal?

La siguiente vez que se acercó, me reprimí y permanecí en silencio, pero en la siguiente vuelta le hice un gesto con el pulgar hacia arriba sin decir nada. Scott se detuvo en seco y me miró con furia de nuevo: «Eso significa "buen trabajo"», dijo, y luego repitió: «¡No, hay "buen trabajo"! ¡No hay "buen trabajo"!».

Más tarde supe por qué a Scott le molestó mi inocente intento de animarle. El año anterior trabajó con una terapeuta de conducta que utilizaba un enfoque tradicional consistente en tenerlo sentado durante largos periodos haciendo ejercicios. Ella recompensaba el logro de sus esfuerzos con elogios y recompensas tangibles. Su mantra era «¡Buen trabajo!», pero Scott llegó a detestar esas clases, pues se sentía controlado y manipulado, lo cual era comprensible. Cuando dije «Buen trabajo» en el gimnasio, mi intención fue tener un gesto amistoso, pero Scott se retrotrajo a aquellas sesiones difíciles, y a su infelicidad y malestar. Si yo iba a ser una persona que decía «¡Buen trabajo!» —o que iba a utilizar el gesto del pulgar hacia arriba—, con él no iba a funcionar, y quería que yo lo supiera.

Los niños no siempre saben ser tan claros a la hora de comunicar qué les molesta. A principios del año escolar, una profesora de segundo curso se preguntaba por qué casi todas las mañanas, alrededor de las once y media, su alumna Alice empezaba a llorar y se desanimaba. Alice no hablaba y nadie sabía qué le originaba ese disgusto. La profesora pensó que quizás tenía hambre y le ofreció un tentempié. Intentó modificar las actividades de la clase, pero Alice se alteraba todos los días. Era desconcertante.

Me pidieron que resolviera este misterio, así que hablé con su profesora del año anterior y le describí los problemas de la niña. Casi de inmediato la profesora comprendió. «El año pasado, cada día a las once y media, llevábamos a Alice al patio de recreo y la dejábamos estar un tiempo en el columpio», me dijo. Era una forma de ayudarla a que se regulara y se sintiera más tranquila al final de las largas mañanas. Si fuera llovía o nevaba, alguien la llevaba a columpiarse al gimnasio, pero todos los días a las once y media tenía su rato de columpio.

Misterio resuelto. Alice no era capaz de comunicarlo, pero tenía recuerdos emocionales positivos muy fuertes de esa actividad. A pesar del intervalo de las vacaciones de verano y del cambio de clase y de profesor, asoció esa hora en el colegio con la sensación positiva y reguladora de estar en el columpio. Fuera o no consciente de la relación con el horario del año anterior, se hizo evidente la importancia que puede tener la memoria emocional.

También fui testigo de eso con Michael, el hijo pequeño de un colega, que a menudo entablaba una «conversación consigo mismo» —se hablaba a sí mismo de varias maneras—. Una tarde estaba llevando en coche a Michael a la pista de patinaje y en el asiento del pasajero comenzó una conversación unilateral con un médico en particular. «Doctor Boyer, ¡qué bien verle!», dijo a nadie en concreto. «¿Cómo está, doctor Boyer? ¿Qué vamos a hacer hoy, doctor Boyer?».

Sabía que el médico del que hablaba había fallecido. Así que le pregunté: «Michael, ¿está el doctor Boyer aquí?».

«No, doctor Barry», contestó sonriendo, «estoy *fingiendo* que estoy hablando con él porque el Doctor Boyer es un hombre muy amable».

No era tan diferente a cuando cualquiera evoca una experiencia agradable con una persona que ha fallecido. Michael no tenía inhibiciones o preocupaciones acerca de lo que otra persona pudiera pensar, así que continuó la conversación en voz alta y tuve el privilegio de presenciar sus asociaciones tan positivas. Estos recuerdos tan buenos ayudan a explicar el deseo tranquilizador que a menudo se comparte con alguien que ha perdido a un ser querido: «Que su recuerdo sea una bendición».

Las enseñanzas del TEPT

Aunque todos tenemos memoria emocional, a la mayoría de nosotros esos recuerdos no suelen abrumarnos ni interfieren de manera significativa en nuestras vidas y en nuestra capacidad para funcionar. Así que cuando padres, profesores y cuidadores son testigos de las reacciones extremas que tienen sus hijos o familiares debido a recuerdos emocionales negativos, a veces se preguntan si la persona podría estar experimentando algún tipo de trastorno de estrés postraumático (TEPT). El TEPT es una manifestación extrema de la memoria emocional negativa y el resultado de la experiencia de un trauma severo: haber presenciado o sufrido un episodio violento, haber sufrido abuso sexual o físico o haber sobrevivido a un terrorífico accidente de coche. La fuente del problema pueden ser sucesos intensos concretos, pero también varios sucesos estresantes recurrentes en el tiempo pueden derivar en «un trauma evolutivo». Por ejemplo, una persona que es acosada repetidamente puede vivir la escuela como un entorno traumático no a causa de un solo incidente, sino debido al impacto acumulativo de enfrentamientos repetidos.

Hay diferencias entre los recuerdos emocionales negativos y el TEPT, pero también hay coincidencias. El TEPT se diagnostica cuando los recuerdos son intrusivos o incapacitantes de forma persistente. Las investigaciones sobre el cerebro muestran que procesa los recuerdos emocionales en la amígdala, la parte del sistema límbico que es responsable de las funciones de la memoria y las emociones. Las situaciones que a una persona le recuerdan sucesos traumáticos pueden desencadenar la liberación de hormonas del estrés. Esto hiperactiva la amígdala y desencadena la liberación de más hormonas. El resultado: angustia emocional severa en forma de pensamientos acelerados, enojo e hipervigilancia más allá del control de la persona o incluso de la percepción consciente.

Este es el motivo por el cual un soldado que regresa de la guerra puede verse evocando sus momentos más dolorosos, con la sensación de estar reviviendo los sucesos, no como un recuerdo lejano. Podemos ver a la persona en su casa, en la sala de estar, pero en su mente está de vuelta en Bagdad.

Los recuerdos emocionales que tienen las personas autistas rara vez son tan debilitantes o intrusivos como pueda ser el TEPT. Pero a menudo son los responsables de los cambios repentinos y dramáticos en el comportamiento que desconciertan a padres y profesores. Y la investigación sobre el TEPT ha aportado enseñanzas valiosas a los padres y los profesionales para ayudar a las personas autistas a hacer frente a los recuerdos emocionales negativos y gestionarlos. Un *insight* importante: cuando tienes un recuerdo traumático, no puedes borrarlo; permanece en el cerebro, en la memoria a largo plazo. Si hacemos una analogía con los ordenadores: no se puede eliminar del disco duro. Y se puede activar con la asociación de una palabra, una imagen, un olor o incluso una persona.

En los últimos años, comprender el impacto del trauma ha pasado a ser un enfoque importante en el autismo. Según Autism Awareness Australia, «el trauma es el resultado de una exposición concreta o repetida a un suceso o experiencia muy angustiante o perturbador. Los recuerdos normales son reconstrucciones de sucesos pasados y cambian y se desdibujan según pasa el tiempo, pero los recuerdos traumáticos no siguen este mismo patrón. Los recuerdos traumáticos se mantienen tan terribles y vívidos como cuando se formaron. Las personas traumatizadas de manera regular manifiestan la sensación de revivir estas experiencias del pasado».

Pero la experiencia sugiere que los recuerdos traumáticos solo podemos ir debilitándolos poco a poco. Justo después de haber tenido un choque traumático con un Volvo rojo SUV, la visión de ver acercarse cualquier SUV rojo puede desencadenar una ansiedad elevada. Pero después de meses viendo pasar Volvos SUV rojos sin incidentes, uno comienza a sentirse más seguro y con el tiempo la sensación de pánico se reduce. Eso no significa que el recuerdo haya desaparecido; solo se desencadena con menos facilidad, la intensidad ha disminuido e incluso ha sido sustituido por recuerdos más positivos o al menos neutrales. De la misma manera, los recuerdos positivos de una persona se pueden suavizar o incluso anteponerse a los más dolorosos y difíciles, pero no eliminarlos.

Los padres y otras personas a veces pueden ayudar a crear recuerdos emocionales positivos. Anna era una niña de preescolar a la cual el baño la aterrorizaba. Había tenido problemas gastrointestinales de gravedad que le habían causado mucho dolor y malestar. Cuando estaba aprendiendo a ir al baño de una manera ordenada, estar sentada en su orinal la incomodaba y la hacía sentir desdichada. Con el tiempo, los cambios dietéticos la ayudaron a superar sus problemas gastrointestinales, pero no su miedo al baño. Para ayudarla a superarlo, sus padres comenzaron a ponerle en el baño su música favorita, cantaban canciones con ella allí y la dejaban que disfrutase con algunos de sus libros preferidos. Con el tiempo, esa estrategia permitió que los recuerdos agradables sustituyeran a los dolorosos.

¿Cómo se puede saber si la memoria emocional es el problema?

¿Cómo se puede saber si los recuerdos emocionales negativos son la causa del comportamiento de una persona? No siempre es fácil. Como ocurre a menudo, llegar a saber cuál es el comportamiento que subyace requiere un poco de trabajo de detective.

Hay tres pistas significativas:

- El comportamiento con el que la persona reacciona parece no estar relacionado con algo que se pueda observar.
- El niño o el adulto manifiesta un temor o ansiedad permanente en relación con una persona, un lugar o una actividad particular.
- El niño o el adulto emplea la ecolalia, de modo que repite palabras o frases vinculadas a una experiencia estresante relacionada con una persona, un lugar o una actividad.

Gestionar los recuerdos emocionales: cómo ayudar

El factor más importante para ayudar a una persona autista a superar los recuerdos emocionales negativos es reconocer y aceptar su experiencia y ofrecerle ayuda en la regulación emocional. A menudo los padres y los profesores —con las mejores intenciones— tienen el instinto opuesto. Algunos ignoran el problema a la espera de que desaparezca. Otros tratan de minimizar la experiencia del niño con declaraciones tranquilizadoras: «Oh, no tienes que preocuparte por eso».

Sin embargo, esos métodos no son respetuosos con la persona, no se toman en serio sus problemas, no eliminan las sensaciones estresantes y no le enseñan estrategias para que pueda estar bien regulada emocionalmente. A nivel práctico, simplemente no funcionan. La persona, en lugar de sentirse comprendida y apoyada, siente que no se la tiene en cuenta —y probablemente se sienta incluso más ansiosa.

Una vez que sabemos cuáles son los recuerdos negativos que preocupan a la persona, sirve de ayuda evitar los motivos desencadenantes, alejarse de las situaciones o personas que causan el problema. Parece una estrategia simple, pero puede ser muy útil. Si usted sabe que las habitaciones con ruido causan ansiedad a un niño, sea sensible a eso. Si ha observado que el sonido de un juguete electrónico concreto provoca que una niña se tape los oídos nada más verlo, entonces guárdelo. Y hágale saber incluso antes de que surja el problema que el juguete no está en los alrededores.

Si hay temas concretos que causan estrés, será mejor avisar por adelantado a los oyentes de lo que se va a hablar y darles permiso para no estar presentes cuando aquellos se aborden. Se ha convertido en algo habitual en las conferencias a las que asisten adultos autistas proporcionar «advertencias de posibles desencadenantes» al comienzo de las sesiones sobre temas delicados, como el abuso físico o sexual, o los debates sobre «terapias» vividas de forma traumática. Esto pone en guardia a los asistentes sobre el intenso contenido emocional y les permite salirse si se sienten abrumados. Cuando hicimos un episodio de *Uniquely Human: The Podcast* sobre el tema del autismo y los encuentros con el sistema judicial criminal, empezamos con una advertencia de posibles desencadenantes en el caso de que los oyentes tuvieran una experiencia personal traumática relacionada con el tema.

A menudo no se puede evitar la causa de la ansiedad. Cuando ese es el caso, la mejor estrategia es ser respetuoso con la persona y no forzar las cosas. George y Holly vivían en una zona con muchos parques temáticos. Tenían una hija autista, Amy, y otros tres hijos neurotípicos. A los otros tres niños les encantaban los parques e iban a menudo, pero a Amy le daban miedo, pues se sentía agobiada por las intromisiones sensoriales: ruidos altos, gente chillando en la montaña rusa y niños excitados por todas partes sin ningún cuidado. Una actividad que podría ser un disfrute para toda la familia era motivo de desunión.

En lugar de obligarla a ir, los padres de Amy la dejaron tener el control de la situación. Le ofrecieron la opción de ir con ellos sin montarse en ninguna atracción. Antes de ir, le enseñaron fotos del tiovivo y de la zona de restaurantes, dos cosas que normalmente le gustaban. Le llevaron los mismos auriculares para amortiguar el sonido que utilizaba en su colegio. Le mostraron el área tranquila que había en el parque para niños con problemas sensoriales. Cuando veían que se ponía nerviosa, su madre le decía: «¿Necesitas tus auriculares? ¿Necesitas un descanso en el área tranquila? ¿Necesitas salir, Amy? ¿Está bien ya por hoy?». Si Amy decía que quería irse, respetaban su deseo. La siguiente vez que regresaron, le dejaron llevar consigo uno de sus peluches favoritos y le compraron su comida preferida. Las visitas eran de su gusto, no le eran impuestas.

Hicieron lo mismo a lo largo de cinco o seis visitas: nunca la forzaron, siempre le dejaron tener la sensación de control. Cuando comprendió que estaba haciendo las cosas por su propia voluntad y no la estaban forzando, se relajó y fue voluntariamente.

Este enfoque de empoderamiento gradual se puede aplicar a cualquier experiencia angustiosa para las personas del espectro: cafeterías, aulas, boleras abarrotadas —cualquier lugar en el que anteriormente hayan tenido un momento difícil—. Para las personas que se benefician del apoyo visual, a menudo es eficaz utilizar cartas o una tableta para darles opciones de ayuda en la regulación emocional. Según mi experiencia, forzar una situación solo sirve para crear nuevos miedos y ansiedades, y quebranta cualquier sensación de confianza.

Crear recuerdos emocionales positivos

Otro enfoque de utilidad es trabajar de forma estratégica la transformación de los recuerdos negativos en positivos: encontrar el modo de que lugares y actividades asociados con recuerdos emocionales negativos sean más cómodos y acogedores. Para las personas autistas, y para muchos neurotípicos, una visita al dentista, por ejemplo, a menudo está llena de dificultades: los ruidos desconocidos de los taladros y otros utensilios; la intensa luz en los ojos; tener que estar quietas mientras les introducen el instrumental dental en la boca; la dificultad de predecir lo que va a suceder a continuación. Y en visitas previas también es posible que hayan experimentado sucesos dolorosos. Una persona neurotípica puede que sea capaz de contextualizar la experiencia con la comprensión de que, a pesar de todos esos factores, el dentista está altamente cualificado y no tiene la intención de provocar dolor a un paciente, además de saber que el cuidado dental es una parte importante de la salud. Podemos calmarnos con la idea de que no hay peligro y hacer frente a la situación cerrando los ojos, apretando con fuerza los brazos a la silla o pensando en otras cosas.

Sin embargo, cuando una persona autista se desregula, puede que no pueda calmarse instintivamente de la misma manera. Puede que tenga una respuesta *defensiva* o de *huida:* luchar para protegerse o evitar la situación por completo o bien tratar de huir.

Dos enfoques diferentes ofrecen lecciones importantes para ayudar a las personas autistas a gestionar el estrés inherente a las visitas al dentista.

Marquis era un niño autista de catorce años que en general hablaba utilizando de una a tres palabras y también se comunicaba por medio de imágenes. Sus visitas al dentista le producían siempre tanta ansiedad que su madre tenía dificultades incluso para conseguir que atravesara la puerta de la consulta. Pero con el tiempo desarrolló estrategias para proporcionarle a su hijo la ayuda que necesitaba. Donó a la clínica una mecedora para la sala de espera, con el fin de que Marquis —y otros con sus mismas necesidades— se pudiera balancear para calmar su percepción sensorial mientras esperaba. También llevó música y unos auriculares para Marquis. Y él se llevó uno de sus juguetes favoritos, un muñeco de Shrek con el que podía jugar mientras esperaba. Finalmente, la madre se reunió con el dentista para indicarle cómo debía actuar: moverse con lentitud y explicarle a Marquis con un lenguaje positivo todo el proceso de la intervención para hacérselo más predecible. La madre sabía que no podían prescindir de la visita al dentista, pero en lugar de simplemente forzarlo a ir, le ayudó transformando la consulta del dentista en un lugar seguro donde pudiera sentirse regulado y tranquilo.

Cada vez es más frecuente que las prácticas dentales y otras clínicas de salud integren apoyos y estrategias para disminuir o eliminar factores estresantes para las personas vulnerables. La madre de un niño autista, por ejemplo, no solo defendió estos entornos de apoyo, sino que ayudó a crear uno. Ella, que era higienista dental, unió fuerzas con otra madre, también higienista, y un dentista para abrir una clínica dirigida específicamente a niños con miedos o sensibilidades particulares relacionados con problemas como el autismo o trastornos del procesamiento sensorial. La primera medida consistió en reducir la incertidumbre de las visitas, y para ello publicaron en un sitio web fotos y vídeos de la consulta, de las personas que trabajaban allí y de los distintos pasos de algunos de los procedimientos que se llevan a cabo con los pacientes. Una tarde a la semana, en lugar de programar citas, abrían la consulta, sacaban juguetes y daban la bienvenida a los pacientes y a sus familias para que jugaran y conocieran al personal de la clínica dental. En poco tiempo redujeron la incertidumbre y crearon recuerdos emocionales positivos en un lugar que suele provocar todo lo contrario.

Los recuerdos estresantes pueden estar asociados a entornos muy diferentes. Los terapeutas que trabajan en colegios a menudo se encuentran con niños que se resisten a participar y están demasiado nerviosos. A veces el problema es el espacio. Es posible que el niño haya trabajado en el mismo despacho o en el mismo escritorio con otro terapeuta o profesor, y que aquellos encuentros fueran más una fuente de estrés que de ayuda. Cuando llega la hora de una sesión, el niño protesta: «¡No! ¡No! ¡No!», y se tira al suelo.

La solución: crear recuerdos emocionales positivos. Antes de nada, dele al niño la opción de elegir dos juguetes favoritos. Pasen los primeros cinco o diez minutos simplemente divirtiéndose. Siga su ejemplo, y permita que el niño disfrute ese rato y ese espacio de modo que adquiera más sensaciones positivas. Intente que sea una experiencia gozosa, y solo de forma gradual vaya añadiendo material de más dificultad.

Un método aún más simple, en concreto para los niños pequeños: no digan «trabajo». Demasiados terapeutas y profesores denominan así el tiempo que pasan con un niño: *es hora de trabajar, ahora no podemos jugar*. A veces estamos proyectando nuestra propia preocupación sobre la dificultad de la sesión con el niño. El niño escucha la palabra «trabajo» o percibe nuestro tono y eso le desencadena una avalancha de recuerdos negativos. En su lugar, ¿por qué no aligeramos el tono emocional y creamos un ambiente más positivo y acogedor? En nuestras sesiones de música y artes plásticas a través de Zoom para el Miracle Project-New England, a nuestros participantes les damos canciones divertidas para que se las aprendan, y en algunos casos para ayudarles a escribir en casa. Le propuse al equipo que en lugar de llamar a la tarea «deberes» la llamásemos «diversión en casa», puesto que eso es lo que era.

Los padres pueden adoptar la misma postura en casa. Una madre se quejaba de que era una lucha conseguir cada noche que su hijo de cinco años, Judah, cenara junto a la familia. El problema: disfrutaba tanto en su columpio en el patio trasero que cuando le llamaba, él la ignoraba. Le sugerí que se pusiera en su lugar. Cuando el niño oía «¡Judah! ¡Hora de cenar!», sentía que le quitaban una actividad que le encantaba, que le hacía sentir bien (columpiarse), para hacer otra más complicada (sentarse, escuchar, quedarse quieto en la mesa del comedor).

«¿Hay algo de la cena que le guste?», pregunté.

Su madre me dijo que a Judah le encantaban sus vitaminas de Los Picapiedra (The Flintstones).

«Mañana», le dije, «cuando le llame, enséñele el bote de vitaminas».

A la semana siguiente me comunicó que el estímulo visual había funcionado. Cuando llamó a Judah y le enseñó las vitaminas de Los Picapiedra, pasó corriendo a su lado y entró en casa repitiendo: «¡Hora de cenar!», y se sentó en su sitio. Algunos podrían llamarlo soborno, pero no lo era. La señal visual estableció una asociación positiva con la cena. Y eso dio lugar a una serie de recuerdos positivos de forma que la mesa del comedor se convirtió en un lugar más deseado y acogedor para Judah.

Por supuesto, esa es la estrategia más útil de todas: crear una vida llena de recuerdos positivos. Los padres y profesionales ayudamos a que así sea siempre que ofrecemos alternativas a ejercer el control; fomentamos los intereses del niño y atendemos sus puntos fuertes en vez de reorientarlos; intentamos que el aprendizaje, el trabajo y la vida sean divertidos y alegres. Cuando hacemos todo esto, nuestros niños, adolescentes y adultos del espectro tendrán que enfrentarse a muchos menos recuerdos emocionales negativos y estarán más abiertos a las alegrías y a los placeres que ofrece la vida.

CAPÍTULO 6

COMPRENSIÓN SOCIAL

Casi todos los padres de niños autistas que hablan tienen en su haber una historia parecida: la clase de quinto curso de Philip estaba en pleno estudio del cuerpo humano. Él se esforzó mucho en prestar atención a las exposiciones sobre la dieta, el ejercicio y la diversidad de modos en que podemos cuidar nuestro cuerpo. Esa misma semana sus padres lo llevaron al cine. Cuando llegaron, había una cola larguísima de gente esperando para comprar las entradas. Philip, emocionado, aprovechó la oportunidad para demostrar su conocimiento recién adquirido. Caminaba de un lado a otro de la fila, señalaba a cada persona y anunciaba en voz alta: «¡Ese es un hombre gordo! ¡Ahí hay un hombre flaco! ¡Esa mujer es muy baja! ¡Ese hombre es obeso y podría morir pronto!».

Cuando los padres de Philip comentaron esta historia, hablaban con diversión de la insensibilidad social. Pero cuando sucedió, no se rieron.

Luego estaba Eli, un adolescente que acababa de entrar en bachillerato y estaba esforzándose por aprender a entablar una conversación. Al igual que muchas personas autistas, tenía tendencia a hablar en detalle sobre los temas que le interesaban, pero rara vez se molestaba en preguntar a los demás qué les interesaba a ellos. Le hice algunas sugerencias acerca de cómo hacer preguntas y prestar atención a las pistas que indicaban cuál podría ser el tema de interés de la otra persona, pero pude ver en su expresión que cada vez se sentía más confuso y frustrado. «Otras personas podrán hacerlo», dijo finalmente Eli, «pero para mí no es fácil».

«¿Por qué no?», pregunté.

«Bueno», dijo, «otras personas pueden leer las mentes de los demás».

Así era como Eli entendía el mundo social, en el cual era extremadamente consciente de que amigos y extraños interactuaban con muy poca dificultad de maneras que él no podía comprender. La única forma de explicarse la facilidad que mostraban consistía en suponer que las personas neurotípicas estaban dotadas de telepatía, un poder que a él le faltaba. ¿Qué otra cosa podría explicar su dificultad?

En cierto sentido, esas dos experiencias —Philip en la cola del cine, la conjetura de Eli sobre la adivinación del pensamiento— ilustran dos extremos del modo en que algunas personas autistas se relacionan con el mundo social neurotípico, con sus reglas ocultas, las expectativas no expresadas y los matices del lenguaje. Casi todas las personas autistas tienen algún grado de dificultad para desenvolverse en el mundo social. Algunas personas, como Philip, son tan ajenas a las convenciones sociales que no son conscientes de sus meteduras de pata y prestan poca atención a cómo perciben sus actos los demás. Otras personas, como Eli, tienen una lucha diferente: son plenamente conscientes de que existen normas y expectativas sociales, pero como no tienen la intuición que les permita entenderlas, a menudo sienten ansiedad y su autoestima puede sufrir ante el esfuerzo de gestionar un mundo de convenciones sociales que les parece inalcanzable. La constante preocupación sobre si están actuando bien o mal puede provocarles ansiedad e incluso paralizarles. A otras personas que se han hecho muy conscientes de las expectativas sociales neurotípicas, tales como una educada «charla trivial» con desconocidos, les puede parecer que estas expectativas no tienen ningún propósito.

La dificultad para aprender las normas sociales

Para todos los grupos —los felizmente inconscientes, los excesivamente preocupados y aquellos que consideran las convenciones sociales neurotípicas como un sinsentido— la dificultad radica en las mismas cuestiones. Los seres humanos estamos programados para ser intuitivos socialmente, pero las diferencias neurológicas en el autismo plantean dificultades para desarrollar esta intuición.

Considere la naturalidad con la que aprendemos el lenguaje. Una madre no sienta a su niño y le explica las partes de una oración o las conjugaciones de un verbo. Aprendemos cuando nos exponemos y nos sumergimos en el idioma. Escuchamos y observamos para ir elaborando nuestra propia comprensión del idioma. En la jerga de la investigación del desarrollo del lenguaje, *inferimos* las reglas del lenguaje, y como consecuencia aprendemos los significados de las palabras y a utilizarlas para expresar ideas complejas.

Lo mismo ocurre con las normas sociales neurotípicas. Las personas neurotípicas *infieren* las normas de las interacciones sociales, que a menudo son sutiles, invisibles. Aprenden por un proceso de inmersión y ósmosis, atendiendo al panorama social junto a un entrenamiento constante («Por favor, no interrumpas mientras mamá está hablando con el abuelo»). Pero a las personas autistas, debido a la naturaleza de su discapacidad, les resulta muy difícil entender el panorama social e inferir esas reglas. Pueden aprenderlas, pero les ocurre lo mismo que cuando un adulto aprende un segundo idioma: mucho más difícil lograr la misma fluidez y facilidad que tiene un nativo. Lo que para unas personas surge de manera natural y sin esfuerzo para otras requiere siempre cierto esfuerzo consciente y una lucha constante. Para aquellos que tienen más éxito, tal aprendizaje social no es intuitivo, tiene lugar por medio del análisis y la lógica. Curiosamente, muchos autodefensores autistas que socializan con otras personas autistas dicen sentirse mucho más cómodos al compartir expectativas, como si entraran en una cultura distinta con diferentes normas de comunicación y socialización.

Vi por primera vez a Philip en una visita a domicilio para observar a su hijo autista de cuatro años. Philip era un banquero inversor de éxito, de unos cuarenta años, al que se le diagnosticó ya de adulto el síndrome de Asperger. Se había graduado con honores en un prestigioso programa de MBA[1], pero me dijo que ese logro no era nada en comparación con la lucha para aprender y comprender las reglas del mundo social neurotípico. «Al aprender economía y finanzas respiré», dijo. «Sin embargo, hasta el día de hoy tengo que leer libros y estudiar el comportamiento de las personas para ayudarme a entenderlas: sus expresiones faciales y cómo mantienen conversaciones, con todas sus insinuaciones y matices sociales».

Imagínese entrar por primera vez en una cafetería desconocida. Hay diferentes tipos de cafeterías: en algunas los clientes pagan primero en la caja, luego cogen una bandeja y eligen la comida de diferentes mostradores; en otras se eligen los alimentos que se van a comer, se ponen en una bandeja y después se ponen en una cola para pagar. ¿Dónde se recogen los cubiertos, los condimentos, las bebidas? Es diferente en cada una.

Cuando se va a una cafetería por primera vez, ¿cómo se sabe cuáles son las normas sociales y las expectativas? *Se observa a la gente.* Las normas de la cafetería que no están escritas se descubren observando cómo los clientes se

---

[1] *MBA:* Máster en Administración de Empresas. *[N. de la T.]*

abren camino a través de la cola, cómo actúan, qué comida cogen y de dónde la obtienen.

Sin embargo, si usted estuviera en el espectro autista, en una situación así probablemente no observaría a la gente por instinto. Puede que simplemente fuese directamente a coger la comida que desease —es posible que se pusiese a la cola, ya que después de todo el objetivo es coger la comida—. Si es una persona autista, puede que tenga cierta conciencia de que hay que seguir las normas, pero como no sabe cuáles son, puede sentirse desorientada y perdida, o puede buscar a su alrededor pistas, desconcertada. Y es poco probable que su primer impulso sea aprender observando el comportamiento de otras personas, evaluando el escenario social para saber qué hacer según lo que se ve.

Así es como se puede sentir una persona autista en el mundo social: en una cafetería desconocida con normas que al parecer todos los demás comensales ya conocen pero que parece casi imposible aprender, especialmente en entornos bulliciosos y ruidosos.

Por supuesto, las personas autistas pueden aprender las normas —con ayuda—. Nos será de utilidad otra analogía de una cafetería. En una visita a Denver una vez cené en un restaurante que tenía un mostrador con ensaladas con una organización singular. Cuando los clientes entraban, se les llevaba de inmediato a la barra de las ensaladas, y después de elegir una, pagaban en la caja. Luego se iba a otra zona para las sopas, sándwiches y postres, todo incluido en el precio fijo. ¿Cómo podía un recién llegado comprender la secuencia correcta de los pasos? Alguien había tenido en cuenta esa cuestión y colocó letreros con las normas, probablemente después del desconcierto de algunos clientes ante el modo de proceder. El restaurante puso letreros con diagramas visuales donde se desglosaba todo el proceso para los principiantes: comience con la cola de la ensalada, después pague, después sírvase usted mismo la sopa y el postre. Era como si todos los clientes fuéramos autistas, y el restaurante se adaptara a nosotros explicándonos toda la secuencia de los pasos a seguir para que pudiéramos entenderlo. A esto le llamamos ayuda en las funciones ejecutivas, ya que están centradas y siguen los pasos necesarios para alcanzar el objetivo.

En el mundo social real, a muchas personas autistas se las deja que se valgan por sí mismas, que se abran camino en una realidad que tiene sentido para todos menos para ellas. No es de extrañar que a Ros Blackburn le guste hacer esta sincera declaración: «Por eso no hago vida social». Otro joven adulto autista, Justin Canha (véase el capítulo 10), dio su propia y encantadora opinión. Un amigo —también del espectro autista— le dijo que tenía que mejorar sus modales; Justin sonrió y respondió: «Los modales son un asco».

Otro factor social que tenemos en cuenta, en general sin pensar en ello de forma deliberada, es el contexto cultural en el que nos encontramos. Cuando viajo a otros países me vienen a la mente todas las normas específicas en las interacciones sociales de nuestra propia sociedad. En un viaje a la China continental hice una visita a un almacén de venta al por menor abarrotado en Guangzhou para hacerme una idea de la cultura local. Yo estaba esperando en la fila de la caja cuando una mujer detrás de mí de repente me empujó, al parecer para unirse a alguien que estaba delante de mí en la cola. Al pasar, sin avisar, agarró mi hombro y me empujó bruscamente a un lado sin detenerse, ni excusarse ni disculparse. Si alguien me hubiera hecho eso en mi barrio de Target, habría tenido motivo para enfrentarme a ella. Pero ya sabía que, en China, donde las grandes muchedumbres son frecuentes, ese comportamiento es aceptable y apropiado socialmente. Pude ponerlo en contexto y (¡estando alterado!) reaccioné de forma apropiada —aunque debo decir que no del todo—. Y, por supuesto, la pandemia de la Covid-19 conllevó la necesidad de unas normas sociales completamente nuevas que todos debimos aprender, teniendo en cuenta la distancia social, la utilización de mascarillas y el lavado de manos, y que atravesó todas las culturas.

La dificultad de interpretar las situaciones sociales

Cuando las personas autistas tienen un comportamiento que otros pueden interpretar como brusco o grosero, o cuando simplemente parece que están en otra parte, a menudo debido a su cableado neurológico, les resulta difícil evaluar los múltiples factores subliminales que nos ayudan a interpretar y reaccionar de modo apropiado, según las expectativas, en situaciones sociales. Esta falta de entendimiento innato se manifiesta de múltiples maneras. De vez en cuando, la familia de Michael hacía barbacoas los domingos para el equipo de niños de doce años, para los profesionales y para los profesores que trabajaban con su hijo. En medio de estas reuniones, a veces Michael empezaba a reírse con nerviosismo para sí mismo, sentado a la mesa pero claramente absorto en sus propios pensamientos. Incluso después de que uno de sus padres le pidiera que parara, él continuaba. En una de mis visitas sucedió, y aproveché la oportunidad para comprender mejor su comportamiento. «Michael», dije, «¿podrías explicarme qué te parece tan gracioso?».

Señaló a una de las terapeutas de la mesa. «¡Es Susie!», dijo, «tiene una voz muy alta y chillona. Me parto de risa». La joven se ruborizó, avergonzada. «Bueno, creo que en nuestras sesiones de terapia tendré que utilizar un registro de voz más bajo», le dijo ella.

Michael no se dio cuenta de que la había avergonzado. Estaba respondiendo a mi pregunta con un dato objetivo: elle *tenía* una voz fuerte y chillona. No entendía la norma social de que es mejor no decir nada sobre una persona en público si no es algo positivo. ¿Cómo aprende eso un niño? Es probable que un padre prevenga y aconseje a un niño pequeño, pero a los doce años la mayoría de los niños ya han tenido numerosas oportunidades de experimentar el mundo social, un proceso que lleva a una mayor comprensión de las normas tácitas de cortesía.

Luke era otro niño cuyas dificultades sociales aparecieron temprano, cuando su profesor del jardín de infancia se quejó de que no sabía jugar con otros niños. En lugar de jugar del mismo modo que los otros niños de su clase, Luke agarraba a algunos compañeros e intentaba tirarlos al suelo. Luke era un niño agradable que nunca había sido agresivo, y en general era un niño feliz. De hecho, mostraba una amplia sonrisa mientras arrastraba a los niños por el suelo, así que no estaba claro por qué utilizaba la fuerza física. Como orientador, me reuní con sus padres y el equipo de educadores que trabajaban con Luke, y su madre dio una explicación. Luke tenía dos hermanos mayores y el juego en casa tendía a ser de tipo físico: había muchos juegos que consistían en saltar los unos sobre los otros y en derribarse. Así que en el colegio, a las cuatro y media de la tarde, Luke había adoptado ese tipo de juego. Luke no captaba por el lenguaje corporal o las expresiones faciales de los niños que no estaban disfrutando su juego físico. Tampoco comprendía de forma intuitiva que en casa y en el colegio había normas diferentes.

En una de las sesiones de arte expresivo por Zoom de nuestro Miracle Project-New England, los participantes estaban disfrutando tanto que no nos dimos cuenta de que nos habíamos pasado de la hora, las seis de la tarde. Justo unos minutos antes, Pedro, de 26 años, había estado muy involucrado, pero de repente dijo secamente: «¡Son las 6:05 y en realidad tenemos que finalizar!». En otro contexto, otras personas probablemente habrían percibido este comportamiento como grosero, pero nosotros sabíamos que sus intenciones eran buenas: sencillamente se sentía estresado por la ruptura de la rutina.

Las limitaciones en la enseñanza de las normas sociales

Los colegios están llenos de normas explícitas, y los niños autistas a menudo destacan en su cumplimiento, en especial cuando la norma se explica y tiene sentido. De hecho, muchas personas autistas se convierten en los guardianes de las normas, y avisan cuando otros niños incumplen los principios del buen comportamiento. La dificultad surge cuando las reglas son tácitas, sutiles. Ned, un niño de diez años con quien trabajé, siempre se alteraba cuando su profesora hacía preguntas en clase, sobre todo cuando eran sobre sus temas favoritos. Cuando sabía la respuesta, la soltaba de forma abrupta. ¿Por qué no demostrar su interés y lo listo que era? Le encantaba la geografía, así que cuando su profesora mostraba un mapa de África y pedía a los niños que identificaran los países, Ned gritaba el nombre de un país tras otro sin parar: «¡Kenia! ¡Tanzania! ¡Túnez!».

En su grupo de habilidades sociales, el logopeda le dio instrucciones a Ned sobre la importancia de levantar la mano en clase. «Si levantas la mano», explicó, «tu profesora se pondrá contenta, y también tus amigos, porque entonces todo el mundo tendrá la oportunidad de responder a las preguntas». Esta fue la norma que le enseñaron: si levanto la mano, la profesora me dará el turno de palabra.

El problema, por supuesto, era que ella no siempre le daba el turno. Ned levantaba la mano con gran excitación y expectación, luchando por no dejar escapar la respuesta, pero a veces parecía que la profesora le ignoraba. Había aprendido la regla, pero no las excepciones, así que cuando levantaba la mano y la profesora no le llamaba el estado de ánimo de Ned cambiaba rápidamente, se enfadaba y se ponía nervioso. En la siguiente sesión en su grupo de habilidades sociales, el terapeuta se aseguró de que Ned entendiera la regla con más precisión desde su propia perspectiva: si levanto la mano, *a veces* la profesora me llamará, pero otras veces puede que dé el turno a mis amigos.

Después de haber practicado durante unas semanas, visité la clase. No estaba seguro de si él se daba cuenta de que yo estaba allí hasta que la profesora planteó una pregunta a la clase. Ned levantó de inmediato la mano con ímpetu para responder, luego se dio la vuelta y me llamó: «¡doctor ¡Barry! ¡El hecho de que esté levantando la mano no significa que la profesora vaya a llamarme!».

Ned estaba orgulloso de su tremendo esfuerzo por entender unas normas que para él no tenían ninguna lógica: ¿para qué levantar la mano? Si lo haces, ¿por qué no te llama la profesora? Y si no te llama, ¿por qué no explica en voz alta la norma de por qué no te llama? El caso de Ned muestra las limitaciones inherentes y las dificultades que plantea la enseñanza de las normas del mundo social. Enseñamos una norma solo para que a continuación el niño se tope con las excepciones. Enseñamos las excepciones, pero olvidamos mencionar que en general *la gente no habla de normas, simplemente las sigue*. El niño quiere hacerlo bien, pero a veces entrar en el mundo de las normas sociales solo acarrea más malentendidos —en ocasiones de manera cómica.

Cumplir las normas puede ser desconcertante

Al principio de mi profesión supervisé a un estudiante en prácticas para que ayudara a Michael a aprender a dirigirse a la gente de forma adecuada. Vivíamos en una pequeña ciudad del Medio Oeste a principios de los ochenta y los modales tenían importancia. Así que enseñamos a Michael una manera rápida de establecer relación con una persona, y a utilizar los términos correspondientes: «colega» para un compañero, «señora» para una mujer y «señor» para un hombre.

Todo esto era un reto para Michael, porque no solo estaba memorizando palabras. El proceso era todo un desafío: tener en consideración las características específicas de las personas, como el género y la edad, y qué relación tenían con su vida. Una tarde que mi alumno estaba trabajando con él, se quedó encantado con el progreso que Michael había hecho. Le enseñaba una foto de una mujer, y Michael practicaba diciendo: «Hola, señora»; le mostraba una foto de otro chico, y decía: «Hola, colega», y así sucesivamente con una exactitud perfecta. Así que al final de la sesión le pidió a Michael que me hiciera a mí una demostración de sus nuevas habilidades. Michael me miró, sonrió y, abrumado por la confusión, pero con gran entusiasmo, soltó: «¡Hola, doctor colega-señora-señor!».

Michael había aprendido las reglas, pero a la primera oportunidad que tuvo de aplicarlas, estaba demasiado emocionado y excitado para poder hacerlo bien. Pero lo que era aún más evidente era el tremendo esfuerzo que estaba haciendo, su dificultad y lo mucho que deseaba entablar una relación conmigo. Hasta el día de hoy aprecio ese apodo, doctor colega-señora-señor.

El lenguaje puede ser una barrera para la comprensión social porque las personas autistas tienden a interpretarlo de forma literal, y los neurotípicos a menudo no dicen lo que quieren decir. Por eso las metáforas, los sarcasmos y otros usos no literales del lenguaje son para muchas personas autistas una confusión constante.

Helen notó que su hijo Zeke, que tenía nueve años, estaba particularmente disgustado un día después del colegio, así que le preguntó por qué.

«¡No quiero que la señora Milstein muera!», dijo.

Sintió curiosidad por lo que le ocurría a la profesora de Zeke, así que Helen le pidió que se lo explicara.

«Oí que le decía a la señora O'Connor: "Si llueve un día más esta semana, me pego un tiro"».

Sandra fue de compras con su hija Lisa, que tenía siete años, para comprar un regalo de cumpleaños para el hermano de Lisa. Lisa eligió una pelota de béisbol. De camino a casa, Sandra le recordó a Lisa que los regalos de cumpleaños son un secreto hasta el gran día: «Guárdalo debajo de tu sombrero». Ese día, más tarde, cuando el padre de Lisa estaba en su dormitorio, vio un sombrero de playa en una estantería fuera de su lugar habitual. Cuando fue a moverlo, Lisa gritó: «¡No! ¡No lo toques! ¡Es un secreto!».

Incluso una comunicación sencilla puede causar problemas inesperados. Un niño contesta el teléfono y cuando la persona que llama pregunta: «¿Está su madre en casa?», el niño dice «Sí», y a continuación cuelga. Un niño tira de forma accidental una lata de pintura, derramándola por todo el suelo. Cuando el profesor responde de forma sarcástica «¡Fantástico!», el niño piensa que lo ha hecho bien.

La importancia de la claridad y la sinceridad

Para evitar estos problemas, los padres y los profesores deben ser lo más claros y sinceros que sea posible cuando se comunican con personas autistas. De hecho, eso es exactamente lo que muchos adultos del espectro dicen que les es de mayor ayuda. También es útil «verificar la comprensión», es decir, preguntar a la persona si entiende lo que se dice en lugar de darlo por hecho, y, si es necesario, dar una explicación. Y una petición directa siempre funciona mejor que una sutil indirecta. «Esas galletas tienen buena pinta» puede ser la manera educada de insinuarle a una persona neurotípica que uno quiere una galleta, pero con una persona del espectro funciona mucho mejor decir: «Por favor, dame una galleta».

También necesitamos ser claros acerca de los significados de las palabras concretas que utilizamos. Los padres de Nicholas le enseñaron a marcar 911 en caso de emergencia cuando nos sucede algo muy malo a nosotros o a otras personas. Al día siguiente, cuando después de la cena quiso repetir postre, y su madre dijo que no, llamó al 911 y avisó al operador: «¡Es una emergencia! ¡Mi mamá no me da más postre!». En este caso habría sido de ayuda que sus padres le hubieran puesto algunos ejemplos específicos de emergencias: un incendio, un accidente de coche o una herida grave.

Puede que sea necesario explicar a algunas personas autistas el concepto del lenguaje no literal y enseñarles los significados concretos de palabras o frases (como con los idiomas) que no son transparentes ni obvias. «Es pan comido» o «Mucha mierda»[2] son expresiones que pueden ser muy confusas, pero se pueden explicar directamente, al igual que se traducen palabras de un

---

[2] «Mucha mierda» es lo que se les dice a los actores de teatro para desearles suerte antes de empezar una función. *[N. de la T.]*

idioma a otro. Muchas personas autistas tienen listas de palabras o frases que les resultan confusas y las revisan con sus padres o profesores. Es importante recordar que este tema varía mucho dependiendo de la edad de una persona, su capacidad con el lenguaje y sus experiencias sociales. La mejor manera de afrontar estas dificultades es que todas las partes asuman alguna responsabilidad: que los neurotípicos adapten su lenguaje para que sea menos confuso y que las personas autistas conozcan las expresiones comunes que no deben interpretarse de manera literal y entiendan lo que realmente significan.

Cuando la sinceridad no es lo recomendable

El mundo social es infinitamente complejo, con un sinfín de normas no escritas, excepciones y variables. No importa el esfuerzo que los padres y los profesionales hagan para formar a un niño: nunca se pueden anticipar los pasos en falso, incluso cuando tenemos (o nuestros hijos autistas o familiares) las mejores intenciones. Consideremos el caso de Ricky, un adolescente autista que era un pianista con talento. Ricky se ofreció una vez para entretener a las personas de una residencia. Nunca había visitado un centro de este tipo, pero sus padres le dijeron que sería un gesto bonito y cariñoso. También le informaron de que algunas de las personas mayores que vería tendrían enfermedades terminales y otros problemas, así que seguramente su música les ayudaría a levantar el ánimo. El día de su actuación, unas cuantas docenas de residentes se reunieron en una sala para escucharle. Antes de sentarse a tocar, Ricky se presentó, dijo lo feliz que se sentía de estar allí y añadió: «Siento mucho que algunos de ustedes vayan a morir pronto».

Ricky sentía compasión de forma adecuada hacia las personas mayores con las que estaba, pero todavía no podía discernir la falta de sensibilidad que podía entrañar recordarles tan directamente que ¡estaban a las puertas de la muerte!

Podríamos también resumir el error de Ricky de otra forma: era sincero. Por mucho que nuestra cultura pretenda valorar la verdad y la franqueza, el trato con personas autistas puede hacernos comprender hasta qué punto el mundo social nos hacer ser falsos y en ocasiones descaradamente poco sinceros.

Donald, que tenía veintitantos años, trabajaba para una cadena de farmacias aprovisionando los estantes y ayudando a los clientes. «Mi gerente me dice que soy un empleado muy valioso», me dijo cuando nos conocimos, «pero mi supervisor directo no me gusta mucho. Me llama idiota».

Le pregunté por qué. Me dijo que una anciana había llegado a la tienda en busca de una pila concreta. Pudiéndole oír su supervisor, Donald le dijo a la mujer que, aunque la tienda tenía esa pila, era mejor que la comprara en la ferretería que estaba a una manzana de distancia, donde el surtido y los precios eran mejores.

Mientras contaba la historia, daba la impresión de que no comprendía qué era lo que había enfadado a su supervisor. «Mi gerente nos dice que nuestro trabajo como empleados que damos un servicio a los clientes debe ser digno de confianza para que nos consideren la tienda de confianza del barrio», dijo. «Entonces ¿por qué mi supervisor me llamó idiota por hacer justamente eso?».

¿Por qué? No es de extrañar que Eli asumiera que otras personas podían leer las mentes de los demás. Para muchas personas autistas, tratar de comprender el mundo social puede entrañar vivir en un estado casi constante de confusión, desconcierto, frustración e incluso enfado.

El estrés de los malentendidos

He conocido a innumerables niños y adultos autistas que interpretan mal las situaciones sociales y el comportamiento, y que incluso cuando alguien les intenta explicar lo que no captan puede que sigan sin comprender. Vivir esta experiencia una y otra vez tiene un coste. Saber que *se da por hecho que debo comprender esto pero que, por mucho esfuerzo que hago, no puedo*, provoca frustración, tristeza y ansiedad. Muchos reaccionan cerrándose a tener encuentros sociales, o simplemente los evitan. Algunos se retraen y se deprimen. La autoestima sufre cuando se preguntan: «¿Por qué no entiendo esto? ¿Qué pasa conmigo? ¿Soy idiota?».

La comprensión social es solo un tipo de inteligencia. Se puede ser brillante de muchas otras maneras y sin embargo tener dificultad para interpretar las expresiones faciales y otras señales sutiles en situaciones sociales. La comprensión social requiere de lo que Howard Gardner, famoso por su teoría de las inteligencias múltiples, denominó «inteligencia interpersonal». Una persona con puntos fuertes en esta área puede evaluar las emociones, deseos e intenciones de los demás en diferentes situaciones sociales. Por supuesto, alguien que tiene dificultades con la inteligencia interpersonal puede demostrar inteligencia, por ejemplo, para la música, las matemáticas o la resolución de puzles complejos.

Conscientes de su dificultad, muchas personas autistas se disculpan a sí mismas casi habitualmente —incluso sin entender por qué se disculpan—. Pueden entender las reglas sociales en sus extremos de blanco o negro. Puede que compañeros con poca sensibilidad les hayan dicho durante años que son maleducados y no lo hacen bien, y se les ha enseñado a decir hasta el agotamiento «Lo siento». Hacen todo lo posible para acertar, y si sospechan que no han dicho lo correcto o no han actuado de la manera apropiada, su instinto es decir «¡Lo siento! ¡Lo siento!». No importa las veces que los padres o los profesores les tranquilicen, dan por hecho que van a cometer errores, así que de forma automática se disculpan.

Vivir en un estado de constante confusión incluso en las relaciones sociales cotidianas puede entrañar que, cuando surgen situaciones que no esperan o son realmente desconocidas, la persona reaccione de manera inesperada o extrema. Para un observador, el comportamiento puede parecer impulsivo, súbito o inexplicable, pero a menudo es el resultado de la frustración y la ansiedad que han estado gestándose en la persona durante un tiempo.

La mayoría de las personas neurotípicas crean barreras emocionales; saben que, si otra persona está experimentando emociones fuertes, es su experiencia. Podemos sentir simpatía o incluso empatía, pero no experimentamos la misma intensa emoción ocasionándonos una desregulación importante. Según mi experiencia, ese no es el caso de muchas personas autistas. Benny, de trece años, rara vez iniciaba la comunicación. Tenía dificultades en las clases en su instituto de secundaria y con frecuencia se irritaba a mitad de la jornada escolar por el estrés y las exigencias de las clases matutinas. También lo pasaba mal cuando las personas a su alrededor expresaban emociones negativas. Algunas personas autistas se sienten confusas cuando están presentes ante personas que tienen emociones fuertes —de felicidad, tristeza, emoción, nerviosismo—; se sienten confundidas e incluso desreguladas. Es como si absorbieran la intensidad de las emociones, sin entender por qué se sienten así.

En el instituto sonó la alarma de incendios justo a la hora del día en la que normalmente Benny se ponía nervioso y se impacientaba. Cuando él y sus compañeros estaban saliendo de la clase en fila, Benny vio a dos chicos armando jaleo, ignorando las instrucciones de su profesor. Cuando la directora los vio, se puso furiosa, se interpuso entre Benny y los chicos y les dio una dura reprimenda, moviendo un dedo delante de sus caras y ordenándoles con firmeza que de inmediato se unieran a sus compañeros de clase.

La reacción de Benny fue repentina e inesperada: se acercó hacia la directora y la empujó, tirándola al suelo. El hecho de que él fuese un chico bastante grande y ella midiese poco más de un metro cincuenta no ayudó a la situación. La directora se levantó y se sacudió el polvo. Afortunadamente, no sufrió ningún daño, aunque temblaba. Ese día, más tarde, siguiendo las normas del instituto, expulsó provisionalmente a Benny hasta que el personal pudiera revisar el incidente.

Poco después me reuní con ella en mi función de orientador del distrito. «Barry, admito que todavía estoy aprendiendo sobre el autismo», dijo, «pero no podemos admitir ese tipo de comportamiento en nuestro colegio, y tenemos normas sobre cómo proceder cuando ocurren incidentes de este tipo». No solo estaba preocupada por sí misma, sino también por el modo en que los compañeros de clase de Benny podrían percibir cómo había actuado.

Traté de explicar que el incidente, a mi entender, había sido el resultado de una serie de sucesos acumulados, invisibles para todos menos para Benny. Incluso antes de la alarma, ya estaba nervioso. El ruido y la sorpresa del simulacro de incendio le descolocaron aún más. Luego vino la dura reprimenda de la directora, que le desconcertó y le aturdió emocionalmente. Se enfadó y desreguló al verla tan enojada y al observar un comportamiento que probablemente percibió como un acto agresivo, por lo que reaccionó con impulsividad. La ansiedad que estuvo acumulando y el simulacro de incendio —y la confrontación de la profesora con los chicos— simplemente fueron los desencadenantes que hicieron que se disparara.

La solución no era fácil. Era imposible anticipar todas las situaciones que le pudieran causar ansiedad a Benny. Un instituto está lleno de situaciones que pueden ser confusas y generar ansiedad. Lo que podíamos hacer era asegurarnos de que el instituto hiciera todos los esfuerzos posibles para ayudar a Benny a que comunicase su ansiedad, que el personal estuviera preparado para percibir los primeros indicios de desregulación y que hubiera recursos para que cuando ocurriera lo inesperado —cuando Benny se encontraba al borde del límite— alguien pudiera intervenir. Como parte del plan de su regulación emocional, el equipo dispuso un descanso extra en el horario justo en el momento en que normalmente se volvía irritable y puso a un profesor de apoyo en la clase de Benny para ayudarle a regularse y a desenvolverse.

La comprensión social y el colegio

Hay que decir a su favor que la directora de Benny se esforzó por comprender su comportamiento en lugar de rechazar simplemente la mala conducta como una agresión sin más. Las personas autistas a menudo actúan de maneras que parecen confusas y dan lugar a interpretaciones erróneas. Cuando trabajo con distintos colegios, es común que escuche a los profesores quejarse de que un alumno es agresivo, desobediente o manipulador, y luego se descubre el verdadero problema: el profesor no entiende al alumno y a menudo entran en juego factores que no se ven. A menudo esto se debe a que el niño tiene cierta falta de comprensión social, y el profesor interpreta erróneamente que su comportamiento es intencionado («Sabe perfectamente lo que está haciendo»).

Considérelo de esta manera: en la mayoría de los entornos académicos, casi todos los alumnos se sienten de manera instintiva impelidos a complacer al profesor, responder las preguntas correctamente, obtener la máxima calificación en los exámenes, tener éxito en la feria de ciencias o comportarse de acuerdo con las normas de la clase y del colegio. Muchos alumnos también quieren que sus padres se sientan orgullosos de ellos. Pero es probable que una persona autista carezca de estas motivaciones. Un niño puede dominar un tema de álgebra o saber la respuesta correcta de un problema, pero si el profesor le pide que describa los pasos que ha seguido para llegar a esa solución, es posible que se niegue a explicarlo. No está siendo desobediente; simplemente no entiende las expectativas sociales que demandan explicaciones sobre su pensamiento. *Sé cómo lo hice y tengo la respuesta correcta,* piensa. *¿Por qué tendría que decirte cómo lo conseguí?*

Los profesores están acostumbrados a tener alumnos que desean agradar, o al menos creen que deben hacerlo. Por lo tanto, si carecen de una formación adecuada sobre el autismo, de entrada se sienten desconcertados cuando tratan con alumnos como Jason, un chico autista inteligente de quinto curso con quien trabajé. Un día, el profesor de artes plásticas pidió a los alumnos que escribieran los nombres de sus dos animales favoritos. Jason escribió «caballo» y «águila».

«Ahora», dijo la profesora, «me gustaría que utilizaseis la imaginación y crearais la imagen de un animal que aúne las características de los dos que habéis seleccionado».

Desde el fondo del aula, Jason respondió de inmediato con voz fuerte y seria: «No lo haré».

Una de las profesoras de apoyo se le acercó y le explicó la tarea de nuevo.

«¡No lo haré!», repitió Jason.

«Pero Jason», dijo la profesora de apoyo, «es nuestra tarea de hoy. Todo el mundo en la clase la está haciendo».

«¡No lo haré!».

Al ver que aumentaba su nerviosismo, y con la esperanza de evitar que fuera a más, la profesora de apoyo le preguntó si necesitaba un descanso. Lo llevó a dar un paseo fuera, intentando que se calmase, y a lo largo del camino le repitió que todos los alumnos estaban haciendo el mismo trabajo. Cuando regresaron a la clase, la profesora le preguntó a Jason, que parecía estar mejor regulado, si estaba preparado para hacer su dibujo.

«¡No lo haré!», repitió, para su sorpresa.

Me sorprendió que nadie le hubiera hecho la pregunta más importante. Me acerqué lentamente. «Jason», le pregunté, «*¿por qué* no quieres hacer el dibujo que te pide la profesora?».

«No hay tal *cosa* que sea un animal con parte de águila y parte de caballo», respondió. «No lo haré. Es estúpido».

Jason no tenía intención de ser desafiante o desobediente. La tarea no tenía sentido para él; contrariaba su sentido de la lógica. No le importaba que la norma social no escrita dijera que debía hacer la tarea para complacer a la profesora, que parte de su trabajo como alumno consistía en hacer lo que se le pedía, quisiera o no. Ese sentido del deber social no formaba parte de su conciencia. E incluso aunque supiera que su profesora quería que él cooperara —y que él debía hacerlo—, en caliente, la dificultad de tratar con temas que transgredían su sentido del mundo desencadenaba su rechazo de forma instintiva.

Al igual que en el caso de Jason, el modo en que un niño responde a una tarea escolar puede proporcionar una comprensión única de cómo procesa la información y entiende el mundo social. Sherise estaba en tercer curso cuando, para conmemorar el Día de Martin Luther King Jr., su profesor le dio una hoja de trabajo sobre el personaje. Al igual que muchas personas autistas, Sherise tenía una capacidad impresionante para memorizar fechas e información y podía recitar las fechas de los sucesos significativos en la vida del doctor King mejor que nadie en la clase. Pero a veces no sabía poner toda la información en un contexto social y cultural.

Una de las preguntas de la hoja pedía a los alumnos que enumeraran rasgos positivos del doctor King. Sherise escribió: «Le gustan los perros. Puede leer libros». Continuó con cosas por el estilo:

Describe qué es lo que más te gusta del doctor King. «Me ayuda. Limpia mi habitación».

Dime una cosa que te haya enseñado el doctor King. «Me ha enseñado a escribir los sonidos de las vocales largas y cortas».

Compárate con el doctor King. «El doctor King tiene corbata. Yo no tengo corbata».

Explica por qué crees que el doctor King es un buen ejemplo a seguir. «Porque el cumpleaños de Martin Luther King Jr. es festivo».

Una vez más, esta niña no tenía intención de provocar. Sherise era una niña inteligente que asombraba a sus profesores y a otras personas con su extraordinaria memoria. Pero no entendía el propósito de la tarea ni las preguntas concretas. Otros podrían haber intuido que las preguntas se centraban en cómo King había cambiado la sociedad y la manera de vivir de la gente. Pero la tarea no lo expresaba de manera explícita. Cuando en la hoja se le preguntaba por «cualidades positivas», Sherise pensó en *sus propias* cualidades positivas. Cuando se preguntó qué había enseñado King, simplemente pensó en algo que *ella* había aprendido, aunque no estaba relacionado con la tarea. Esta requería un entendimiento social más profundo del que Sherise había desarrollado debido a su discapacidad social. Era casi como pedir a un niño con una discapacidad física que compitiese con éxito en una carrera de cincuenta metros.

Los profesores que se desconciertan con respuestas como las de Sherise puede que se sientan frustrados. En cambio, deben animarse y aplaudir el esfuerzo sincero de los alumnos. Puede que el resultado de la tarea de Sherise fuera frustrante o desconcertante, pero ella no dijo: «No puedo hacerlo. No entiendo». Ella se esforzó al máximo. Y su falta de comprensión como alumna de tercer curso en verdad no significaba que nunca llegaría a ser capaz de captar estos conceptos sociales. La comprensión social y emocional, como muchas otras, se desarrolla con el tiempo. El desarrollo en las distintas etapas evolutivas varía según cada niño, sus diferentes ritmos, a menudo solo después de haber adquirido bastante experiencia y con un apoyo personalizado. En el caso de Sherise, lo mejor que se podía hacer era, en vez de regañarla, elogiarla por sus esfuerzos y darle un apoyo extra para ayudarla a entender la tarea. No poner en peligro su autoestima, sino ayudarla a tener éxito en una tarea difícil debido a sus diferencias neurológicas.

La comprensión de las emociones

Si para algunas personas del espectro es difícil comprender las normas sutiles y ocultas de la interacción social, comprender las emociones —las propias y las de los demás— puede ser aún más difícil. En 1989, la primera vez que Oprah Winfrey entrevistó a Temple Grandin, ella le preguntó: «¿Cuáles son tus sentimientos?». Temple respondió con una descripción de lo incómoda que estaba con jerséis de lana «que pican». Por «sentimientos», Winfrey quería decir emociones, el complejo mundo de nuestra vida interior. Pero Temple supuso que estaba hablando de experiencias sensoriales —en concreto, del sentido del tacto.

O quizás no quería contestar la pregunta. Las emociones son abstractas, intangibles y difíciles de entender, y a las personas autistas a menudo les resulta complicado comunicarlas, en especial cuando se requiere una autorreflexión previa. En el pasado, algunos profesionales y otras personas han creído erróneamente que la dificultad y el malestar a la hora de hablar de los sentimientos se debían a que las personas del espectro autista, de algún modo, carecían de emociones. Por supuesto que no es cierto. Tienen la misma gama completa de emociones que tenemos todos. En todo caso, las personas autistas nos dicen que las suyas pueden magnificarse. La dificultad para muchas personas autistas reside en entender y expresar sus propias emociones y en interpretar las de los demás.

Alvin, de diez años, era un alumno que hablaba con fluidez pero tenía problemas sensoriales y de ansiedad. Un día su profesor de educación especial le mostró una fotografía de un bebé llorando y le hizo una serie de preguntas: «¿Cómo se siente el bebé? ¿Por qué se siente así?». Alvin fue capaz de explicar que el bebé estaba llorando porque se sentía triste. El profesor siguió con otra pregunta: «Alvin, ¿qué te hace sentirte triste?».

«¿Qué me hace sentirme *triste?*», dijo. «¿Qué me hace sentirme enfermo? El queso amarillo». De alguna manera, Alvin había transformado *triste* en *enfermo,* tal vez porque era un sentimiento negativo que era más visceral, más fácil de entender.

El profesor lo intentó de nuevo: «¿Qué te hace sentir *triste?*».

«¿Qué me hace sentir *mal?* La diarrea».

Alvin podía identificar con facilidad una emoción en el bebé, la tristeza, pero aún no la podía relacionar con su propia experiencia interna. Seguro que a veces se sentía triste, pero a sus diez años no podía explicar su propia experiencia emocional con palabras. El diálogo revela cómo un individuo puede tener la capacidad de identificar las emociones en otra persona pero no sabe expresar las suyas propias —lo cual requiere reflexionar sobre sus propios sentimientos.

Otro niño, Eric, que tenía trece años, se enfrentó a un reto similar. Para ayudar a Eric y a su clase a entender las emociones, su profesor hizo que los niños giraran una «rueda de las emociones», una especie de ruleta con los nombres de diversas emociones (felicidad, confusión, enfado) escritos en ella, y luego respondieran a preguntas sobre la emoción concreta que señalara el puntero. A Eric le tocó la *envidia*. La conversación fue la siguiente:

El profesor: ¿Cómo te sientes hoy, Eric?
Eric: Siento envidia.
El profesor: ¿Puedes decirnos por qué?
Eric: Porque estoy muy celoso.
El profesor: ¿Y por qué sientes envidia?

Eric: Porque… Indiana va a jugar contra LSU.

El profesor: ¿Por qué eso te hacer sentir envidia?

Eric: Porque al sentir envidia me siento guapo (Eric mira hacia un lado desconcertado).

La conversación continuó sin que Eric captara el significado del término.

El profesor: ¿Entiendes lo que significa sentir envidia?

Eric: ¿Qué es sentir envidia?

El profesor: Si Darrell tiene un reloj nuevo y creo que es el mejor reloj que he visto jamás, y quiero tenerlo, entonces siento envidia porque el reloj de Darrell es mejor que el mío.

Eric: Sí.

El profesor: Bien, ¿lo entiendes?

Eric: Porque Darrell tiene un reloj nuevo.

El profesor: Y lo quiero.

Eric: Y lo querrías…

El profesor: Entonces, ¿hoy sientes envidia?

Eric: Sí.

El profesor: ¿Por qué?

Eric: Porque Darrell quiere un nuevo reloj.

El profesor: No.

Eric: Porque tú tienes un nuevo reloj.

El profesor: ¿Por qué Eric siente envidia?

Eric: Porque tengo un reloj en casa.

El profesor: ¿Podrías escoger otra emoción?

Eric: No. ¡Me tocó la envidia!

Eric estaba esforzándose en hacerlo lo mejor posible, y no se iba a rendir, aunque el profesor se lo sugiriese. Pero su estilo de pensamiento concreto le hacía pelearse con un concepto abstracto.

Cómo no deben enseñarse las emociones

Con demasiada frecuencia, los educadores piensan que están enseñando a personas autistas a expresar sus emociones cuando lo que realmente enseñan es *reconocimiento* emocional: a etiquetar imágenes de personas que expresan emociones. Usar el lenguaje para describir el propio estado emocional —es decir, la *expresión* emocional— es una de las tareas más abstractas a las que se enfrentan los niños autistas y algunos adultos. Una cosa es reconocer una manzana o una mesa e identificarla; transmitir cómo te sientes o cómo se puede sentir alguien es mucho más complejo. Las emociones implican reacciones cognitivas y fisiológicas. No solo sentimos; reflexionamos sobre cómo nos sentimos y sus causas. También experimentamos emociones en nuestro cuerpo.

Estas reacciones son dinámicas e intangibles. Sin embargo, algunos terapeutas recomiendan intentar enseñar emociones a los niños autistas tratando de que identifiquen mediante diagramas las distintas expresiones faciales: feliz, triste, emocionado, enfadado, sorprendido, confundido. Ros Blackburn me dijo cuál era el problema de este método: «Durante años, la gente trató de enseñarme las emociones haciendo que etiquetara caras felices y con el ceño fruncido», dijo. «El único problema es que la gente no tiene esa apariencia». Estos profesores no enseñan las emociones; enseñan a reconocer imágenes. Y, en realidad, al niño no le enseñan a comprender y a expresar por qué siente determinada emoción.

Un método más eficaz consiste en dar una tarjeta —contento, tonto, frustrado, nervioso— en el momento en que la persona está experimentando ese sentimiento (para algunas personas es más apropiado hacer la conexión con una imagen visual, como pueda ser una fotografía, y el sentimiento de la persona). De esta manera, aprende a expresar y comunicar una experiencia cognitiva emocional, no solo una expresión facial. Aprender a comprender las diferentes emociones y el lenguaje que utilizamos para expresarlas es una habilidad que se desarrolla con el tiempo. Experimentamos emociones en nuestras cabezas y en nuestros cuerpos y aprendemos a asociar tipos de experiencias con esas sensaciones. También escuchamos y vemos las palabras que otras personas nos proporcionan para expresar esos sentimientos.

La enseñanza de lo social: ¿cuál es el objetivo?

En el mismo sentido, los adultos suelen hacer hincapié en las «habilidades sociales» sobre la enseñanza de la *comprensión social* y el *pensamiento social*[3]. Y las habilidades que se consideran importantes suelen enseñarse mediante la memorización, con el objetivo de que el niño parezca «normal». Esto no ayuda a que el niño se relacione de forma adecuada con los demás, ni a interpretar las situaciones sociales, ni a entender el punto de vista o las emociones de las otras personas, y puede producirle un estrés considerable.

---

[3] Michelle Garcia Winner aborda esta cuestión con detalle en su libro *Why Teach Social Thinking?* (San José, CA: Think Social, 2014).

El contacto visual es un excelente ejemplo. Muchas personas autistas evitan mirar directamente a otras personas a la cara, quizás porque les aumenta la ansiedad, de modo que les resulta incómodo, o quizás porque ello requiere atención y energía y disminuye su capacidad para pensar con claridad lo que quieren decir.

Pero como la cultura norteamericana valora mirar a la gente a los ojos, el difunto psicólogo conductual Ivar Lovaas desarrolló métodos para «entrenar» a niños autistas con el objetivo de hacerles «indistinguibles» de sus compañeros. Consideraba que era esencial enseñar a establecer contacto visual antes de enseñar otras habilidades. Durante años, el sello distintivo de su enfoque terapéutico fue su afirmación —sin fundamento científico— de que la capacidad de establecer contacto visual a voluntad era un requisito previo para el aprendizaje de otras habilidades. Finalmente se retractó de esta posición, pero por desgracia muchos profesionales todavía emplean «la estimulación del contacto visual».

Si escucha a personas autistas, estas transmiten un mensaje claro: mirar a otros a los ojos puede ser extremadamente difícil. Les pone nerviosas. Son reticentes a que les obliguen a hacerlo. Están más cómodas y se sienten mejor reguladas cuando *no* miran directamente a otras personas o lo hacen intermitentemente. Las personas neurotípicas desarrollan el hábito de mirar de forma directa a las personas desde una edad temprana, pero evitar la mirada tiene un propósito. En las conversaciones normales se suele mirar a la persona a la que se está hablando, pero también se *aparta* la mirada en otros momentos. Esto nos da una oportunidad para reflexionar, relajarnos y regularnos.

Una vez impartí clase a un grupo de estudiantes de postgrado que vino de Ghana a estudiar en la universidad donde yo trabajaba. En las horas de despacho me reuní con varios de ellos. Eran corteses en extremo, pero me ponía incómodo el hecho de que ninguno de ellos me mirara a los ojos, ni siquiera brevemente, mientras hablábamos. Al final, les planteé la cuestión: «¿Pasa algo?», pregunté. «Me incomoda que estéis con la mirada baja y no me miréis».

«Lo siento, señor», respondió uno de ellos, «pero en nuestra cultura se considera una falta de respeto mirar a una persona de estatus superior cuando nos está hablando, y usted es nuestro profesor».

Era un recordatorio de que muchas de las normas y prácticas sociales que consideramos importantes, incluso cruciales, no son comportamientos humanos inherentes, sino más bien normas que pueden variar ampliamente de una cultura a otra.

También difieren de persona a persona. Cuando fui responsable de supervisar el departamento de un hospital universitario, noté que una persona de mi equipo recién contratada, una logopeda, pasó la primera reunión del departamento haciendo garabatos en un cuaderno, sin apenas mirarme mientras yo hablaba. En la segunda reunión hizo lo mismo. Me pareció tan desconcertante que me enfrenté a ella. «No entiendo por qué no me presta atención en las reuniones», le dije.

Ella se disculpó por no haberlo aclarado antes y luego explicó que tenía un problema de aprendizaje que consistía en la dificultad de mirar a una persona y a su vez procesar lo que esta estaba diciendo. Al basarme en los mensajes que enviaba con su lenguaje corporal y facial, me hice una idea equivocada sobre el grado de interés y atención de mi colega en las reuniones.

Muchas personas autistas dicen que en general es más fácil centrarse en lo que una persona está diciendo sin la carga adicional y el estrés de tener que mirar a la cara. Los profesores con experiencia saben que ciertos alumnos pueden estar escuchando y aprendiendo, aunque no les estén mirando durante la clase.

Sin embargo, las personas autistas pueden aprender esta norma tácita de hacer saber a alguien que se le está escuchando. Desde un enfoque de la «comprensión social» o el «pensamiento social», padres, profesores y terapeutas pueden ayudar a que una persona aprenda que para demostrar que está prestando atención puede mirar a otra persona, incluso solo por breves momentos durante una conversación, o diciendo «Ah-ajá» y asintiendo. Para algunos niños es tan difícil mirar a otra persona a los ojos que les crea malestar. En ese caso, se les puede enseñar a que expliquen lo que les ocurre de modo que la persona con la que se encuentran no interprete que se aburren o que no prestan atención («Por favor, comprenda que sí estoy prestando atención, aunque no le esté mirando»). Esto es parecido a lo que hacen los neurotípicos cuando saben que tendrán que salirse antes de una reunión o conferencia debido a otro compromiso: es de educación informar con antelación al conferenciante a fin de evitar que se malinterprete y como una muestra de sensibilidad ante los sentimientos del ponente.

Compartir ese tipo de información es un acto de autodefensa. Es lo que hizo un autor autista cuando me entrevistó por Zoom para un libro en el que estaba trabajando. Después de algunas de mis respuestas a sus preguntas, había largas pausas en las que él miraba a un lado, seguidas de titubeos y vacilación en el discurso cuando volvía a hablar. Sintió la necesidad de informarme de que comprendía y estaba de acuerdo con todo lo que yo iba diciendo, pero estaba tan excitado con la conversación que su fluidez al hablar se veía afectada y necesitaba apartar la mirada de la pantalla. Al explicarme por qué se comportaba de esa manera, se aseguraba de que no le malinterpretara.

Cómo influyen los sobreentendidos

Todos hacemos suposiciones acerca del comportamiento de los demás, que normalmente no se comunican, pero que, sin embargo, tienen un gran impacto en nuestras relaciones. A menudo, las personas autistas no perciben la necesidad de compartir lo que les molesta —o a veces lo hacen de manera poco ortodoxa.

La directora de un colegio de primaria me mostró un conjunto de dibujos que un alumno de cuarto curso, llamado Enrique, con el síndrome de Asperger, dejaba en su mesa de forma rutinaria. En todos los dibujos había un personaje diabólico con cuernos y rabo puntiagudo. El niño había escrito en cada página el nombre de la directora, seguido de su nuevo apodo: «La mala directora».

«Esa soy yo», dijo la directora con una sonrisa. «Cuando a este alumno hay algo que no le gusta en el colegio, me culpa a mí». Cuando Enrique estaba descontento con el nuevo kétchup en la cafetería, dejaba un dibujo del diablo. Si pensaba que una norma no era justa, dejaba otro dibujo. La directora aceptó esta forma de expresión singular, respetó su intento de expresar sus sentimientos y finalmente ayudó a que Enrique presentara sus quejas y hablara de ellas de una manera más convencional.

Otros no tienen el instinto de comunicar su disgusto. Bud, un alegre chico autista de trece años, estaba mostrando signos de depresión severa. En lugar de participar en las clases del colegio de secundaria, se desplomaba en su pupitre boca abajo, con los ojos cerrados y la cabeza apoyada en sus brazos. Sus profesores no sabían cómo tratar su tristeza, así que me pidieron que interviniera.

En nuestra primera reunión Bud no dudó en hablar de lo que le pasaba. «Odio estar en el colegio», me dijo, «porque todos mis profesores me odian».

Los profesores no habían expresado ningún sentimiento negativo sobre Bud, solo mostraron su desconcierto sobre cómo ayudarlo. Le pregunté a Bud por qué pensaba que no gustaba a sus profesores.

«Porque», dijo, «en todas las clases tratan de enseñarme cosas que no me interesan».

Bud hizo la suposición de que sus profesores, debido a algún tipo de animosidad, habían planeado darle el material que más le fastidiara y le aburriera. ¿Qué otra cosa podía explicar sus dificultades?

«¿Alguna vez los profesores te preguntan qué es lo que te interesa?», inquirí.

«No, me *odian*. ¿Por qué iban a preguntármelo?», respondió.

Le comente que, cuando yo tenía su edad, también tenía que asistir a clases que no me gustaban, y estaba seguro de que a muchos de sus compañeros no siempre les gustaban todas las clases. Lo que a mí me parecía un conocimiento normal parecía ser nuevo para Bud. Un adolescente neurotípico habría entendido que no siempre a los alumnos les gustan todas las clases y que una parte de ser un estudiante consiste en aprender a vivir con ello. Pero para Bud la única explicación era que los profesores le odiaban.

Después de nuestra conversación, le sugerí a Bud que participara en un grupo con otros alumnos para que pudiera aprender por qué las personas se comportan de la manera en que lo hacen y dicen lo que dicen, y todas las formas posibles de interpretar sus acciones. Allí aprendió cosas que otros alumnos entendían con más facilidad: a veces las clases gustan, otras veces, no; si se tiene alguna dificultad, se le puede preguntar al profesor, al cual le gustará ayudar. Nadie se había parado a explicarle estas cosas porque nadie se había dado cuenta de que las malinterpretaba. El colegio también hizo un esfuerzo para integrar sus temas de interés —el *heavy metal*, los videojuegos— en su programa. No resolvimos todos sus problemas, pero al preguntarle qué le molestaba, se ponía al descubierto que la mayor parte de su descontento se debía a sus propios malentendidos. También hicimos hincapié en que no debía avergonzarse de sus malentendidos. Todo lo que necesitábamos era pedirle que nos lo explicara, nosotros escucharle con respeto y luego intentar integrar sus intereses de forma creativa en su día a día en la escuela.

Cuando trabajamos para mejorar la comprensión social, el objetivo no es convertir a las personas autistas en neurotípicas como si fueran clones. Actuar así sería irrespetuoso con la unicidad de cada individuo y su neurología, con el riesgo de que la persona se sienta fatal consigo misma. El objetivo es mejorar la capacidad social, la autoestima y la confianza para disminuir los malentendidos y el estrés que todos —autistas y neurotípicos— experimentamos en estas relaciones compartidas. Preferiblemente, queremos trabajar en lo que las personas autistas creen que les es de mayor ayuda. Si eso no es posible, deberíamos esforzarnos en disminuir las dificultades que son barreras obvias para tener experiencias sociales positivas y agradables. La mayor parte de la gente autista quiere ser aceptada por quien es, incluso si eso implica estar más a gusto con menos participación social, lo cual varía en cada persona. Sobre todo, tenemos que entender que una de las mayores prioridades para la comunidad autodefensora autista es poder ser capaces de vivir sus vidas siendo ellas mismas.

SEGUNDA PARTE

VIVIR DENTRO DEL ESPECTRO AUTISTA

CAPÍTULO 7

QUÉ SE NECESITA PARA «CONSEGUIRLO»

Algunas de las enseñanzas más importantes las aprendo solo a base de observar, y aprendí mucho observando a Paul.

Paul era un profesor de apoyo a quien se le asignó a Denise, una alumna autista de dieciséis años que acababa de ser trasladada a un colegio nuevo. Se sentía tan frustrada en el colegio anterior —con frecuencia estaba muy desregulada— que a menudo intentaba pegar a los profesores, y se la consideraba agresiva. En el nuevo ambiente de clase, Denise solía entregarse a rituales repetitivos. Por ejemplo, sacaba de su mochila bolsas llenas de los CD que le gustaba escuchar y luego los alineaba en el escritorio en una secuencia precisa, un proceso que parecía calmarla. Rara vez hablaba, solo en alguna ocasión decía dos o tres palabras en voz baja. Sin embargo, cuando parecía estar inquieta y con desconfianza, no mostraba signos evidentes de agresión o enfado.

Cuando observé a Denise en sus rutinas diarias en el colegio, en seguida percibí lo eficaz que era el profesor de apoyo. Con la cabeza afeitada y un pendiente grande, Paul, que tenía veintitantos años, me recordó a Don Limpio, la cara del producto de limpieza. Paul se aseguraba de que Denise tuviera los materiales que necesitaba para cualquier trabajo que le fuera asignado y la ayudaba a organizarse, pero luego se retiraba y le dejaba espacio.

Él la observaba de cerca desde el otro lado de la habitación, y cada vez que se frustraba, se ponía inquieta o se distraía, Paul se acercaba a ella, moviéndose despacio como para no sobresaltarla. Me di cuenta de que cada vez que lo hacía, Denise se calmaba y se relajaba. Él era capaz de observar el signo más sutil de desregulación en Denise y sabía lo que debía decir o hacer para disminuir su ansiedad o frustración. A veces lo hacía a unos pocos metros de distancia, de manera apenas perceptible, la tranquilizaba asintiendo, señalando o diciendo unas pocas palabras. Era como si tuvieran una conexión mágica, silenciosa y simbiótica. Siempre que sospechaba que Denise se estaba poniendo tensa y nerviosa, y que podía necesitar apoyo, él la ayudaba a mantenerse tranquila y ocupada.

Me pregunté cómo había concebido el método con el que ayudaba a esta chica a regularse de forma tan eficaz, sobre todo porque en otros lugares había tenido dificultades. Quería aprender de la estrategia que estaba usando, así que le propuse a Paul charlar unos minutos. Mencioné lo que había percibido y le dije lo impresionado que estaba por lo capaz que era de captar las señales de la niña e intervenir de manera tan apropiada. «¿Puedes hablarme sobre lo que haces o percibes?», pregunté.

Se encogió de hombros; parecía casi desconcertado por mi pregunta. Su respuesta fue breve: «Solo presto atención».

Solo presto atención. Hizo que sonara tremendamente simple. Pero esas tres palabras decían mucho. Paul era eficaz en saber exactamente qué ayuda necesitaba esta adolescente no porque dominara una terapia en particular, siguiera los pasos concretos de un plan de actuación o diera los «refuerzos» correctos. Paul le brindaba a Denise el apoyo justo gracias a su intuición y a su capacidad de observar, escuchar y ser sensible a sus necesidades. Al actuar de este modo, se ganó su confianza.

¿Dónde están los Paul del mundo? Uno de los aspectos más difíciles de educar a un niño autista o apoyar a un adulto dentro del espectro consiste en encontrar a los ayudantes —médicos, terapeutas, educadores, orientadores y otros— más efectivos, que conecten mejor con la persona y faciliten el máximo progreso posible. Cuando los padres entran en contacto por vez primera con el autismo, o la posibilidad del autismo, puede resultar difícil saber en quién confiar, qué consejo vale la pena, qué profesor o terapeuta puede ser el mejor para el niño y la familia.

Mi punto de vista sobre esta cuestión cambió para siempre cuando conocí a la doctora Jill Calder, una médica que también es madre de un hijo autista. Cuando hablé en una sala de conferencias abarrotada en la Universidad de British Columbia en Vancouver, pregunté a la audiencia si alguna vez habían conocido a personas como Paul, personas que tienen naturalidad con los niños o familiares no gracias a una formación específica, sino debido a una capacidad instintiva.

Unas veinte filas atrás, Jill se puso de pie. «En mi familia», dijo, «lo llamamos "el Factor"». Explicó que observó durante años a diferentes profesionales que se relacionaron con su hijo. Se dio cuenta de que cuando el colegio asignaba un nuevo profesor de apoyo a su hijo, el chico a menudo volvía a casa aún más nervioso y disgustado que antes. Pero en otras ocasiones la nueva persona era capaz de establecer una conexión inmediata con el niño, y su hijo estaba mucho más tranquilo y contento.

¿Qué marcaba la diferencia? Jill explicó que algunas personas simplemente son naturales: en cinco o diez minutos saben cómo relacionarse con su hijo y él se relaja con ellas; había química. «Nosotros decimos de esa gente "que lo consigue"», dijo. No importa su titulación, no importa su formación: conectan.

A continuación, describió un segundo nivel de personas a las que llamó «las que lo quieren». Estos individuos puede que carezcan de la capacidad natural e intuitiva de conectar con las personas autistas; incluso pueden estar nerviosos, dubitativos o incómodos. Pero están ansiosos de aprender, y buscan el apoyo y consejo de un padre o alguien que conozca bien a la persona. Jill explicó que aquí incluía a muchos profesionales que había conocido y a los que siempre le gustó haber conocido —personas que trabajaban con entusiasmo con personas autistas, deseosas de aprender y crecer y abiertas a dejarse dirigir por quienes conocen mejor al individuo.

Jill también identificó un tercer grupo: aquellos que parecen incapaces de conectarse y a menudo son la causa de la desregulación de la persona. Esta gente está menos abierta a aprender, ya sea de la persona autista o de la familia, y vienen con sus propias ideas (a menudo erróneas) preconcebidas. Carecen de la capacidad, ya sea intuitiva o aprendida, de llegar hasta la persona. En muchos casos, se centran en la disciplina y en las consecuencias sin hacer la pregunta «por qué». Su objetivo es tener todo el control, y a menudo son insensibles —o minimizan su impacto— a los problemas sensoriales, a otras dificultades relacionadas con el autismo y sobre todo a su propio comportamiento al imponer sus propios objetivos.

«Oh», me metí en la conversación, «te refieres a la gente "que resta"». Jill y el público asintieron a sabiendas.

Mencionó que en no pocas ocasiones algún adulto entró en la vida de su hijo solo para causarle mayor estrés y ansiedad. Hizo una pausa, respiró hondo, se repuso y dijo: «Y *nunca* permitiré que eso vuelva a suceder». Esto provocó un torrente de comentarios; entre ellos, en la audiencia se describió a profesores y otros que prestan cuidados y que no entendían a sus hijos ni a sus familiares, a terapeutas que se quedaban atascados en un método que era insensible al estado emocional de la persona y a médicos que se centraban en los comportamientos, pero no en el conjunto de la persona.

Nunca olvidaré al padre de un adolescente mayor autista que habló en el retiro anual de fin de semana de padres con el que colaboro. Este padre empezó la conversación en una sesión sobre el tema de las relaciones entre padres y profesionales con esta audaz declaración: «Solo quiero decirles a todos ustedes que son padres de niños pequeños que no pueden confiar en los profesionales en lo más mínimo».

Ese tipo de sentimientos fuertes son el resultado de demasiados encuentros con profesionales «que restan», aquellos que parece que no conectan con una persona autista y que por lo tanto pierden (o nunca se ganan) la confianza de los padres o cuidadores. Es raro que los padres inicien el camino de la desconfianza hacia los profesionales; por lo general, están ansiosos de ayuda, desesperados por conocer gente con experiencia y perspectiva que les brinde apoyo. Lo que les hace desconfiados y estar hartos es que continuamente se encuentran con personas que se supone que les van a ayudar pero que en su lugar les hunden.

Entonces ¿qué factores marcan la diferencia? ¿Cuáles permiten que una persona realmente «lo consiga»? ¿Qué debe buscar un padre en un profesional o en un educador? ¿Qué se puede hacer para ayudar a un profesional con cualidades a integrarse en el grupo de «los que lo quieren»?

Ser una persona que «lo consigue» no es cuestión de tener una licenciatura concreta o un cierto número de años de formación o experiencia en la materia. He conocido individuos con un currículum impresionante y con credenciales fabulosas que sin embargo carecen de las cualidades humanas básicas que les permitan conectarse con niños o adultos autistas y sus familias. Muchos otros, como Paul, no tienen demasiada formación, pero entablan conexiones humanas reales, intuyen las necesidades de las personas a las que dan apoyo y les ayudan a tener un progreso significativo.

Según mi experiencia, aquellos que «lo consiguen» comparten una serie de rasgos y aptitudes de importancia. Entre los más importantes se encuentran:

- **La empatía.** Intentan comprender cómo entiende y experimenta el mundo una persona autista. En lugar de generalizar a partir de sus experiencias o de las de otras personas autistas u otras personas con discapacidades, prestan mucha atención al individuo, siempre interpretando y encontrando sentido a su comportamiento, y entonces responden de forma comprensiva.
- **El factor humano.** Perciben el comportamiento de la persona como un comportamiento *humano*, resistiendo la tentación de explicar cada conducta y reacción como una consecuencia del autismo. Ellos preguntan «¿por qué?». No solo etiquetan las resistencias de los niños como comportamientos «desobedientes» o «de llamada de atención»,

como si así se explicara por qué un niño duda, rechaza o reacciona de una manera específica. Es fácil decir que un niño tiene una «estereotipia» y llamarlo «comportamiento autista» sin hacer preguntas como: «¿por qué en este momento, y no en otros?, ¿podría serle este comportamiento de ayuda?». Una persona que «lo consigue» hace el esfuerzo adicional de explorar qué subyace al comportamiento y cuál es la experiencia de la persona en lugar de empezar con opiniones preconcebidas.

- **La sensibilidad.** Están en sintonía con el estado emocional de la persona, incluyendo señales a veces sutiles que indican variaciones en el grado de regulación y desregulación. Al igual que la mayoría de los seres humanos, las personas autistas suelen dar señales externas de sus emociones internas a través de sutilezas en el lenguaje corporal y la expresión facial. Una persona sensible que «lo consigue» se da cuenta de que cuando un niño evita de cierta manera su mirada o tensa su cuerpo está enviando una señal de que está molesto o se está agobiando; que cuando un niño balancea su cuerpo significa que se siente incómodo. La misma persona puede notar que cuando un niño que habla empieza a discutir o se niega a participar en una conversación, es probable que esa actitud sea una señal de que está desregulado.

- **El control compartido.** No sienten la necesidad de tener control sobre la persona autista. Demasiados educadores y terapeutas entienden su labor como el cumplimiento de una agenda o esquema para mantener a la persona autista dentro de unos límites de comportamiento. El objetivo es el cumplimiento. En su lugar, los padres y los profesionales deben *compartir el control* con la persona, ayudarle a empoderarse y, según la necesidad, proporcionar apoyo y orientación. Este enfoque es más respetuoso con el individuo, su autonomía y su yo. Asimismo, permitir que la persona autista tenga el control en diferentes situaciones y entornos genera más independencia, autosuficiencia y autodeterminación, los ingredientes necesarios para conseguir una fuerte sensación de propósito e identidad.

- **El humor.** No se toman las cosas demasiado en serio y no consideran el autismo como una tragedia. La vida puede estar llena de dificultades para las personas autistas y sus familias, y algunas veces los profesionales, educadores, familiares y otros solo empeoran las cosas al poner demasiado énfasis en lo negativo: parece que ven todas las dificultades a través de una lente trágica. Tanto para la persona autista como para la familia, resulta mucho más útil que quienes les rodean mantengan el sentido del humor (un sentido del humor respetuoso, para estar seguro) y una mirada positiva hacia las situaciones que la persona afronta o hacia lo que dice o hace. Siempre que sea apropiado, crear momentos más distendidos por medio del humor en una situación ayuda a disipar y aligerar el tono emocional incluso en circunstancias complicadas.

- **La confianza.** Se centran en forjar una relación positiva y crear confianza. Como en cualquier relación, la mejor manera de crear confianza es escuchar, intentar comprender la experiencia de la otra persona y considerar sus necesidades y sus deseos en lugar de imponer una agenda. A menudo los profesionales olvidan la importancia de crear confianza desde el principio y pasan el resto del tiempo que dura la relación tratando de conseguirlo. Por eso es esencial comenzar por escuchar y mostrar respeto a la persona autista e intentar hacer equipo con la familia en lugar de ir con ideas preconcebidas sobre lo que sería de más ayuda para la persona y su familia.

- **La flexibilidad.** Se adaptan a la situación en lugar de obstinarse en una agenda fija o un programa o planificación determinados que no se corresponden con la ayuda que la persona necesita. Con demasiada frecuencia los terapeutas prestan más atención al programa que tienen que seguir que a la persona a la cual se supone que están ayudando u orientando. Algunos enfoques establecen respuestas y resultados tan detallados que no dejan espacio para que el profesional (o incluso un padre) pueda percibir lo que la persona está sintiendo y entender qué subyace a esta reacción en la conducta. Cuando observo a los profesionales o al personal de apoyo durante el asesoramiento, puede que no esté de acuerdo —o no entienda— con una elección particular que la persona haya hecho al reaccionar ante una persona autista. Cuando planteo el asunto, la respuesta a menudo es: «Estoy de acuerdo con usted, pero estoy siguiendo un patrón de comportamiento». Un programa debe ser lo suficientemente flexible como para poder ser sensible con la persona. Es importante reconocer cuándo el plan A no funciona y entonces pasar al plan B. Es un error utilizar un solo método cuando puede que no sea apropiado para la persona. Cuando un profesional pide a los padres que implementen un plan de comportamiento que estos no consideran que sea respetuoso o de ayuda, la petición les puede causar mucho estrés. Esto es especialmente cierto cuando los cuidadores no se sienten escuchados y el plan los lleva a ignorar su intuición sobre lo que sería de más ayuda para su hijo o familiar. En definitiva, el resultado puede ser una pérdida de confianza en el profesional.

- **La voluntad de aprender de las personas autistas.** Las personas que «lo consiguen» valoran y buscan las enseñanzas y el conocimiento de las personas autistas. Las contribuciones y el conocimiento que han aportado las personas autistas han motivado los cambios más drásticos y positivos en los últimos años, y han ayudado a redefinir cuál es el verdadero progreso. Basándose en su experiencia de vida, las personas autistas han desmentido muchos mitos dañinos sobre el autismo y han proporcionado una valiosa orientación sobre los modos más efectivos y respetuosos de comprenderlas y ayudarlas.

El «factor» en acción

A pesar de que he estado trabajando en el ámbito del autismo durante cinco décadas, a menudo aprendo más de personas con poca formación académica, personas que simplemente «lo consiguen».

A veces las cosas más simples marcan la diferencia. Carlos, que era relativamente nuevo en su colegio, tuvo algunos arrebatos y colapsos de importancia en su clase de séptimo curso. Varios profesores informaron de lo agresivo e impredecible que podía ser, pero una persona del colegio estableció relación con él: la directora.

En calidad de orientador del distrito escolar, hice una visita a la directora para preguntarle cómo había podido sintonizar con Carlos. Explicó que después de un episodio en clase particularmente perturbador, sugirió al niño ir a su despacho. En lugar de regañarlo o castigarlo, probó otra cosa: compartió una naranja con él. El chico lo disfrutó tanto que ella le dijo que, si era capaz de acatar las reglas de clase y comportarse de manera adecuada, le volvería a invitar a su despacho. También observó a Carlos en su clase para que viera lo interesada que estaba con su progreso, y le hizo algunas sugerencias de utilidad a su joven profesora.

Eso se convirtió en una costumbre para los dos. Le pregunté cómo funcionaba.

«Es muy simple», dijo ella, «nos sentamos juntos, pelamos naranjas y disfrutamos comiéndolas». La directora entendió que a este chico en concreto no le iba a ayudar que otro adulto le dijera que se comportaba mal o que necesitaba tranquilizarse. Lo que necesitaba era tener un vínculo con una persona, un adulto digno de confianza con el que pudiera contar en el colegio. Con sus actos le comunicaba a Carlos que quería que tuviera éxito en el colegio, y que creía que era capaz.

A menudo la base de los vínculos estrechos —y del desarrollo— radica en pequeños rituales, como pelar naranjas. Las personas que «lo han conseguido» entienden que las relaciones importantes que las personas autistas establecen suelen parecerse bastante poco a las de otras personas. Denise Melucci es una artista experta que trabajó con Justin Canha cuando él era joven, un artista autista con talento (véase el capítulo 10). Justin mostró un talento incipiente como artista, y cuando sus padres le preguntaron a Denise si le iba a dar clases, ella estaba entusiasmada, aunque carecía de formación académica en autismo y nunca había trabajado con un niño autista.

Justin insistía en dibujar personajes de dibujos animados —Mickey Mouse, Homer Simpson, Bambi— y se resistía a las sugerencias de Denise de hacer otras cosas. Al ver su capacidad, quería que ampliase su repertorio y enseñarle que podía disfrutar y superarse haciendo también otros dibujos. Al principio Justin se negó en redondo.

¿Cómo le convenció para que fuera más allá de los dibujos animados? Ella maulló.

Denise sabía que la mayor pasión de Justin, además de los dibujos animados, eran los animales. Visitaba zoológicos a menudo y saludaba a los perros y a los gatos con entusiasmo. Con el fin de motivarlo, ella le ofreció un trato: cada vez que Justin se esforzara por hacer algo fuera de su repertorio de personajes de dibujos animados —un paisaje, por ejemplo, o una naturaleza muerta—, Denise maullaría como un gato. Para su sorpresa, funcionó. Su novedosa estrategia no solo motivó a Justin a explorar nuevas áreas de expresión artística, sino que también ayudó a que la experiencia fuera divertida y, lo más importante, creó las bases para una relación de confianza entre el alumno y el profesor.

Hacer un «maullido» parece una cosa simple, pero lo importante fue la voluntad de Denise de ser flexible y creativa al considerar qué podría motivar a su alumno. Otro profesor podría haber recurrido a una actitud exigente, dándole golosinas como refuerzo, o simplemente haber renunciado, pero ella lo vio como un reto y lo encaró con imaginación, basándose en los entusiasmos de Justin.

Joshua, un alumno de sexto curso, se benefició de una idea creativa parecida cuando a su profesora de gimnasia se le ocurrió una manera de motivarlo a participar en los ejercicios de la clase. La pasión de Joshua eran los presidentes de Estados Unidos. A una edad temprana había memorizado todos los presidentes en orden cronológico. Ahora pasaba largas horas en internet y entre libros, acumulando y memorizando hechos sobre distintos residentes de la Casa Blanca.

La solución creativa de la profesora: relacionó algunos ejercicios con los presidentes. Relacionó al presidente Lincoln, conocido por su altura, con los estiramientos. Relacionó a George Washington, asociado a la historia de que cortó un cerezo cuando era joven, con los balanceos del brazo. El presidente Obama jugó al baloncesto, por lo que lo relacionó con los saltos como si el niño estuviera tirando a canasta.

En vez de forzar el asunto, la profesora encontró una manera de motivar a Joshua siguiendo su inclinación e incorporando sus temas de interés. No era solo para Joshua; la clase entera participaba. Y la profesora a menudo dejaba que Joshua decidiera los ejercicios que la clase haría en un día determinado. Con creatividad, flexibilidad y prestando atención a lo que entusiasmaba a Joshua, la profesora logró múltiples objetivos: le motivó a hacer ejercicio físico, le involucró al darle voz en lo que hacía en clase y le conectó con sus compañeros.

Los profesores que se resisten a estas estrategias innovadoras no siempre lo hacen porque carezcan de impulsos creativos. A veces temen que la administración escolar no apoye métodos que difieran del contexto del curso normal. En la mayoría de los colegios, el director es el que establece el estilo y determina cuáles son las prioridades para todo el personal. Cuando hay un director del tipo «que lo consigue», puede lograr que el colegio sea totalmente diferente para los alumnos autistas.

Nina era una niña bonita y menuda de primer curso. A su madre le gustaba ponerle vestidos brillantes y floridos. En preescolar, Nina estaba en constante movimiento, y pasaba gran parte del día rodando por el suelo y gateando entre las mesas. En el primer curso había hecho grandes progresos, pero todavía tenía dificultades con el control de los impulsos y la conciencia de su cuerpo. Cuando sus compañeros de clase se sentaban en la alfombra para la reunión de la mañana y ella quería unirse, se lanzaba con su cuerpo en medio del grupo en lugar de sentarse como se esperaba.

Para ayudar a Nina a tener mejor control, uno de sus terapeutas le dio un pequeño cojín redondo de goma —un cojín colorido de unos treinta centímetros de diámetro— para ayudarla a saber dónde sentarse. Cuando los niños estaban sentados en la alfombra para una actividad, el profesor le designaba un lugar a Nina y colocaba el cojín ahí. Era una solución sencilla para ayudarla a controlar sus impulsos, organizar su movimiento y entender dónde debía ponerse.

Al igual que los compañeros de clase de Joshua querían unirse a la gimnasia «presidencial», todos los compañeros de clase de Nina querían cojines coloridos para ellos. Y el profesor les hizo caso, y le dio a cada niño un cojín con su propio color y número. Eso ayudó a normalizar lo que para Nina había sido útil. No era la única con un cojín: era una más entre los niños.

El problema surgió cuando la clase se trasladó a otra parte del colegio, en concreto a la sala de música. La profesora de música tenía su propia manera tradicional de «gestionar el comportamiento» en el aula y no estaba abierta a cambios. Cuando el terapeuta le explicó que en clase Nina se sentaba en su cojín de color, la profesora de música rechazó la idea, no quería dar a nadie un trato especial. La niña tenía que aprender a sentarse, dijo, a pesar de sus problemas con la conciencia corporal y el control de los impulsos.

Por supuesto, Nina tuvo dificultades para estarse quieta en la clase de música sin el apoyo adicional. Cuando los niños se sentaron en el suelo, se revolcó con torpeza tratando de llevar su cuerpo hasta el grupo creando un caos.

El asunto surgió en una reunión de varios educadores y terapeutas que trabajan para apoyar a Nina. Todo el mundo estuvo de acuerdo en que el cojín había ayudado y que fue la clave que le permitió a Nina controlar su cuerpo y entender dónde sentarse. Su grupo comentó que Nina también parecía orgullosa —mostrando una sonrisa radiante— cuando pudo sentarse como sus compañeros.

Finalmente, el director habló.

«¿Están convencidos de que esto funciona?», preguntó al grupo.

Todo el mundo estuvo de acuerdo en que sí.

Golpeó la mesa con el puño: «Si esto ayuda a Nina, entonces *todo el mundo* en el colegio lo tendrá en consideración y lo respetará».

Algunos en la mesa dudaban de que la profesora de música cooperara.

«No es su decisión», respondió el director, «es una decisión del colegio. Apoyamos a cada alumno en lo que necesita para que pueda progresar».

Este es el caso de un director que «lo consiguió», que entendió que es esencial ser creativo, receptivo y flexible en el apoyo a niños con diferentes capacidades. Cuando un director adopta esta postura, no solo ayuda a niños concretos como Nina, sino que consigue que los profesores y terapeutas que trabajan con estos niños se sientan valorados, apoyados y reconocidos. Los educadores que saben que cuentan con este tipo de apoyo poseen la motivación y la confianza para buscar las mejores soluciones con el fin de ayudar a sus alumnos, aunque parezcan poco ortodoxas.

Los directores y otros líderes que «lo consiguen» entienden que es su responsabilidad asegurarse de que las familias de niños con discapacidades se sientan acogidas. Interactúan de manera visible con los alumnos y sus familias, y cuando surgen problemas o dificultades, entienden que su labor consiste en ayudar a encontrar soluciones apropiadas y creativas. Estos líderes crean comunidades compasivas, comprensivas, y se ganan la lealtad y el respeto de su personal.

En algunos distritos escolares, en concreto en los más pequeños, el director de educación especial establece ese clima, a veces desde los inicios, en el camino de una familia. Stacy, directora de educación especial en Connecticut, se encargó de iniciar el contacto con las familias de su distrito con niños pequeños que estaban en programas de intervención temprana y que probablemente se inscribirían en los programas de educación especial de su distrito. Visitó a las familias en sus casas para escuchar sus preocupaciones y para informarles de cómo podían ayudarles en los colegios.

Algunos de los colegas de Stacy de otros distritos cuestionaban la sensatez de estas visitas a domicilio. Se preguntaban si, como directora del distrito, no era demasiada sobrecarga para ella visitar a cada nueva familia. Pero Stacy sabía que para estas familias el cambio de colegio genera mucha ansiedad, tanto para los alumnos como para los padres. También sabía que establecer relaciones de confianza con las familias era uno de sus cometidos más importantes. Que los padres se sientan acompañados desde el inicio de la experiencia educativa del niño sirve para que la relación sea mejor en los años siguientes.

Linda, directora de educación especial en otro distrito donde era orientadora, se enteró de que en su distrito había una familia con niñas gemelas que tenían cerca de tres años de edad, ambas del espectro autista. Con lo que aprendí de Stacy, le sugerí hacer una visita a las gemelas y a sus padres. En su casa, un remolque que estaba patas arriba, Linda y yo nos sentamos en el suelo y jugamos con las dos niñas mientras respondíamos a las preguntas de sus padres. A lo largo de noventa minutos, Linda contribuyó a que los padres se sintieran mejor. Prácticamente no conocían las dificultades del autismo y la ayuda que podían recibir en los colegios.

Cuando terminó la visita y nos fuimos, noté que Linda tenía una sonrisa en su cara y una lágrima en el ojo. «Ha estado muy bien», dijo, «estoy muy orgullosa de lo que hemos hecho». En esa breve visita transmitió un mensaje de acogida y apertura de su distrito a las familias que luchan con discapacidades y sembró las semillas de una relación de confianza con unos padres ansiosos y agobiados.

Los profesores y otros que «lo consiguen»

Los profesores y otras personas que prestan ayuda no tienen que especializarse en autismo o educación especial para entender las dificultades, las fortalezas y las necesidades de los alumnos autistas. Cuando visité un colegio de Virginia en calidad de orientador, observé la notable habilidad con la que un profesor de música integraba sin problema a tres alumnos autistas junto a sus veinte compañeros neurotípicos de clase.

Uno de ellos, un niño de ocho años, cantó una parte de la ópera *Aida* en italiano. El profesor explicó más tarde que el chico tenía oído absoluto y había demostrado la capacidad de memorizar casi cualquier pieza de música. Otro niño tocó el piano poniendo al resto de la clase a cantar una canción. Cuando el profesor utilizó una pizarra *smart* para mostrar un pentagrama musical animado como parte de una clase de lectura de música, los niños autistas estaban tan activamente involucrados, motivados y concentrados como cualquiera de sus compañeros de clase.

Cuando más tarde le pregunté al profesor sobre su método, me explicó que él siempre intenta encontrar los puntos fuertes y los talentos de cada alumno, incluyendo a aquellos dentro del espectro autista, y pide que los exhiban. «Estos niños tienen muchos problemas obvios», me dijo. «No hago mi trabajo a menos que me asegure de que todos los alumnos participan y conocen las habilidades de sus compañeros».

Otros educadores destacan al crear maneras innovadoras de implicar y motivar a los alumnos. En un colegio de secundaria en Cape Cod, una vez observé a un logopeda que estaba a cargo de un grupo de alumnos neurodivergentes mientras cocinaban galletas con trocitos de chocolate. Cuando los niños terminaron el trabajo y distribuyeron las galletas en platos, el terapeuta anunció con entusiasmo: «¡Bien, ahora es el momento para hacer el resto de nuestra actividad!».

Los niños se fueron juntos por los pasillos del colegio, llevando cada uno un plato de galletas. Por turnos, llamaban a la puerta de la sala de profesores y a varios despachos, y después saludaban a la persona que había ido hasta a la puerta y entablaban una conversación.

«¡Bienvenidos a nuestra clase! ¿Qué tipo de galletas habéis traído hoy?».

«Hemos hecho galletas con trocitos de chocolate».

«¿Cuántas hay?».

Claramente esto se había convertido en parte de la rutina del colegio, una oportunidad para participar de forma activa en la comunidad, involucrarse con los profesores y alumnos y compartir (¿y a quién no le gustan las galletas?).

Diane era una educadora que trabajaba con varios alumnos de secundaria para mejorar la lectura y las matemáticas en la práctica cotidiana. También intentó crear oportunidades para las relaciones sociales naturales, y para ello trabajó con sus alumnos en el establecimiento de un puesto en el colegio donde vender bocadillos y bebidas a alumnos y al personal del colegio.

Era una idea sencilla, pero atraía de manera mágica a otros alumnos al lugar donde los alumnos autistas pasaban gran parte de su tiempo. Diane no estableció un programa de relaciones basado en un estudio de habilidades sociales; en su lugar, la tienda proporcionó un espacio en el que los niños se relacionaban de manera natural y aprendían en el proceso. Incluso alumnos con grandes dificultades tenían la posibilidad de participar, y no se obligaba a los niños neurotípicos del colegio a establecer vínculos sociales artificiales con los alumnos de Diane; venían a por los refrigerios y se quedaban a los juegos de mesa. Su enfoque creativo ofreció oportunidades y ayudó a crear un sentido de comunidad para todos.

Entonces el profesor de gimnasia del instituto se fijó en Felipe, un alumno corpulento, entusiasta y enérgico, y le sugirió que sería una gran incorporación al equipo mixto de animadores de baloncesto. El entrenador que supervisaba a los animadores aceptó la propuesta, al igual que Felipe y su familia. En seguida Felipe se convirtió en unos de los favoritos del público y en un valioso miembro del equipo, ayudando a liderar las animaciones ante un gimnasio repleto con todo el apoyo de sus compañeros animadores. Compensaba su falta de coordinación con su sonrisa radiante y su entusiasmo: sabía que pertenecía al grupo. Afortunadamente, su escuela no se limitó a «hablar» de la inclusión, sino realmente «hizo el camino».

Lo que tienen en común estas situaciones es la importancia de crear oportunidades de inclusión, pero solo el primer paso. Como dice mi colega y amiga Shelly Christensen, debemos ir más allá de la inclusión para crear una sensación de pertenencia, de tal modo que la persona se sienta valorada como un miembro de la comunidad.

La gente que resta

Tanto un educador como un terapeuta que «lo consiguen» pueden marcar una diferencia positiva para un alumno y una comunidad. Tener a alguien de la categoría «que resta» puede crear una situación aún más difícil, ya sea esta persona un profesor, un terapeuta, un vecino o el cajero de la farmacia local. Lamentablemente, he visto demasiados gerentes escolares, profesores y terapeutas cuya ignorancia, terquedad e inflexibilidad crean más problemas de los que solucionan.

Tienen la mentalidad «lista de deficiencias»

Algunos profesionales y personal de ayuda ven a las personas solamente como la suma de sus dificultades, y optan por lo que en 1983 denominé por primera vez método «lista de deficiencias». En su lugar, es fundamental adoptar un enfoque más sensible y valioso del desarrollo, comprendiendo las fortalezas y necesidades de cada persona a medida que crecen y evolucionan a lo largo de las distintas etapas. Cuando los objetivos y las labores se centran sobre todo en una lista de «problemas de comportamiento» y en lo que la persona no puede hacer, se equivocan al hacer hincapié en algunas ideas «normativas» sobre cómo deberían comportarse y aprender las personas, en lugar de ofrecer un cuadro completo de la persona en cuestión. Lo que se pierde o descuida es una comprensión valiosa de la persona única, individual.

En la mayoría de los casos, los padres y los cuidadores conocen a su hijo o familiar mejor que nadie. Y como diagnosticar el autismo y evaluar lo que una persona necesita es un proceso de colaboración, es esencial que madres y padres —y otras personas que conocen bien al niño— estén incluidos. Los profesionales deben hacer saber a los padres que sus observaciones son válidas, dignas de respeto e importantes. En lugar de hacer un veredicto, el profesional debería recurrir a los padres y otros cuidadores para que estos corroboren (o corrijan) sus observaciones y sus conclusiones, y llegar a un consenso en colaboración.

Ahora se reconoce que mucha gente que está dentro del espectro no está bien diagnosticada desde la adolescencia o la edad adulta o está mal diagnosticada con otra enfermedad. En los casos de un diagnóstico tardío, estas personas deberían tener un papel activo en el diagnóstico y en el proceso de ayuda. Muchos se autodiagnostican y después se autoderivan para obtener un diagnóstico preciso. Y al igual que con el diagnóstico temprano, el énfasis debería basarse en sus fortalezas y en lo que ha funcionado y funciona bien para esa persona, y no solo en sus dificultades.

El error más común que muchos profesionales cometen en el diagnóstico, especialmente en el caso de los niños y de esos cuidadores que son completamente «nuevos en todo», es poner una etiqueta y hacer un diagnóstico basado en lo negativo, sin más. Es a la vez irresponsable e insensible. Los profesionales también deberían buscar los puntos fuertes, especialmente aquellos que puedan ser importantes para el futuro del niño o del adulto. Eso ayuda a que los padres y otras personas significativas entiendan que el diagnóstico es solo una etapa más de un largo viaje. Tener un diagnóstico a menudo es útil y, en mi opinión, esencial, ya que ayuda a evitar la incertidumbre y la confusión de los padres y los cuidadores respecto a sus hijos. En los diagnósticos tardíos de adolescentes y adultos puede ayudar que comprendan las dificultades que les han causado mucho estrés a lo largo de los años y finalmente ponerlos en contacto con la creciente comunidad de personas autistas que se ha convertido en una fuente esencial de apoyo (véase el capítulo 11 para más información sobre la divulgación). La pregunta crucial no es saber cuál es la etiqueta de la persona, sino más bien: desde aquí, ¿hacia dónde vamos?, ¿cuál es la mejor ayuda para asegurar el mejor futuro posible a la persona? Y, en el caso de personas de más edad, deberíamos siempre preguntar: ¿qué es lo que ya ha sido de ayuda?

Cuando los padres reciben un diagnóstico de sus niños pequeños, suelen hacer otra pregunta: ¿cuál es el pronóstico a largo plazo? La respuesta: lo más importante no es dónde está su hijo ahora; lo más importante es *cómo evoluciona* el niño a lo largo del tiempo. En otras palabras, el progreso del niño nos hablará de su potencial. Nuestro trabajo y nuestra obligación consisten en que se den los apoyos correctos y que las personas sean las adecuadas. A pesar de los miedos que algunos profesionales inculcan, no hay límite en el potencial de una persona. Para todas las personas —incluidas las personas autistas—, el desarrollo es un proceso que dura toda la vida.

Prestan más atención al programa que al niño

Los padres de un niño de preescolar que conocí en el pasado años más tarde me pidieron que visitara el colegio privado de autismo donde su hijo, de doce años, acababa de matricularse en secundaria. Alex era un chico delgado y desgarbado que no hablaba debido a un grave trastorno motor del habla; consciente e inteligente, era incapaz de coordinar y secuenciar la motricidad fina para poder tener un habla inteligible. También tenía una sensibilidad sensorial extrema y ciertos ruidos eran una tortura para él. Con el tiempo se volvió autolesivo y tenía que usar un casco para protegerse.

En un momento dado, un gerente le dijo a Alex que era la hora de ir de su clase de gimnasia. Vi en el rostro del niño una expresión de miedo y nerviosismo. El profesor mencionó que Alex a menudo tenía dificultades con las habitaciones excesivamente ruidosas y abarrotadas, como el gimnasio, pero el director, un joven fuerte y decidido, fue insistente.

«No tiene elección», dijo, y a continuación tomó a Alex bajo sus brazos y lo arrastró por las escaleras mientras yo les seguía de cerca. Hacía seis años que había visto a Alex, pero él me miró con una súplica en los ojos, y luego estiró el brazo y agarró mi camisa, pidiéndome ayuda. El director lo arrastró todo el camino hasta el gimnasio, donde lo arrojó sobre la alfombra, como para mostrarle quién mandaba. «Así actuamos con la desobediencia», dijo. Alex estaba estupefacto, aunque no había sufrido daño físico. Esto ocurrió de repente, y yo, como visitante e invitado, me sentí impotente para intervenir, pero se me rompió el corazón y supe que tenía que actuar.

Informé a sus padres y a otro encargado de los abusos que había observado. Hasta el día de hoy me persiguen situaciones como esta, que avivan mi pasión por el cambio. Es difícil entender cómo puede ayudar en algo forzar a un niño a una situación que con total seguridad le va a causar dolor físico y emocional. Por desgracia, este no fue un incidente aislado, sino el resultado extremo de un método basado en controlar al niño. El educador estaba ciego ante el chico que tenía delante y el daño que le estaba haciendo.

Ponen la atención en la reputación del niño, no en su potencial

Cuando los alumnos cambian de colegio, los profesores y los terapeutas se familiarizan con sus historias y averiguan qué dificultades tuvieron con anterioridad. El problema surge cuando hacen suposiciones sobre el presente basándose en el pasado y, en algunos casos, se forman una idea errónea de la persona.

Una chica que conocí arremetía contra los terapeutas cuando estaba nerviosa. Observé que incluso los terapeutas más nuevos tendían a estar en guardia con ella, *esperando* una actitud agresiva. El profesor de apoyo que más pudo ayudarla fue el que hizo menos caso a lo que había escuchado sobre ella, la trató con respeto, le prestó mucha atención y esperó lo mejor de ella.

David Luterman, uno de mis mentores, dice que la gente se atiene a las expectativas. La gente a menudo viene con una mochila: una etiqueta, un historial sobre un determinado comportamiento, una reputación. Aunque familiarizarse con la historia puede ser útil, no debe ser un obstáculo para emprender un rumbo nuevo, más positivo al estar más abierto al potencial de crecimiento y desarrollo de una persona.

Tratan de controlar en vez de ayudar

Lo que se espera de un profesor de apoyo o asistente es que tenga una buena formación y sea sensible a las necesidades del niño: que dé apoyo, orientación y ayuda cuando sea necesario y mantenga la distancia cuando sea lo más apropiado. Aunque muchos asistentes hacen bien su labor, en especial cuando forman parte de un equipo de trabajo, a veces el problema proviene de un profesor de apoyo que carece de la formación adecuada. Allen tenía una profesora de apoyo que se movía a pocos centímetros de su rostro, lo que él sentía como una agresión física. Ocurría con tanta frecuencia que su mera proximidad se convirtió en un factor desregulador. A medida que pasó el tiempo, Allen se volvió cada vez más inquieto —sobre todo debido al comportamiento de la profesora de apoyo.

Parte del personal docente que trabaja con personas autistas tiene el concepto equivocado de que, para ser eficaz, lo mejor es estar encima de la cara de la persona, o utilizar un método práctico demasiado físico, incluso para darle apoyo positivo. Pero para un niño o un adulto autista que tiene ansiedad social y problemas sensoriales, eso puede ser aterrador e intimidante. También puede impedir el progreso. La persona autista no puede descifrar las intenciones sociales, así que, en lugar de percibir a una persona útil y enérgica, solo ven a alguien que se pone tan cerca que asusta.

Esta profesora también cometía con frecuencia el error de imponer su agenda al niño. En vez de leer sus señales, ella ponía todas sus energías en decirle qué hacer, costara lo que costara. Ese método es irrespetuoso y a menudo provoca resistencia y ansiedad.

Son insensibles a los sueños y deseos de los padres

Se estaba preparando una reunión del Programa de Educación Personalizada (IEP) sobre Josh, un alumno de séptimo curso al que hice seguimiento durante varios años. Aunque era inteligente y se comunicaba bien, por regla general los profesores y terapeutas que estaban con él tenían claro que en lo académico se estaba quedando atrás y tenía muchas dificultades. Había estado integrado en una clase junto a compañeros neurotípicos, y todo el mundo tenía la opinión de que ya era hora de que adquiriera capacidades más funcionales en vez de estar luchando por mantenerse al nivel de su curso en las materias académicas. Sin embargo, yo sabía que para Gloria, su madre, el rendimiento académico era importante, por lo que le iba a ser difícil escuchar la recomendación de los educadores de que el niño dejara el programa académico.

Cuando me reuní con la directora que iba a dirigir la reunión de Josh del IEP, planteé esta preocupación y le sugerí que abordara primero el tema con Gloria en una reunión privada mejor que en la reunión grupal. «Esta mujer está en un momento delicado y se lo tomará como un signo de fracaso», dije. Pero la directora, que se enorgullecía de estar haciendo una intervención eficiente, me aseguró que saldría bien.

Cuando llegó el día, observé a lo largo de la mesa cómo un miembro del equipo tras otro informaba sobre el limitado progreso académico de Josh y sugerían un cambio en el programa hacia un enfoque más funcional de habilidades para la vida. Con cada informe, la expresión de esperanza de Gloria se iba transformando en desaliento. Cuando habló la cuarta persona, había un ambiente pesado en la habitación, y Gloria estalló en lágrimas y se marchó.

La directora dio prioridad a la eficiencia y al procedimiento de intervención ordinario en vez de a la sensibilidad de la madre y lo que esta necesitaba oír: que el equipo no se iba a rendir con su hijo, que solo querían adoptar un programa más adecuado. El resultado fue que no solo cogió a Gloria desprevenida, sino que con esta intervención perdió su confianza porque no se tuvo en cuenta en qué momento del proceso estaba ella y claramente no se la respetó como madre, como una colaboradora a la hora de tomar decisiones sobre el programa de su hijo.

Por las características de su trabajo, los profesores y otros profesionales del autismo tratan con muchas familias a la vez. Pero necesitan tratar a cada niño, y a cada familia, como seres únicos e importantes. Ser sensible a las necesidades, deseos y sueños de cada niño y de cada padre es esencial para crear confianza, trabajar en colaboración y atender lo mejor posible los intereses de todos.

La importancia de conocer nuestro cometido

Uno de los ingredientes clave de «conseguirlo» es la humildad. La primera vez que enseñé en un curso universitario sobre autismo, en 1979, uno de mis conferenciantes invitado fue Terry Shepherd, entonces profesor en la Universidad de Southern Illinois, y padre de un hijo autista. Les dijo a mis alumnos que la vida con su hijo era como vivir en un tiovivo, cada año un giro. «Por favor, entiendan que van a subirse al tiovivo con diferentes familias», dijo. «Podrían estar en el tiovivo con mi familia durante uno o dos años antes de bajarse. Pero, por favor, entiendan: nosotros *vivimos* en este tiovivo».

Escucho ese sentimiento una y otra vez cuando pregunto a padres de niños o adultos autistas qué cualidades buscan en las personas que trabajan con su familiar autista. Tal vez la respuesta más elocuente vino de la madre de un joven que tenía entonces veinte años. «La gente que más valoramos son los que nunca nos juzgan», dijo, «sino que se unen a nosotros en el camino».

Nada puede resumir mejor lo que significa «conseguirlo».

CAPÍTULO 8

SABIDURÍA DESDE EL GRUPO

Un fin de semana al año me reúno con un grupo de amigos y conocidos, viejos y nuevos, y me empapo de sabiduría.

El ritual comenzó hace más de dos décadas. Mi esposa Elaine y yo estábamos de vacaciones, caminando por el Olympic National Park, y empezamos a hablar sobre el valor de lo que estábamos haciendo: disfrutar de la naturaleza y escapar del estrés de la vida cotidiana. Reflexionamos sobre que la mayoría de los padres que cuidan a niños autistas tienen pocas ocasiones para escapar de las constantes obligaciones de la vida diaria. Así que pensamos en cómo podríamos ofrecerles esa oportunidad.

El resultado fue un retiro que creamos en colaboración con Community Autism Resources, una organización fundada y dirigida por padres en Nueva Inglaterra que ayuda a familias de niños y adultos autistas. Un fin de semana al año, unos sesenta padres se reúnen en un centro de retiro en Nueva Inglaterra para alejarse de las presiones del hogar y relacionarse con otras personas que han vivido la experiencia del autismo —criando y cuidando a algún familiar autista—. Juntos comparten sus historias —alegres, graciosas, frustrantes, angustiosas— en un lugar donde mamás y papás compasivos u otros familiares que comparten experiencias similares acuden para escuchar y comprender.

De todos los lugares en los que he estado a lo largo de mi trayectoria —talleres en St. Croix, Singapur o Sídney, clases en todo el país, salas de estar, patios de recreo y hospitales—, aquí es donde he aprendido más. Todos los años me conmuevo hasta las lágrimas en la despedida del grupo, cuando los participantes —recién llegados, veteranos, padres de niños en edad preescolar, padres de adultos en la treintena— se reúnen para reflexionar sobre los últimos dos días y el año anterior y empiezan a considerar qué es lo que esperan para el año siguiente. No hay normas, y cada padre tiene la oportunidad de compartir cualquier cosa que sienta que quiera comunicar. Solo pedimos que sean abiertos, sinceros y que escuchen. Algunos padres desnudan su alma, muchos expresan su amor y gratitud hacia sus parejas e hijos, y otros reflexionan con profundidad sobre los mensajes que otras personas han compartido.

En este grupo escuché a un padre de fe musulmana decirme que todas las noches observa a su hijo autista dormido y ve la cara de Dios. En el retiro, una madre llamó a su hijo, que entonces tenía veinte años, «el mejor ser humano que conozco», y con lágrimas en los ojos compartió su frustración por que en el trabajo no le dieran una oportunidad justa. Aquí escuché la desesperación de un padre por no encontrar un colegio apropiado para su hijo, y reírse entre dientes por el hábito de este de acercarse a cada mujer joven con pelo largo rubio en el colegio y decirle que se parece a Britney Spears. Una madre negra compartió que, aunque otras personas puedan pensar que su familia —un marido ciego y dos hijas, una ciega y la otra autista— es rara, especialmente sus tres vecinos blancos, ella sabe que son realmente «geniales» y que todos los padres que tienen niños autistas deberían saber que ellos también son geniales, porque realmente lo son.

Aquellas personas que crían o cuidan a un niño autista o comparten sus vidas con una pareja autista pueden reunir información, consejo y fuerza de una variedad de fuentes: terapeutas, médicos, educadores, libros y sitios web. Según mi experiencia, sin embargo, el saber más valioso, útil y fortalecedor a menudo viene de otros madres y padres que ya han pasado por eso. A lo largo de los años, estos padres y familiares autistas han sido mis mejores maestros, y sus mensajes continúan conformando mi trabajo y mi comprensión de la experiencia autista.

Los padres, los familiares y los cuidadores son los expertos

Es natural que, en la búsqueda del mejor modo para ayudar a un niño o familiar del espectro, uno se sienta abrumado, confundido e incluso con temor. Para muchos padres, su instinto es confiar en el saber de otras personas que parecen más cualificadas y con más conocimiento. El consejo que he escuchado a padres de niños mayores y adultos es el siguiente: los expertos pueden saber más sobre el autismo, pero usted es el experto en su propio hijo o familiar.

Nadie tiene la perspectiva, la sensibilidad o la capacidad de percibir los matices del comportamiento de un niño o personas de más edad que tiene un padre o un familiar. Nadie sabe qué puede significar una expresión facial sutil, un grito, una queja o una risa como lo puede saber un padre o una madre. Un padre sabe cuándo su hija necesita descansar, cuándo un hijo puede estar predispuesto a relacionarse. Un padre me contó lo mucho que le gustaba leer cuentos a su hijo a la hora de acostarse, una hora en la que podía «profundizar». Un hermano sabe la mejor manera de implicar en el juego a su hermano o hermana. Los padres y otros familiares son los que perciben los avances y los hitos que incluso los llamados expertos pueden pasar por alto por el simple hecho de que no están tan sintonizados con la persona. De ellos he escuchado una y otra vez: «Me dijeron que mi hijo nunca hablaría, tendría amigos, conseguiría un trabajo, conduciría, iría a la universidad o viviría independiente, pero mi hijo (o hija) demostró de nuevo que estaban equivocados».

Por supuesto, algunos padres y hermanos tienen dificultades significativas. Todos los padres apuntan a ser el mejor apoyo, los cuidadores más comprensivos y la mayor ayuda para sus hijos o familiares del espectro. Pero a menudo las circunstancias lo ponen difícil. Cuando los padres tienen dificultades económicas, médicas o de salud mental, se enfrentan a obstáculos significativos en la crianza de los niños o en el cuidado de algún familiar —más aún cuando la persona autista tiene problemas serios—. Un hermano o hermana, debido a sus propias dificultades de desarrollo, podrían pasar por fases de resentimiento al tener un hermano del espectro, quizás provocado por ocasiones en las que la conducta de su hermana o hermano puede avergonzarles en la escuela, o por sentirse excluidos al recibir demasiada atención su familiar autista.

Cuando los padres y familiares se ocupan, tienen la capacidad y cuentan con una buena ayuda, todo cambia. Los investigadores que estudian el desarrollo infantil se plantean esta cuestión desde distintas ópticas: la manera de criar a los niños varía de forma dramática de una cultura a otra; ¿cómo crían los padres y las familias en *todas* estas culturas a los niños que son sanos emocionalmente? En un país desarrollado, una madre que no trabaje puede pasar horas relacionándose personalmente con un bebé o un niño pequeño, mientras que en un país en desarrollo la madre puede pasar la mitad del día trabajando en el campo con su hijo a la espalda. Lo que ambas madres ofrecen es un cuidado sensible. Ya esté la madre sentada en el suelo lleno de juguetes o en el campo, cuando su hijo llora o se queja, responde y calma al niño. Cuando el niño está más despierto y mejor dispuesto, los padres aprovechan la oportunidad para enseñarles y relacionarse. En muchas familias y en todas las culturas, hermanos, abuelos y otros cuidadores colman la necesidad de un cuidado sensible, ya sea a tiempo parcial o completo. El mejor pronóstico para que un niño tenga salud emocional es que los cuidadores tengan mucha sensibilidad.

El autismo puede añadir dificultad a este escenario, ya que para un padre o cuidador puede ser más complicado atender las necesidades del niño cuando las señales son difíciles de interpretar. Pero los padres y los cuidadores que pertenecen a la familia aprenden, se adaptan y están mucho más capacitados que cualquier otra persona para comunicarse con sus hijos o familiares y conocer su estado de regulación. Los profesionales pueden ofrecer comprensión, apoyo, recursos y orientación, pero esto no reemplaza ni es más importante que las percepciones de un padre o cuidador atento, ya tenga el niño tres o treinta años, y ya sea un padre novel en el autismo o tenga décadas de experiencia.

Natalie era una de esas madres, con un agudo sentido de las capacidades y dificultades de su hijo Keith. Cuando conocí a Keith, tenía cinco años y no hablaba. Además del autismo, padecía enfermedades concurrentes: un trastorno convulsivo, y también tenía graves alergias alimentarias y problemas gastrointestinales. Keith, con la piel enrojecida y una actitud tensa, a menudo parecía tener bastante dolor. Como sus problemas médicos se abordaron con cierto éxito, comenzó a hablar y progresó a nivel social, sintiéndose en cierta medida a gusto y con estabilidad en su colegio de primaria.

En el último año de colegio de primaria de Keith, su madre buscó mi ayuda. Ocurrió muchos meses antes de que Keith se trasladara al colegio de secundaria, pero Natalie me confió que ya estaba tan preocupada por la perspectiva del cambio que estaba perdiendo el sueño. Ella y su marido sentían que para el niño sería mejor quedarse en el colegio de primaria un año más en lugar de continuar con sus compañeros de clase. Pensaban que la familiaridad y la estabilidad le beneficiaban, y valoraban que sus profesores actuales conocían bien a Keith y su complejo historial médico, podían entender sus señales y estaban en la mejor posición para darle el apoyo que necesitaba. Natalie entendía la política del distrito según la cual los alumnos cambiaban de colegio a determinada edad, pero su fuerte instinto maternal le decía que para su hijo era mejor esperar. A lo largo de muchos años, su progreso había sido lento debido a la gravedad de su discapacidad —sobre todo por sus problemas médicos—, pero en los últimos dos años había tenido importantes avances. ¿Por qué correr el riesgo de que retrocediera?

Yo confié en su corazonada, y acepté defender su postura en mi papel de orientador del distrito. Era algo muy excepcional retener a los alumnos, y Keith no cumplía con todos los requisitos, así que sugerí que en este caso los educadores no prestasen atención a las normas, sino al niño y a sus padres. «Estos padres conocen a su hijo», dije, «están dedicados a él y a su éxito en el colegio, y saben lo que es correcto».

Al final, el director de educación especial y el director del colegio estuvieron de acuerdo y dejaron que Keith se quedara un año más en el colegio de primaria. Al año siguiente, el cambio al colegio de secundaria fue un éxito. El distrito también se ganó la confianza y el aprecio de un par de padres, agradecidos de que sus intuiciones se tuvieran en cuenta y se respetaran.

Confiar en la intuición, seguir el instinto

Casi todas las semanas tengo un diálogo de este tipo: una madre o un padre me pide consejo sobre una actividad particular, una terapia o algún enfoque que tiene que ver con sus hijos. Cuando transmito a los padres que es probable que su intuición sea correcta, la respuesta frecuente que se repite es: «Es lo que pensaba, pero el terapeuta (o doctor o profesor) no estaba de acuerdo».

Confíe en su intuición.

David y Susan tenían dos hijos adolescentes, ambos sin lenguaje oral y autistas. Aunque vivían en una parte hermosa de Nueva Inglaterra, no disfrutaron del aire libre hasta que sus hijos fueron diagnosticados. En un parque nacional hicieron una caminata de un kilómetro y medio con la familia y descubrieron que los chicos, además de disfrutar de la actividad, se calmaron y regularon. Cuando sus hijos estaban al principio de la adolescencia, David y Susan idearon un plan para afrontar la dura caminata de catorce kilómetros hasta Franconia Notch, el famoso paso de montaña de New Hampshire.

Cuando la terapeuta ocupacional de los chicos escuchó el plan, lo desaconsejó advirtiendo de que los dos carecían de preparación física y resistencia para hacer la caminata. Además de eso, los niños, al igual que muchos niños y adolescentes autistas, tenían tendencia a distraerse.

Al final, sin embargo, David y Susan no compartieron las preocupaciones de la terapeuta y realizaron la excursión. No solo los muchachos superaron las dificultades de la caminata, sino que progresaron disfrutando del aire libre, de la experiencia e incluso del reto físico.

Susan contaba que había escuchado tanto sobre las limitaciones de sus hijos que rara vez tenía en cuenta su potencial. En cambio, al seguir su intuición, se abrió un mundo nuevo de posibilidades para los niños y toda la familia. Durante años, Susan guardaba una fotografía de Franconia Notch cerca de su escritorio como recordatorio de la satisfacción del viaje con sus hijos. «Es mi propio recordatorio visual», dijo, «de que un buen día cumplimos un objetivo que yo siempre había deseado no solo a pesar del autismo, sino gracias a él». Ahora, con los chicos ya más mayores, la familia consigue cada año nuevos objetivos a medida que se enfrentan a nuevas metas en la escalada de cimas a lo largo de New England.

Buscar una agrupación

Cuando los padres descubren que un niño es del espectro autista, es natural que se sientan solos y aislados. Sus círculos sociales cambian. Los vecinos, los amigos e incluso los familiares a veces se distancian, en muchos casos porque no saben qué decir o cómo relacionarse con la persona autista. Están incómodos; no pueden relacionarse; sus propios hijos están en caminos diferentes, trayectorias distintas, y se alejan. Incluso aquellas personas cercanas a la familia que quieren ayudar puede que no sepan cómo. Los padres a menudo describen este cambio: las personas que anteriormente habían estado en sus vidas, incluso aquellas con una implicación emocional, no saben qué decir o hacer ante esta nueva realidad. Estos cambios pueden ser dolorosos y desorientar a los padres, que ya están lidiando con las dificultades y la incertidumbre que conlleva el diagnóstico del niño.

Es esencial que estas familias se relacionen con otras personas, encuentren una agrupación en la que se les comprenda, acepte y sean bien recibidos, donde puedan sentirse cómodos y no tengan que dar explicaciones. Las agrupaciones pueden adoptar muchas formas: grupos de parientes; grupos de apoyo escolar; iglesias, sinagogas o mezquitas; grupos informales de amigos. He aprendido la importancia de relacionarse con otros padres y otras familias en los grupos que se forman cada año en nuestro retiro de padres. Lo volví a experimentar cuando con miembros de mi templo y un rabino extraordinario celebramos un *sabbat* especial para las familias de niños que se sentían agobiados en la capilla principal. Después de todo, ¿el lugar de culto no debería ser un espacio de bienvenida donde encontrar un ambiente comprensivo, así como actitudes de aceptación y sin prejuicios hacia los niños y los adultos que parecen distintos o se comportan de otra manera? (véase el epílogo para la discusión sobre encontrar una agrupación).

Cuando los padres y los cuidadores comparten historias y tiempo con otros padres que han vivido obstáculos y logros similares, que han luchado para ayudar a sus seres queridos autistas, forman un vínculo casi inmediato. Lo que anteriormente había sido doloroso —el berrinche de un niño, la situación pública embarazosa de un adulto— se convierte en motivo de comentario e incluso de risa y liberación. Lo que fue motivo de aislamiento

—decepciones con los colegios, los amigos o los empleados— se convierte en la base para conectar y compartir experiencias con los demás. Los recién llegados a nuestro retiro a menudo me dicen que ni siquiera se habían dado cuenta de cuánto habían echado de menos esta conexión vital hasta que la encontraron en el retiro. Los padres en particular se benefician al oír a otros padres expresar las mismas emociones que ellos sienten pero rara vez comparten. Los padres y madres que van siempre al retiro dicen que se sienten mucho más conectados con los padres que están allí, a quienes ven solo una vez al año, que con personas a las que tratan en su día a día.

Dicho esto, es importante encontrar la agrupación adecuada. A veces hay padres sometidos a un gran estrés que quieren desahogarse y ser escuchados, pero no buscan ayuda. Y es importante recordar que los niños autistas pertenecen a un amplio espectro de edades y capacidades, por lo que la experiencia de una familia puede que no se parezca mucho a la de otra. Cuando hay una buena concordancia, la mejor agrupación es aquella en la que hay compañerismo, comprensión sin juicios y apoyo sin críticas innecesarias.

Ver el vaso medio lleno

También es esencial buscar a aquellas personas que persiguen y encuentran lo positivo a lo largo del camino. Como dijo un padre en nuestro retiro: «Hemos aprendido a evitar el pesimismo de la gente». Contó que él y su esposa sintieron la necesidad de conexión y comprensión, por lo que se unieron a un grupo local de apoyo para padres de niños con trastornos del espectro autista. «Todo lo que escuchamos en esa primera reunión trataba sobre el estrés que todos tenían, sus conflictos en los colegios, lo que sus hijos no podían hacer y la terapia que necesitaban», dijo. Habían ido en busca de ayuda, pero la sesión les había dejado una oscura sensación de desesperanza.

Una madre explicó el problema de esta manera: «Conocemos las dificultades veinticuatro/siete. Queremos escuchar algunos de los aspectos positivos. Queremos que la gente lo celebre con nosotros».

Eso no significa ser exageradamente optimista o evitar la verdad. Significa rodearse de personas que puedan ver —y ayudar a ver— la belleza, la maravilla y el potencial de su hijo o familiar.

Todos los padres afrontan el mismo tipo de dificultades en sus encuentros con los profesionales. Algunos médicos y terapeutas se sienten obligados a explicar cuál puede ser el diagnóstico en el peor de los casos o los pronósticos más pesimistas: lo que el niño nunca hará ni logrará. Algunos profesores solo informan de las dificultades y problemas de un niño sin tener en cuenta el progreso y los logros inesperados, aunque parezcan insignificantes. Esto no solo marca de manera negativa al niño; también puede influir en la percepción que los padres tienen de sus hijos y destrozar sus esperanzas de futuro. Cuando escucho la negatividad de algunos profesionales, me acuerdo de la canción de Paul Simon «Tenderness»: «No, no tienes que mentirme. Solo dame un poco de ternura desde tu bondad».

Padres que son veteranos en el camino del autismo lo han expresado de esta manera: muchos factores de su hijo o familiar y de su discapacidad están fuera de su control. Pero usted puede controlar lo que elige: con quién van a pasar el tiempo usted y su familia, qué profesionales escogen, de quién escuchan consejos. ¿Por qué no elegir a personas que son capaces de ver el vaso medio lleno y que te ofrecen ternura con la mayor sinceridad?

Tener fe

Una vez escuché cómo María Teresa Canha, madre de Justin, un artista con talento, cautivaba a un grupo de padres con la historia de su familia en la conferencia de recaudación de fondos para nuestro retiro de padres. Después, la audiencia la acribilló a preguntas prácticas: ¿cómo encontró un profesor de artes plásticas para su hijo?, ¿cómo aprendió Justin a cuidar de sí mismo?, ¿cómo aprendió las habilidades sociales que se requieren para las entrevistas de trabajo?, ¿cómo pudo Justin irse de casa y vivir en su propio apartamento? Luego, una madre de la primera fila levantó la mano y preguntó cómo pudieron los Canha enviar en transporte público a su hijo desde su casa en Nueva Jersey hasta su trabajo en la ciudad de Nueva York y que al final viviera en su propio apartamento: «¿Cómo se sobrepuso al miedo?».

María Teresa no dudó en responder. «Tengo fe en Dios», dijo, «y tengo fe en Justin». Su confianza contribuyó a que ahora Justin fuera capaz de vivir por su cuenta (con su gato): un objetivo que ella y ellos habían establecido para él cuando era un adolescente.

Los padres expresan con frecuencia la importancia de tener estos dos tipos de fe: en su hijo o familiar y en algo más grande que ellos. Es cierto que, como profesional joven, le daba menos importancia al papel de la fe, en especial a la vinculada a las religiones organizadas, y ponía más confianza en la ciencia y en la investigación, probablemente debido a mi propia incomodidad. Pero con el tiempo, y en cientos de encuentros con familias de todo tipo, he visto de primera mano lo importante que puede ser tener un sentimiento de fe para las familias que lidian con las dificultades que presenta el autismo y con los sistemas que supuestamente están para ayudar a las personas autistas y a sus familias.

En una reunión del colegio sobre el caso de un niño de cinco años, su madre se maravilló del progreso que había logrado. Hasta los cuatro años no pudo hablar; después, tras un trabajo considerable con terapeutas, empezó a comunicarse con la ayuda de un teclado y, más tarde, con un iPad con una aplicación de conversión de texto a voz. En poco tiempo esto devino en el comienzo del discurso propio. La madre estaba encantada. Se había cuestionado si su hijo sería alguna vez capaz de desarrollar el habla para comunicarse, por lo que estaba feliz de que esta habilidad hubiera surgido de manera tan rápida.

«Bueno», le dije, «su hijo ha trabajado muy duro».

La madre sonrió y alabó a los profesores y a los terapeutas que habían trabajado con su hijo. Luego me dijo que todas las noches rezaba por él. «Esto lo veo como un esfuerzo conjunto de equipo», dijo, «entre Dios, mi hijo y el personal del colegio».

La fe puede adoptar muchas formas. Los padres luchan por tener fe espiritual y fe en sus hijos, pero también tienen fe en los médicos, los terapeutas, los profesores, los distritos escolares, los organismos comunitarios y los empleados. ¿Comprenden a mi hija? ¿Piensan en lo mejor para mi hijo? ¿Pueden ver lo inteligente y especial que es? Eso no siempre es fácil, y la fe de algunos se tambalea de forma cotidiana. Pero los padres que conozco que mejor se manejan son aquellos que encuentran una manera de tener fe y confianza y seguir avanzando.

Muchos padres sienten que un poder superior colabora en la crianza de su niño. Esto procura consuelo, un sentido de responsabilidad compartida y confianza y disminuye la ansiedad. Para otros, lo que es importante es desarrollar la confianza en su propia capacidad de saber lo que es mejor para sus seres queridos. Cuando surgen estas cuestiones en las conversaciones con los padres, siempre me sorprende la amplitud del proceso, desde aquellos que ven una mano divina hasta aquellos que sienten que están solos.

El factor común es la esperanza. La poeta Maya Angelou dijo una vez: «Para sobrevivir, un ser humano necesita vivir en un lugar provisto de esperanza». Por supuesto, la esperanza debe ser templada por el realismo. Tener falsas esperanzas o expectativas sobre las perspectivas de un niño no sirve ni a los padres ni al niño. Muchos padres se han encontrado con curanderos y charlatanes que prometen «curaciones» y «recuperación» solo para perder dinero, tiempo y, en última instancia, parte de la fe (véase el capítulo 11). A muchos profesionales les resulta complicado encontrar el equilibrio al transmitir el verdadero potencial de un desarrollo significativo a lo largo de la vida de una persona sin minimizar las posibles dificultades.

Puede que la esperanza radique en prestar mucha atención a los logros de una persona y celebrar su progreso, aunque sea de la manera más sutil. También reside en conocer a padres que llevan más tiempo en el camino y comparten sus historias de los progresos inesperados. La investigación muestra que cuando los padres son más optimistas con relación a sus posibilidades, los niños son menos propensos a mostrar comportamientos problemáticos, lo cual mejora la calidad de vida de todos y, a su vez, aumenta la esperanza.

Aceptar y expresar los sentimientos

Ser padre, abuelo o hermano de una persona autista lleva a la mayoría de los familiares a un territorio emocional desconocido. Criar a un niño o defender a familiares con dificultades trae consigo fuertes emociones que posiblemente no hayan experimentado antes del mismo modo: culpa, resentimiento, ansiedad, rabia. A menudo los padres se sienten frustrados al no poder relacionarse con sus hijos como esperaban. Es probable que una madre confiese que la charla interminable de su hija sobre un tema particular o las rígidas rutinas la vuelven loca. Y estos sentimientos se ven exacerbados debido al cansancio físico y emocional. Luego el padre o la madre a menudo dicen con culpa: «Sé que no debería sentirme así».

Criar a un niño autista no significa que usted tenga que ser un santo. Todos somos humanos. Nuestros sentimientos son naturales y legítimos. Los padres, hermanos y familiares no necesitan ser duros consigo mismos. Tampoco deberían tratar de controlar lo que está fuera de su control.

En algunos casos las emociones problemáticas no se refieren al niño sino a otras personas próximas a los padres —parientes, amigos cercanos— que tienen intención de ayudar pero no lo hacen. Un tío puede dar consejos que no se le han pedido sobre cómo criar a un niño autista, o puede que la abuela del niño critique cómo educan los padres a su hijo —o cómo no lo educan—. Es importante darse cuenta de que las dificultades relacionadas con el autismo pueden desorientar y provocar ansiedad en los parientes, así como en los padres. Esto es sobre todo cierto para los niños y los adultos con problemas médicos concurrentes y que a menudo sufren malestar y desregulación, y por ello pueden tener más dificultades para entablar relaciones de amor y confianza. Cuando hablo con padres y familiares, a menudo intento recordarles que la mayoría de las veces los comentarios y sugerencias nacen de la preocupación y el deseo de ayudar de alguna forma, aunque en ocasiones parezcan críticas.

«Tenemos casi dominado este autismo y estamos seguros de poder ayudar a nuestra hija», dijo un padre, «pero nuestro mayor reto, de lejos, tiene que ver con los familiares insensibles y prepotentes».

Los padres que lidian con más éxito con tales situaciones son más sinceros y directos. Expresan su gratitud a la persona por su cuidado y su interés, pero luego ponen el límite: «Apreciamos su preocupación. Por favor, entiendan que estamos haciendo las cosas de la manera que creemos que es mejor para nuestra familia».

Ser asertivo de manera adecuada, no ser agresivo (y conocer la diferencia)

Criar a un niño autista o cuidar de un familiar autista significa actuar constantemente como defensor de la persona, trabajar para asegurarse de contar con las ayudas y los servicios apropiados. Los padres se ven resolviendo ellos mismos de forma rutinaria solicitudes de directores, profesores, terapeutas y compañías de seguros del distrito escolar, y más cosas. Como dijo una madre: «Tengo que ser la mamá guerrera».

Buscar y asegurar que el niño tenga las mejores opciones a menudo se puede vivir como una batalla, pero con frecuencia los padres me dicen que viven un delicado equilibrio: a veces se encuentran en conflicto con las mismas personas a las que confían el cuidado de su hijo o familiar. El instinto es empujar y empujar, pero si empujas demasiado, y se convierte en algo personal, puedes dañar las relaciones con aquellos en los que confías.

Aquí está lo esencial: considere a la persona autista el objetivo principal.

Muchos padres cuentan que se ven inmersos en una confrontación entre adultos, una lucha personal entre padres y educadores o directores. Es probable que esas batallas no terminen bien para nadie. Considere estos encuentros desde el punto de vista del profesor u otro profesional cuyo trabajo implica atender a múltiples alumnos y a sus familias. Si cada reunión con un padre es una pelea, si el padre se pone en contacto sobre todo para quejarse y exigir, es difícil sentir que se trata de un trabajo en equipo. Y a un profesional que siente que está haciendo lo mejor posible eso puede causarle confusión y desaliento.

En algunos casos, tener un niño o un familiar con una discapacidad conlleva tanta rabia, resentimiento y decepción que el padre necesita una manera de canalizar esos sentimientos. El autismo es un asunto apasionado, lleno de emociones fuertes, y de algún modo se necesita reconducir y gestionar esa energía. Algunos encuentran la respuesta en la lucha, contratando abogados o defensores profesionales —amenazando— y presentando demandas de todo tipo. Por supuesto, a veces eso resulta inevitable, en situaciones de verdadera injusticia o violaciones de los derechos humanos de una persona, pero a menudo es más provechoso para todos encontrar una manera positiva de canalizar la energía. Una estrategia importante para mantenerse positivo: concéntrese en la persona autista. Algunos padres han optado por venir siempre a las reuniones de la organización IEP y otras conferencias con una foto de su hijo. La colocan sobre la mesa frente a ellos, de modo que, si las cosas se ponen polémicas o difíciles, hacen un gesto hacia la fotografía: un recordatorio de que, aunque las cosas se pongan feas, «esto va de lo que es mejor para nuestro hijo».

Cuando los padres mantienen el foco de atención en las soluciones que ayudan al niño o al adulto en lugar de señalar con el dedo a los directores o a los profesores, les dan la oportunidad de estar a la altura de las circunstancias. Ven a los padres o cuidadores como seres humanos, que intentan hacer lo mejor, y ven a la persona autista en un contexto familiar más amplio. En dichas circunstancias, es mucho más fácil para los profesionales hacerse escuchar y trabajar en colaboración con ellos para atender lo mejor posible los intereses de la persona.

También se agradece cuando los cuidadores preguntan cómo pueden ayudar: ¿acompañándolos en la excursión de la clase?, ¿ordenando libros en la biblioteca del colegio?, ¿de voluntarios para ayudar en las fiestas o las salidas?, ¿colaborar en un taller o clase de ciencia? Cuando el personal del colegio o de la comunidad perciben que los cuidadores están desvinculados, que solo se les oye cuando tienen quejas o críticas, eso puede socavar una relación de colaboración y de confianza que es tan importante para el bienestar del niño o del adulto. Por lo general, los profesores o el personal de apoyo son más receptivos a las críticas constructivas y a colaborar cuando saben que un cuidador se ocupa, se compromete y se interesa.

Escoger las batallas

Cuando un niño pequeño acaba de ser diagnosticado, los padres para los que todo es nuevo pueden sentirse agobiados ante la necesidad de encontrar colegios, comunicarse con los educadores y mandar a su hijo a diversas terapias. Puede que tengan que barajar estrategias para mitigar las dificultades sensoriales, dietas especiales para tratar sensibilidades o alergias a los alimentos u otros enfoques alternativos, siempre sopesando qué profesores, terapeutas o gerentes muestran ser de más confianza para tenerlos como compañeros. A todo ello hay que añadir los detalles de la vida cotidiana: atender a sus otros hijos, abuelos o familiares, las tensiones del trabajo, las demandas de la vida familiar y (para los que mantienen una relación) cuidar el matrimonio o la vida conyugal. Algunos padres y madres sienten que tienen que convertirse en superhombres o supermujeres, hacerse cargo de todo y hacerlo bien. Y a un padre o madre sin pareja criar a un hijo, con sus dificultades y exigencias, puede superarle. Muy a menudo los cuidadores ponen como prioridad en su agenda las necesidades del niño o familiar autista debido al miedo de que no progrese, pueda retroceder o pierda oportunidades. Muy a menudo, los profesionales aumentan esos miedos, insistiendo en que más es mejor.

Uno de los consejos que los padres más experimentados suelen dar es: elige tus batallas y prioriza cómo ocupar tu tiempo, tu energía y tus recursos emocionales y económicos.

Esta estrategia se aplica en los colegios y en los organismos de apoyo a adultos. Los padres pueden estar en desacuerdo con la valoración del profesor, o con el horario que le ha puesto al niño. Pueden sentir con total convicción que necesita apoyo durante todo el día escolar, mientras que el personal del colegio considera apropiado que, como el niño ha progresado tanto, tenga menos apoyo directo y más independencia, con una supervisión adecuada. Pueden surgir debates sobre la diferencia entre el nivel de apoyo apropiado y el óptimo. Cuando los padres participan en las decisiones como parte del equipo del niño, llegar a acuerdos razonables es parte del proceso. Es importante no hacer de la vida una gran batalla, sino decidir qué es lo más importante para la persona y qué no.

Esta misma actitud puede ser útil para discutir cuál es la manera de comportarse en casa o en la comunidad. Otros pueden tener la opinión de que un patrón particular de comportamiento plantea problemas y debe ser tratado. Pero los padres pueden decidir que, por el momento, no es una prioridad significativa o un problema que considerar. Flora, de quince años, vocaliza con gozo y excitación cuando ve por primera vez perros pequeños en el parque frente a su colegio. El personal del colegio propuso un plan de comportamiento para suprimir lo que ellos consideraban un «grito», pero los padres nunca lo vieron como un problema y siempre se regocijaban de su alegría. A veces estas decisiones están relacionadas con otras cosas que son más importantes, y merece más la pena tener en cuenta al niño y el tiempo y la energía de la familia. Con niños pequeños, desde la perspectiva del desarrollo es importante abordar las preocupaciones cuando sea apropiado para la evolución, tanto del niño como de la familia, y siempre preguntar: ¿es esto realmente una prioridad, o incluso un problema?

Incluso cuando hay una preocupación clara, a menudo un padre admitirá: «Sé que hemos establecido una planificación detallada para abordar la dieta de mi hijo, pero mi padre ha estado en el hospital varias veces este mes y estoy agotado. Ahora no puedo ser coherente con esta planificación».

Los planes de apoyo se crean para ayudar a la persona autista y a la familia. No hay una planificación perfecta, no hay una estrategia hecha a medida que funcione en todas las situaciones. Y nadie mejor que los cuidadores sabe lo que es más importante. Lo ideal, siempre que sea posible, es que también la persona autista esté directamente involucrada en el desarrollo de la planificación.

Buscar el humor

Bob sonrió cuando contó la historia de cuando acompañó a su hijo Nick de seis años a un restaurante de comida rápida. Al ir a tomar asiento, Nick se acercó a una mesa de extraños, alargó la mano, cogió un par de patatas fritas de la bandeja de un hombre y se las metió en la boca. «¡Está delicioso!», dijo.

Bob sonrió, se encogió de hombros y dijo tímidamente: «Lo siento», y se llevó a su hijo.

Cuando sus hijos actúan de forma inesperada y sorprendente en público, muchos padres se sienten avergonzados y humillados, cansados de todas las explicaciones que tienen que dar sobre ellos.

A veces lo más sano para todos es reírse, pero es más fácil decirlo que hacerlo.

Otra familia estaba comprando en Home Depot en la época en que los padres estaban enseñando a su hijo pequeño autista a ir al baño. Había hecho un progreso irregular, por lo que trabajaron para motivarlo a pasar más tiempo en el baño. En medio de la visita a Home Depot, el chico decidió poner a prueba sus habilidades recién descubiertas —en un retrete de exposición que no funcionaba.

Los padres se miraron, como si quisieran decir: «¿Ahora qué hacemos?». Su decisión rápida: irse. Se sintieron mal, pero se dieron cuenta de que su prioridad en ese momento era evitar un posible enfrentamiento incómodo que desencadenara una crisis —y escapar.

Mirando atrás, podían haberse reído o llorado. Decidieron reírse.

Ambas historias también sirven como recordatorio de la importancia de relacionarse con otros padres o familiares de niños autistas. Algunos momentos pueden ser embarazosos, difíciles y humillantes, pero cuando compartimos historias similares con otros que las comprenden, se convierten en la base de la risa, el consuelo y las relaciones. En nuestro retiro de padres de fin de semana, compartimos tantas risas e historias de humor como conversaciones serias sobre cuestiones difíciles. Uno de las frases más populares de nuestro grupo de discusión, que da lugar a risas escandalosas: «¡No te lo creerías, pero…!».

Es esencial que los profesionales también vean el humor. Cuando yo era orientador en campamentos de verano, me encargaron que me ocupara de Dennis, que tenía doce años, en una excursión a un rodeo de vaqueros. Mientras nuestro grupo disfrutaba del espectáculo, de repente oí gritar a una niña detrás de nosotros: «¡Paaapi!».

Me volví para ver a Dennis, con sus mejillas rosadas regordetas masticando feliz un enorme algodón de azúcar rosado. Cuando nadie miraba, se lo había arrebatado a la niña. Nervioso, me volví para disculparme con su padre, que era del tamaño de un camión, temiendo lo peor.

«Oh, deje que lo disfrute», dijo, riendo entre dientes. «Compraremos otro».

En el día de las visitas le conté la historia a los padres de Dennis. A ambos se les dibujó una amplia sonrisa y comenzaron a reír. «¡Bienvenido a nuestra vida!», dijeron al unísono.

Encontrar el humor también ayuda a mis amigos autistas cuando reflexionan sobre su propio comportamiento y el de las personas neurotípicas. Algunas personas autistas hablan sobre los criterios para diagnosticar «NSD» o *Neurotypical Spectrum Disorder* [trastorno del espectro neurotípico], con síntomas como: «A menudo se involucran en charlas sin sentido, en lugar de conversaciones más significativas», «No siempre dicen lo que realmente quieren decir» y una «Compulsión incontrolable a tocar a otros seres humanos». Claramente, el humor aligera la carga y facilita compartir relaciones emocionales positivas.

Insistir en el respeto

Cuando conocí a Teddy, prácticamente destrozó mi despacho. Era un niño enérgico de seis años que había dejado de hablar alrededor de los tres años, cuando empezó a tener convulsiones. Sus padres, Jack y Karen, ya lo habían llevado a un sinnúmero de especialistas antes de que llegaran al hospital infantil donde yo trabajaba evaluando a pacientes externos. Mientras trataba de evaluar las habilidades de Teddy en comunicación social y regulación emocional y sus padres me hablaban de él, Teddy se puso tan nervioso que de repente echó a correr por la habitación y empezó a tirar libros y archivos de mis estanterías, hasta provocar un colapso total.

Al final de la cita, después de que ayudáramos a Teddy a recuperarse de su desregulación extrema, sus padres se disculparon, pero les aseguré que no era necesario; sabía que Teddy estaba muy confundido y alterado, como pude ver en sus ojos. Más tarde me dijeron lo mucho que les consoló mi respuesta. En citas anteriores habían conocido a profesionales que —quizá no con las palabras sino con el tono— parecían cuestionar su capacidad para controlar mejor a su hijo.

Seguí viendo a Teddy y a sus padres durante décadas, asesorando en los programas de su colegio. Siguió sin hablar, pero aprendió a comunicarse de manera efectiva utilizando dispositivos, primero de baja tecnología y después de alta tecnología. Años más tarde Karen me dijo que, cuando sentían que un profesor o terapeuta les estaba juzgando, huían. «Ya sentimos suficiente culpa; no necesitamos esas miradas y comentarios», dijo.

En el inicio de la crianza de un niño autista, los padres a menudo se sienten desprotegidos y desorientados. Perplejos y confundidos por el comportamiento del niño, no saben a quién recurrir ni en quién confiar. En estos casos es muy oportuno el consejo de Jack y Karen. Algunos padres, sobre todo aquellos con menos experiencia con la comunidad médica o con la burocracia de los distritos escolares u organismos de servicio para adultos, asumen que no tienen opción, que tratar con profesionales condescendientes o con actitud de superioridad forma parte de criar a un niño o proporcionar cuidados a un familiar autista —en otras palabras, que solo pueden «tragar con ello».

No tienen por qué aguantarlo. Los cuidadores pueden insistir en un mejor trato, y ellos y su familiar se merecen algo mejor.

Hubo un año que, en la despedida del grupo de nuestro retiro, un padre se hizo eco del sentimiento de Karen. «No estamos pidiendo mucho», dijo; «cuando tratamos con gerentes y profesionales y con nuestros familiares todo lo que queremos es que nos respeten como padres y que respeten a nuestros hijos».

No recuerdo otro comentario en una situación así que resonara tanto. Al mirar al grupo, vi que casi todas las cabezas asentían. La buena noticia es que los profesionales cariñosos, respetuosos y sensibles están ahí fuera, y quieren ayudar. A veces la dificultad reside en encontrarlos.

Canalizar la energía

No mucho después de que mi querida amiga Elaine Hall adoptara a su hijo Neal a los veintitrés meses se manifestaron sus problemas: el bebé tenía dificultades para dormir, giraba en círculos, abría y cerraba las puertas del armario, arrancaba los cuadros de las paredes y a menudo tenía crisis. A los tres años le diagnosticaron autismo. Elaine rodeó a su hijo de artistas y actores, y Neal respondió. Con su creatividad y energía, fueron capaces de conectar con él, y Elaine vio a Neal establecer vínculos de un modo que no había visto nunca antes.

Sin embargo, Elaine veía a su alrededor el esfuerzo de otros niños autistas y la perplejidad, frustración y preocupación de otros padres. Así que creó un programa que pudiera aportar a otras personas lo que había sido tan eficaz con Neal. En 2004 lanzó el Miracle Project, un programa de teatro y arte para niños del espectro. En pocos años el programa se expandió desde una base en Los Ángeles hasta una organización nacional con filiales en varias ciudades y países. Se presentó en 2012 en un documental de HBO ganador del premio Emmy, *Autism: The Musical,* y a continuación en 2020 en *Autism: The Sequel.* Elaine habló en múltiples ocasiones en las Naciones Unidas en el Día Mundial de Concienciación del Autismo, y Neal, que no habla, también hizo presentaciones en conferencias en la ONU y continúa haciéndolo utilizando su ordenador con generador de voz. Ya más mayor, Neal también trabajó en una granja ecológica, y es modelo profesional.

Inspirados en la historia de Elaine e impulsados por nuestra cercana amistad con ella y su apoyo, mis colegas y yo desarrollamos en Brown University el proyecto Miracle Project-New England. Y después de muchos años en los que Elaine y yo soñamos con la posibilidad de hacer una obra inspirada en la publicación de *Seres humanos únicos,* adolescentes y jóvenes autistas y los mentores del Miracle Project de Los Ángeles escribieron e interpretaron *Journey to Namuh* [Viaje a Namuh (humano escrito al revés)], un largometraje musical original que se estrenó en 2021. El mensaje más importante de la película consiste en la importancia para las personas autistas de descubrir sus auténticas identidades y que la sociedad las acepte y apoye como miembros importantes y valiosos para nuestras comunidades.

Y todo comenzó con una madre que estaba confusa y desconcertada pero comprometida en cambiar el mundo.

La crianza de un niño autista puede requerir gran cantidad de energía emocional y física. Pero una y otra vez he visto a padres que no solo afrontan con eficacia las dificultades, sino que realmente cambian el curso de sus vidas, como hizo Elaine, para ayudar a otros que tienen las mismas dificultades. Es fácil frustrarse y enfadarse, pero estos cuidadores, en vez de dirigir su rabia hacia los profesores o los directores de los colegios, han canalizado sus energías de forma creativa o han optado por nuevas trayectorias profesionales basadas en sus experiencias como padres.

Al principio muchos padres orientan sus esfuerzos de manera conflictiva, especialmente cuando se enfrentan a obstáculos y sufren injusticias, llevados por sus instintos de pelearse para obtener los servicios más apropiados y las mejores ayudas para su hijo. Esto puede tener como resultado peleas personales con los directores de los colegios o acciones legales, unas veces justificadas, otras no, alentados por el consejo de abogados o profesionales. Pero más tarde a menudo canalizan de forma más positiva sus esfuerzos recaudando fondos, haciendo de voluntarios y defensores para un cambio político y del sistema. Muchos cursan estudios en educación especial, asesoramiento o áreas terapéuticas.

Un abogado se convirtió en un experto en política gubernamental relacionada con las personas autistas. Un padre se unió a la junta escolar local. Una madre que era enfermera titulada abrió una consulta centrada en los problemas médicos concurrentes más frecuentes en el autismo. Los padres de tres niños autistas pasaban tanto tiempo empapándose del tema que al final decidieron que fuera el centro de sus profesiones: la madre obtuvo un título en nutrición y abrió una consulta dedicada a niños con discapacidades, y el padre creó una organización sin ánimo de lucro que ofrecía actividades en la comunidad para niños con diversas discapacidades. Otra madre inició una fundación nombrada en honor a su hijo dedicada a conseguir fondos para los servicios locales de apoyo a niños autistas y sus familias. Un padre que se jubiló después de veinte años de trabajo en un correccional estatal quiso ser profesor de apoyo con el fin de «hacer algo para mejorar de verdad la vida de las personas». Otro padre, que compone música e imparte clases en la universidad, creó una pieza coral en la que incorporó las vocalizaciones de su joven hijo y que fue interpretada por un coro universitario para incrementar la conciencia y la aceptación de las personas autistas.

Ninguno de estos padres se propuso cambiar sus profesiones o transformar su trabajo debido a la vivencia de la experiencia autista. Lo que tenían en común es que todos estaban abiertos a ver que su camino no solo era un camino de lucha, sino también de posibilidades. En el proceso, cada uno descubrió la satisfacción y el entusiasmo que conlleva ayudar a otros y compartir sus habilidades y talentos para mejorar la calidad de vida de las personas autistas y sus familias.

CAPÍTULO 9

LOS VERDADEROS EXPERTOS

En 1986 Temple Grandin cambió para siempre la idea que la opinión pública tenía sobre el autismo cuando publicó su primer libro, *Emergence: Labeled Autistic*. Aquí, por primera vez, una adulta elocuente e inteligente describía con comprensión y claridad la experiencia de vivir dentro del espectro autista. Detalló su proceso de pensamiento, explicó sus sensibilidades sensoriales, habló de los diferentes estilos de aprendizaje de las personas autistas y relató las numerosas y diversas dificultades que había tenido al ir haciéndose mayor.

Antes de que Temple comenzara a escribir y hablar públicamente, nuestra comprensión (y falta de comprensión) del autismo se había basado en gran parte en la investigación y en los relatos de padres y otros observadores, algunos mal informados. Mucho de lo que Temple decía confirmaba creencias muy arraigadas; algunas de sus percepciones las contradecían. Pero una cosa estaba clara: las personas autistas poseen mentes indemnes, opiniones firmes y un gran potencial, y algunas tienen una aguda percepción de su propia experiencia.

Décadas después, Temple sigue siendo la persona autista más famosa del mundo, pero han surgido muchas otras como portavoces y cronistas sagaces de su propia experiencia. En mi trabajo he tenido el privilegio de conocer a muchas de ellas, algunas de las cuales se han convertido en amigas y colaboradoras valiosas. La experiencia de compartir tiempo con ellas, con sus amigos y familiares, de escuchar sus relatos y escritos y de realizar talleres con ellas me ha hecho profundizar en la comprensión del autismo, me ha aportado ideas y perspectivas que de otra manera no tendría. Mi podcast inspirado por este libro, titulado *Uniquely Human: The Podcast,* nos ha proporcionado a mí y a mi copresentador, Dave Finch, oportunidades únicas para tener conversaciones significativas con personas autistas, sus familiares y pensadores de primer orden de todo el mundo. Al ser Dave del espectro, también aporta sus puntos de vista personales en nuestras docenas de episodios, en los que abordamos una amplia gama de temas vitales y de vanguardia.

Tres de nuestros invitados, que son valiosos amigos desde hace mucho tiempo, han realzado de verdad mi pensamiento y mi comprensión, y sus *insights* me guían casi cada día en mi trabajo: Ros Blackburn, Michael John Carley y Stephen Shore. Cada uno de ellos me ha ayudado a mí y a otras muchas personas a entender la experiencia del autismo y la mejor manera de contribuir a que la gente del espectro tenga una vida plena y con sentido.

Cuando menciono estos nombres, algunos tienen dudas (o se preguntan en silencio) sobre si estas personas que se expresan con claridad pueden representar adecuadamente la experiencia de las personas sin lenguaje oral o de las que tienen problemas más graves. Mi respuesta es: si ellos no pueden, entonces ¿quién? ¿Quién mejor para explicar la experiencia del autismo que una persona autista, aquellos que viven la vida a través de la lente del autismo todos los días? Y en años recientes, muchas personas sin lenguaje oral, o que alguna vez no lo tuvieron o presentaban problemas más graves, también han compartido sus *insights* sobre ser autista y están emocionadas de poder hacerlo después de años de silencio (véase el capítulo 11).

Empecemos con Ros, Michael y Stephen, a los que conozco desde hace décadas. Estoy eternamente agradecido a estas tres personas porque explican cosas que la investigación no puede revelar. Estoy feliz de compartir algo de lo que me han enseñado.

Ros Blackburn: «Yo no socializo»

Conocí por primera vez a Ros Blackburn en una conferencia sobre autismo en Michigan, cuando mi colega Carol Gray, la conocida educadora experta en autismo, me presentó a esta joven que venía de Inglaterra y que iba a hablar de su experiencia de crecer siendo autista. Nos estrechamos la mano y Ros, entonces en la mitad de la treintena, dijo algo que, debido a su rápido discurso y a su acento británico, sonó algo así: «¿Quersconceerstuaaart?».

Tuve que pedirle que lo repitiera. Después de varias repeticiones, pude escuchar con claridad lo que estaba preguntando: «¿Quieres conocer a Stuart?».

Puse cara de perplejidad.

«Stuart», dijo, «Stuart Little».

Asentí con la cabeza y Ros —con una sonrisa pícara— sacó la mano del bolsillo de su abrigo y reveló lo que estaba sosteniendo: un pequeño ratón de peluche, basado en el personaje de una película infantil. «Barry, este es Stuart. Stuart, este es Barry», dijo.

Y esta es Ros: juguetona, peculiar, traviesa, única —y llena de sorpresas (por no decir apasionada cuando se trata de películas que adora).

Ros explica que este es su verdadero yo, su yo autista. Ella también ha aprendido, con el tiempo, a mostrar un yo diferente al mundo: contenido, educado, controlado.

Esa dualidad se originó en su infancia. Se le diagnosticó autismo cuando era niña. Sus padres comprendieron con claridad sus dificultades, pero le enseñaron las habilidades sociales que necesitaría para moverse por el mundo.

Su madre y su padre eran compasivos, pero también exigentes, y nunca aceptaron el autismo como una excusa para tener un comportamiento inapropiado. De este planteamiento viene el consejo que Ros comparte a menudo: los padres deberían tener altas expectativas con sus hijos autistas, además de proporcionarles un alto nivel de apoyo.

Cuando explica el autismo, Ros cuenta que es vivido con un sentimiento casi constante de ansiedad y miedo. Le gusta recalcar que las personas en el ejército, los oficiales de policía y los bomberos están entrenados para mantener la calma en situaciones de pánico. No ocurre así con las personas autistas: «No recibimos el mismo tipo de entrenamiento, aunque experimentamos este nivel de pánico todos los días».

Lo que más exacerba este miedo es que se les fuerce a estar en una situación social. Ella se siente a gusto y nunca experimenta nerviosismo frente a grandes audiencias, ante las que siente que tiene el control. Pero los entornos sociales más informales la pueden aterrorizar porque no puede predecir lo que dirán o harán los demás. «No socializo», le gusta decir.

Una vez me encontré con ella en el vestíbulo de un hotel donde, cerca, un grupo de niños pequeños se estaban persiguiendo. Uno se resbaló hacia una mesa de café y casi cae sobre ella. Una expresión de espanto cruzó su rostro. «¿Ves?», dijo ella un poco alterada, «¡por eso no me gustan los niños!».

A pesar de su desagrado por las situaciones sociales impredecibles, no siente vergüenza, porque no le preocupa lo que los demás piensen de ella. Ros dice a menudo que su mayor capacidad —expresarse verbalmente— es también su mayor discapacidad. Lo que ella quiere decir es que la gente que la observa da por hecho que, como es una oradora capaz, inteligente y que se expresa con claridad, internamente tiene que ser una persona segura y tranquila.

La verdad es que para Ros el mundo es a menudo abrumador —una realidad confusa, agitada, fuera de control, llena de eventos inesperados y reglas sociales desconcertantes—. Y cuando tiene reacciones emocionales fuertes y ataques de pánico, lo cual ocurre mucho menos que cuando era joven, pierde la capacidad de comunicarse con el habla y no soporta estar en situaciones sociales. Su consejo para los que están con ella cuando se desregula muchísimo: «Aseguraos de que esté a salvo y ayudadme en silencio; ayudadme con vuestra presencia». Después de unos minutos, dice, suele ser capaz de recomponerse, pero cuando las personas —incluso con buenas intenciones— le hablan y la tocan, puede ser como echar gasolina al fuego.

Ros ha desarrollado un amplio repertorio de estrategias para prevenir y hacer frente a la desregulación. Una de sus estrategias favoritas para regularse es saltar sobre una cama elástica, una actividad que la libera e incluso alegra. Cuando viaja, siempre tiene una compañera de viaje, a la que denomina «cuidadora». Cuando se siente agotada, evita lo que ella llama «socializar», lo que le puede causar o añadir ansiedad.

Una vez Ros asistió a una conferencia que ayudé a organizar, en la que tuve el privilegio de contar con la actriz Sigourney Weaver. Recibí a Sigourney para que pasara tiempo con Ros, para prepararse su papel en la película *Snow Cake,* en la que interpreta a una mujer autista. Cuando terminó la conferencia, las dos debían estar en el grupo que estaba reuniendo para ir a cenar a mi casa. Pero como nuestro pequeño grupo estaba discutiendo la logística, Ros interrumpió abruptamente: «Barry», dijo, «realmente podría ser bueno para mí disponer de una cama elástica en este momento».

¿Cama elástica? Era un día de invierno por la tarde temprano en Rhode Island, con nieve en el suelo. No tenía ni idea de dónde encontrar una cama elástica. Entonces Sue, una mamá que estaba en el grupo, habló: «Barry, tenemos una cama elástica que mi hijo utiliza en nuestro patio trasero. Y acabamos de retirar la nieve».

Ros sonrió como cuando una niña escucha que hay un día más de Navidad: «¿Puedo ir?».

Se fueron, Ros y Sigourney Weaver, a saltar con sus abrigos de invierno a un patio trasero. Previamente Ros había dado una fabulosa conferencia de dos horas para más de quinientos padres y profesionales, y después contestó a sus preguntas con amabilidad. Estuvo todo el día «socializando» y, como ella dice, «actuando». Ahora necesitaba tiempo para ser Ros (basándose en esta experiencia, Sigourney sugirió la escena de la cama elástica que el director Marc Evans añadió a *Snow Cake).*

Uno de mis momentos favoritos durante su visita fue cuando Ros le enseñaba a Sigourney a actuar de forma «autista».

Sigourney: Ros, me he dado cuenta de que, cuando te emocionas mucho, levantas las manos hacia los lados de la cabeza y te balanceas hacia delante y hacia atrás a la vez que mueves las manos cerca de tus orejas. *(A continuación, Sigourney hizo una demostración mientras se sentaba con la espalda recta.)*

Ros: No, en realidad, es un poco más así. *(Ros se puso a inclinar su cuerpo hacia la derecha mientras realizaba la misma acción, corrigiendo los intentos de Sigourney, que la imitó.)* ¡Mucho mejor, lo tienes!

Las otras pasiones de Ros son el patinaje artístico y determinadas películas. Después de su primera visita a Providence para hablar en nuestra conferencia, la invité a que volviera, pero estaba dudosa. No podía entender por qué quería que volviera, pues ya había contado su historia. Además, los viajes la ponen muy nerviosa, y asistir a conferencias la obliga a estar en situaciones sociales (las cuidadoras son un gran apoyo para Ros, ya que le ayudan a gestionar situaciones y lugares desconocidos). Solo aceptó venir cuando le propuse llevarla a Nueva York para que pudiera patinar en la pista Wollman Rink, en Central Park, que había visto en una de sus películas favoritas. Durante su visita, la misma mujer que había deslumbrado a la audiencia con sus *insights* sintió un gran placer deslizándose por el hielo, con Stuart Little en su bolsillo, y más tarde haciendo fotos a Stuart por Central Park.

En esa misma visita, Ros y yo fuimos a un concurrido restaurante italiano con cuatro personas más. El anfitrión nos llevó a una mesa en medio de la sala y nos iba a sentar cuando Ros empezó a sacudir la cabeza con nerviosismo. «No puedo sentarme aquí», dijo.

Yo no veía otro sitio, pero el encargado de acomodarnos entendió la señal de Ros y señaló hacia otra sección del restaurante que no había abierto todavía. Ros eligió una mesa contra la pared para poder sentarse de espaldas a ella.

«Detesto el sonido cuadrafónico», dijo, «y cuando hay demasiado movimiento en mi campo visual periférico, me pongo muy nerviosa». Con todas las dificultades que tiene Ros, sus mayores fortalezas son una conciencia muy desarrollada de sus necesidades y límites y su habilidad para defenderse a sí misma, en concreto hablar de su necesidad para evitar una situación de desregulación.

Por el contrario, Ros es feliz siendo inconsciente de cosas que la mayoría de la gente considera socialmente grandiosas e importantes. Cuando nos vimos unos años después del episodio de la cama elástica, le pregunté si había seguido en contacto con Sigourney Weaver. «Sí», dijo, «vino a Londres el año pasado, y quedamos».

Cuando le pedí detalles, me explicó que Sigourney la había invitado al estreno de «una película» y que caminaron juntas por una alfombra roja. Al conectar los detalles, me di cuenta de lo que me estaba diciendo: Ros había asistido al estreno de *Avatar*, la película más taquillera de todos los tiempos, con una de sus estrellas.

«¡Vaya, qué experiencia!», dije. «¿Cómo fue?».

Ros respondió sin rodeos: «Realmente, realmente, muy ruidoso y lleno de gente».

Otra dificultad: no ser sincera. «Mentir es difícil para mí», dice. «Por ejemplo, decir "Encantada de conocerte" cuando prefiero saltar en la cama elástica todavía me resulta difícil».

Sin embargo, su lado juguetón no tiene límites. A menudo Ros viaja con sus juguetes favoritos, como un cesto de mimbre y unos lagartos de goma que comparte con su público. Como broma, lleva espejos en sus viajes de avión. ¿Por qué? Los utiliza para reflejar la luz del sol en los ojos de pasajeros, divirtiéndose sin cesar al ver sus reacciones de molestia.

Después de una de las charlas de Ros, le pedí opinión a una madre de la audiencia. La mujer me dijo que la conferencia de Ros le encantó y a su vez la detestó. Le gustó mucho la ventana que Ros le abrió para entender cómo su hijo experimentaba el mundo, pero detestó el dolor que se intuía en su experiencia.

Sabía exactamente lo que quería decir. Quizás Ros, más que nadie que haya conocido, me ha hecho comprender las dificultades a las que se enfrentan las personas autistas, para las cuales el mundo resulta abrumador y una fábrica de ansiedad. Cuando miro a los ojos de una niña de tres años que no puede comunicarse por medio del habla y a la que obliga a entrar en una habitación llena de ruido y caos, pienso en Ros y me doy cuenta de que esta niña no está siendo desobediente ni poco cooperativa. La niña está aterrorizada.

En un episodio del podcast *Uniquely Human*, casi quince años después de conocerla, reuní a Ros y a Sigourney Weaver para que reflexionaran sobre las experiencias que compartieron años antes. Sigourney expresó su profundo agradecimiento a la sinceridad de Ros, por enseñarle que jugar no es solo cosa de niños, y por renovarle su fascinación y sensibilidad hacia el mundo sensorial. Estaré siempre agradecida a Ros, cuya neurología la hace tan vulnerable a nuestro mundo social y sensorial y que es un ejemplo de valentía al enfrentarse a sus dificultades y compartir su experiencia —todo al servicio de ayudar a innumerables personas.

Michael John Carley: «Necesitamos escuchar sobre lo que podemos hacer»

Cuando Michael John Carley tenía treinta y seis años, su hijo de cuatro años fue diagnosticado con el síndrome de Asperger. Después de darle el diagnóstico, la médica se volvió hacia Michael. «Ahora», dijo ella, «hablemos de usted».

A los pocos días, Michael también fue diagnosticado de Asperger.

En principio tuvo una conmoción. ¿Cómo había vivido tres décadas y media sin darse cuenta de que estaba en el espectro del autismo? Estaba felizmente casado y había tenido éxito en su carrera de diplomático, viajando a puntos calientes como Bosnia e Irak. También era un consumado dramaturgo, un lanzador estrella de béisbol, un guitarrista con talento y presentador en una radio local de la NPR.

Al principio ocultó su diagnóstico. Pero cuanto más reflexionaba sobre su vida, más sentido le encontraba. Siempre había sentido que no conectaba con la gente. En su colegio privado convencional de secundaria, estaba tan inadaptado que los profesores lo consideraban un niño con problemas de comportamiento y sospechaban que podía tener problemas psicológicos serios. Finalmente, se trasladó a un colegio concertado con una orientación alternativa y más flexible. Allí floreció.

Sin embargo, a medida que la vida transcurría, muchas experiencias y encuentros le desconcertaban. No entendía por qué la gente hablaba de cosas sin importancia y nunca pudo comprender las reglas ocultas del coqueteo. Cuando un conocido le pedía su opinión sobre un tema —de política o relacionado con las noticias—, se lanzaba a dar una respuesta tan detallada y larga que los oyentes desviaban la mirada. Los amigos de repente cortaban las relaciones con él, a menudo después de que Michael dijera cosas que les ofendían. Aun después no entendía qué había hecho mal.

El choque inicial del diagnóstico dio paso al alivio y, finalmente, al orgullo. El diagnóstico no fue una carga, sino una revelación.

Michael, siempre apasionado y muy concentrado en su trabajo y en todo lo que asumía, de forma gradual reorganizó su vida para dirigir su energía y centrarse en defender a las personas del espectro autista. En 2003 fundó GRASP, Global and Regional Asperger Syndrome Partnership [Asociación Global y Regional de Síndrome de Asperger], y como director ejecutivo consiguió que se convirtiera en la organización del país con más miembros, compuesta por adultos del espectro autista. En concreto, creó GRASP para dedicarse a adolescentes y adultos, poblaciones que sabía que en aquel momento estaban desatendidas y muy incomprendidas. Publicó un libro importante y aclamado, *Asperger's from the Inside Out,* en parte autobiográfico, en parte una guía de ayuda para personas del espectro autista. Y a continuación fundó y dirigió la asociación Asperger Syndrome Training and Employment Partnership [Asociación de Formación y Empleo para el Síndrome de Asperger], que trabajaba con grandes empresas que formaban a gerentes ya fuera para mejorar la gestión de los empleados del espectro autista o para aumentar su confianza en la contratación de nuevos empleados.

Michael fue un crítico sincero cuando, en 2012, la Asociación Americana de Psiquiatría estaba considerando eliminar el síndrome de Asperger como un diagnóstico oficial, un cambio que al final se efectuó. Le preocupaba que el cambio hiciera más difícil un diagnóstico preciso y disminuyera la comprensión pública de las personas con un perfil de Asperger. También tenía la firme convicción de que las personas del espectro debían tener voz en el desarrollo de políticas que les afectaban.

Conocí a Michael hace años, cuando le invité a que dirigiera nuestro simposio de recaudación de fondos. Lo que me llamó de inmediato la atención fue su claridad y su energía, y lo centrado que estaba. Podría no percibirse que era autista hasta que empezaba a hablar de algo que le entusiasmaba. Él habla rápido. Su risa es escandalosa y contagiosa. Sus apretones de manos son de una firmeza extraordinaria. Da abrazos muy fuertes. En las conversaciones se acerca más de lo habitual y su mirada es intensa y directa. Relacionarse con Michael es una experiencia fascinante.

Cuando me enteré de que había representado a una organización de veteranos, Veteranos por la Paz, en las Naciones Unidas, me quedé pasmado de que una persona con Asperger hubiera tenido éxito como diplomático. Uno tiende a pensar que es necesario tener una gran habilidad social, flexibilidad y una sensibilidad interpersonal para comportarse correctamente —saludando a los dignatarios de la manera adecuada, colocándose en el lugar correcto, diciendo lo apropiado—. Pero Michael me explicó que el protocolo diplomático está tan cargado de normas rígidas y establecidas que, una vez que las dominó todas, en realidad para él era mucho más fácil desenvolverse en ese mundo que en entornos sociales menos formales, donde la relación es fluida, menos estructurada y predecible y las normas no están escritas.

Debido a su considerable éxito profesional, le fue más fácil aceptar el diagnóstico de su hijo de lo que pudiera ser para otros padres. Así como otros padres esperan que sus hijos tengan un futuro brillante, él dijo: «Yo tenía la ventaja de tener una convicción basada en la evidencia». Es decir, su propia vida era un testimonio tanto de los problemas como del potencial de una persona con un diagnóstico del espectro autista.

Además de serio y decidido, tiene un envidiable sentido del humor sobre sí mismo. Una vez pasé un tiempo con él en su cabaña de vacaciones, donde vi una guitarra. Al saber de su talento, le pedí que tocara un poco. Michael cogió la guitarra y empezó a hacer un punteo de una secuencia de *blues*. «De acuerdo, pero estás a punto de escuchar doce minutos seguidos de *blues»*, dijo sonriendo. «Recuerda, tengo Asperger y necesito tener la sensación de haber terminado, no me paro en medio de las canciones».

Es un padre y un marido comprometido, y ha entrenado a los equipos de béisbol de sus dos hijos. Está decidido a ser un modelo positivo para su hijo con Asperger y con frecuencia habla de la importancia de que los jóvenes del espectro conozcan a adultos autistas que han logrado tener buenas vidas, familia y carreras profesionales.

Entre las grandes ideas de Michael se encuentra esta: el punto al que llega un adolescente o adulto autista se debe más a las experiencias de su vida que a su autismo. Michael está muy preocupado por los problemas de salud mental graves, de abuso de sustancias y de adicción que padecen algunas personas autistas debido a la confusión de las situaciones sociales y al hecho de ser malinterpretadas —y en casos extremos maltratadas— por otras personas. Mientras que otros pueden sentirse tentados de culpar al autismo como la causa principal de todos los problemas, él dice que, con el apoyo apropiado, mucha gente puede construir vidas emocionalmente sanas, productivas y satisfactorias.

También es un portavoz capaz de explicar con profundidad e inteligencia la experiencia de estar dentro del espectro autista. Su enfoque central está basado en la importancia de desarrollar relaciones de confianza y transformar los múltiples factores que dificultan la vida a las personas del espectro. Michael describe sobre todo experiencias dolorosas que sufren las personas autistas que para las personas neurotípicas puede que no sean desagradables ni difíciles. Para una persona autista, por ejemplo, verse reprimida puede ser el equivalente a un golpe físico o psicológico. A alguien muy sensible a determinados sonidos, un ruido agudo o incluso un grito puede provocarle dolor. Un bombardeo constante de tales experiencias adversas puede desembocar en dificultades considerables. El otro compromiso principal de Michael es apoyar a las personas autistas que carecen de respaldo familiar y cuyas vidas están llenas de ansiedad, estrés y miedo, lo que lleva a muchas de ellas al alcoholismo y a la adicción a las drogas. GRASP dirige grupos de apoyo en muchas ciudades, en persona y en línea, para que personas que comparten las mismas dificultades y problemas se conozcan. También ha escrito libros y habla de otras cuestiones críticas relacionadas con la calidad de vida, como el desempeño laboral de los adultos autistas y la importancia de tener una vida sexual feliz y positiva.

Está decidido a compartir con otras personas del espectro la visión que tanto cambió su perspectiva cuando recibió su propio diagnóstico: que muchas de las experiencias dolorosas que han soportado en la vida tienen una explicación que no está enraizada en su carácter sino más bien en su cableado neurológico y en reacciones que otras personas tienen, que no solo no ayudan sino que incluso son dañinas.

Este es el mensaje que transmitió en el Capitol Hill en noviembre de 2012 cuando el U.S. House Committee on Oversight and Government Reform [Comité de Supervisión y Reforma del Gobierno de Estados Unidos] celebró audiencias históricas sobre el dramático aumento de los diagnósticos de autismo. Michael, una de las dos únicas personas del espectro que hablaron (la otra fue Ari Ne'eman, que entonces dirigía la organización Autistic Self Advocacy Network), dio un testimonio emocionante sobre la cuestión de que no existe «base médica» para tratar el autismo como si fuera una enfermedad que puede curarse. «A medida que todos crecemos, seamos del espectro o no, necesitamos escuchar lo que podemos hacer», dijo, «no lo que no podemos hacer». Recientemente, la Universidad de Nueva York ha reconocido la importancia del mensaje de Michael y su talento para comunicar y ha creado un puesto para él como asesor sobre diversidad neuronal en las ciudades universitarias de Nueva York, Shanghái y Abu Dabi.

Stephen Shore: «Me aceptaron»

Stephen Shore describe su primera infancia de esta manera: su desarrollo fue normal hasta los dieciocho meses. Entonces, dice, es cuando cayó la «bomba del autismo». Su capacidad para comunicarse desapareció y dejó de establecer contacto visual con su madre y su padre, que lo miraban desconcertados mientras se golpeaba repetidamente la cabeza. Parecía indiferente y lejano y pasaba el tiempo desplegando comportamientos de autoestimulación para regularse: balanceándose, dando vueltas, aleteando los brazos.

A principios de los años sesenta era tan poco habitual ver ese conjunto de dificultades que a los padres les llevó un año averiguar dónde podían evaluarlo. En 1964 al fin se le diagnosticó autismo, y el médico que lo hizo consideró que Stephen estaba demasiado «enfermo» para un tratamiento ambulatorio. La única recomendación del médico fue que internaran al niño.

Por suerte para Stephen, sus padres ignoraron ese consejo. En cambio, al actuar siguiendo su intuición, iniciaron un programa que según Stephen equivaldría a los actuales programas de intervención temprana en el hogar. En aquella época se lo consideraba crianza comprometida. Su madre estaba decidida a que el niño se involucrara y dedicó sus días a motivarlo para que participara en actividades de música, movimiento e integración sensorial. Al principio, para enseñar a Stephen, sus padres intentaban que este los imitara. Como eso no funcionó, comenzaron a imitarlo a él. Eso llamó la atención de Stephen y fue el comienzo de su capacidad para conectarse de manera significativa.

«Lo más importante de mis padres es que me aceptaron por lo que yo era», dice Stephen, que no habló hasta que tenía cuatro años, «pero al mismo tiempo reconocían que tenía muchas dificultades que superar».

De adulto Stephen ha dedicado su vida a ayudar a personas dentro del espectro autista y a que los padres venzan los obstáculos y ellos mismos tengan vidas satisfactorias y productivas. Tiene un doctorado en educación especial, ha escrito libros, asesora a gobiernos sobre políticas relacionadas con el autismo, enseña en la Universidad de Adelphi y ha hablado en Naciones Unidas. Pasa gran parte de su tiempo viajando por el mundo, asesorando y ofreciendo discursos para educar a padres y profesionales. Da clases de piano a niños autistas, pero no a niños neurotípicos, ya que le resulta difícil entender cómo piensan y aprenden.

A muchas personas que se reúnen con él les sorprende que una persona autista pase tanto tiempo hablando ante grandes grupos de personas. Pero para Stephen una conferencia no es nada más que un largo monólogo —justo su tipo de conversación—. Cuando tiene que ver con su entusiasmo, dice, la gente del espectro puede hablar durante días.

Ese agudo ingenio es parte de su atractivo. De las muchas personas autistas que he conocido, Stephen es una de las que más sentido del humor tiene respecto a su pertenencia al espectro. Una vez Stephen y yo estábamos dando un paseo cuando vio un palo en el suelo, lo recogió y lo sostuvo ante sus ojos para examinarlo de cerca. «¡Oye, Barry, es un gran juguete autoestimulante!», dijo, sonriendo.

Su sentido de la ironía se manifiesta cuando habla de su matrimonio. Stephen conoció a su esposa cuando era estudiante de intercambio procedente de China, ambos estaban estudiando música y se les encomendó que se revisaran la tarea mutuamente. Siguieron relacionándose, y un día en la playa ella le cogió la mano, le besó y le dio un profundo abrazo. Él explica su reacción en términos de «historias sociales», la técnica desarrollada por mi talentosa colega Carol Grey que ayuda a las personas autistas a entender y transitar las situaciones sociales: «Yo conocía una historia social que dice que, si una mujer te besa, te abraza y te agarra, todo al mismo tiempo, probablemente signifique que quiere ser tu novia». Él sabía que su respuesta podía ser «sí, no o un análisis más detallado». Decidió decir sí, y llevan casados desde 1990.

La habilidad de Stephen para crear a partir de su propia mente —con todas las dificultades con las que se encuentra— aporta una perspectiva innovadora, un alivio ante la creencia de que el autismo es sobre todo una carga pesada que ensombrece la vida de la persona autista y la familia.

Su sentido del humor podría estar relacionado con la otra cualidad que lo distingue: para ser una persona autista, Stephen destaca por su solidez y tranquilidad. La mayoría de las personas autistas hablan de su elevada ansiedad, pero el comportamiento relajado de Stephen es un recordatorio de las diferencias que existen entre este grupo. Lo he visto en una variedad de situaciones: ante audiencias, en grupos más pequeños, cara a cara, y él se muestra siempre apacible, atento, relajado. Es fácil estar con él. A diferencia de algunas personas autistas, a él le encanta explorar situaciones nuevas y desconocidas.

Esto no quiere decir que no luche con los mismos tipos de desregulación que otras personas del espectro. En las ocasiones excepcionales en las que tiene que usar traje y corbata, eso le produce una incomodidad exasperante, a menudo lleva gorras de béisbol para que la luz no le deslumbre y recuerda los cortes de pelo infantiles como una tortura, sobre todo porque no podía expresar su incomodidad a sus padres. Le cuesta muchísimo recordar las caras de la gente cuando da cursos universitarios y a menudo no puede ponerles nombre, incluso ya bien entrado el semestre.

Por otro lado, Stephen sabe bien lo que necesita para calmar sus nervios. Una de las razones de su extensa agenda de viajes es que le encanta la experiencia de viajar en avión. Eso también es poco común entre las personas autistas, que con frecuencia suelen desregularse ante las experiencias sensoriales y el caos del viaje en avión; a menudo, y sobre todo a los niños, las cabinas de los aviones comerciales les parecen demasiado agobiantes y les resulta difícil estar tan cerca de tanta gente. Pero Stephen anhela la sensación que siente en el cuerpo durante el despegue. Así que sigue viajando.

También continúa difundiendo los mensajes que le parece que son los más importantes para compartirlos. Todos los adultos autistas que he conocido que comparten su experiencia personal para educar a otras personas lanzan mensajes excepcionales. Temple Grandin pone el énfasis en el potencial que supone convertir los intereses por temas especiales en profesiones. Michael John Carley hace hincapié en la necesidad de ayudar a aquellas personas que no tienen mucho apoyo familiar y formar a posibles empresarios en el autismo. Uno de los mensajes esenciales de Stephen es la importancia de la divulgación, es decir, informar a los niños de su propio diagnóstico en el momento apropiado y con la mayor consideración (véase el capítulo 11).

Su sensibilidad sobre este tema puede deberse al cuidado y atención con los que sus propios padres trataron sus dificultades. Casi más que cualquier otra persona autista que conozco, Stephen tiene conciencia de su propia historia y de lo importante que es «la reciprocidad», compartir su viaje único de tal modo que pueda ser beneficioso para otras personas.

Lo primordial en la narración de Stephen es la historia de dos padres que, a pesar de que se les dijo que no había esperanza para su hijo, siguieron su instinto, ignoraron los mensajes de «pesimismo y desánimo» que escucharon de algunos profesionales y lo criaron con creatividad y amor. Tiene sentido que el niño luego comprometiera su vida a ayudar a otras personas autistas y a familias con problemas similares, y a mostrar a los padres y profesionales que sus hijos y familiares, a pesar de los diagnósticos, tienen un potencial inimaginable.

CAPÍTULO 10

UNA MIRADA AMPLIA

Para los padres que crían a un niño autista o para cualquier persona que cuida de un familiar autista a menudo es difícil tener perspectiva. Para las madres y los padres que están tan atrapados en las necesidades cotidianas del cuidado es fácil olvidar que lo que está sucediendo ahora es un momento único. Cuando una persona resulta que está atrapada en un patrón de comportamiento preocupante o desconcertante, resulta difícil imaginar que pueda progresar algo más. Sobre todo en los primeros años, los padres se preocupan por si su hija nunca va a desarrollar el lenguaje o va a ir más allá de repetir algunas frases. Los padres se preguntan si su hija nunca va a dejar de alinear sus animales de peluche en un orden preciso, o si su hijo pequeño va a mostrar alguna vez interés por otros niños, va a hacer amigos, o si un adolescente va a probar nuevos alimentos. Lo que causa tanto estrés a las personas autistas también provoca estrés a los padres: la incertidumbre —en este caso, respecto al futuro.

Es importante recordar que las personas autistas progresan en las diferentes etapas de desarrollo, como todos lo hacemos. «El autismo no se supera», explica Dena Gassner, que es del espectro y tiene un hijo autista. «Una se adapta a él». Este camino de autoconciencia es para toda la vida, tanto para la persona autista como para su familia, y no hay dos caminos iguales.

Para ofrecer perspectiva, sabiduría e intuición, en este capítulo voy a compartir las experiencias de cuatro familias a cuyos hijos conocí cuando eran preescolares y ahora son adolescentes y adultos. Comparto las historias de estas cuatro personas no porque sean ejemplares o una muestra representativa, sino más bien por lo que he aprendido de estos jóvenes y al observarles, pasar tiempo con ellos y conocer a sus familias. Espero que la lectura de su progreso, cómo han afrontado las dificultades, su desarrollo y su capacidad de encontrar perspectiva y amor le sea de una ayuda valiosa para su propio camino.

La familia Randall: «Si se le da una oportunidad, la aprovecha»

Fue la abuela de Andrew Randall quien primero sugirió a sus padres que lo evaluaran, que algo podría no ir bien.

Andy tenía tres años, pero había tenido problemas durante algún tiempo. Cuando tenía veinte meses, su madre, Jan, notó que estaba perdiendo el lenguaje que había adquirido. Andy había aprendido unas quince palabras, pero luego dejó de usar algunas de ellas y no incorporaba otras nuevas a su vocabulario. Un pediatra aseguró a Jan que su hijo estaba bien. Poco después, a su hija Allison, dos años y medio mayor, se le diagnosticó un trastorno de epilepsia, y Jan y su esposo, Bob, adoptaron otro método para manejar esa crisis.

Mientras tanto, Jan estaba perpleja ante los cambios que advertía en Andy. Rara vez la miraba y no señalaba objetos ni personas. La madre de Jan, una profesora de primer curso, sintió que eran señales de alarma, pero cuando se lo sugirió a su hija, de primeras Jan la ignoró.

Más tarde, viendo la televisión en diciembre de 1988, Jan vio una parte del programa *Entertainment Tonight* que hablaba sobre una película nueva llamada *Rain Man*. «Fue como un puñetazo en el estómago», recuerda. «Fue justo en ese instante cuando lo supe: eso es lo que le pasa a Andrew».

Después de que un psicólogo del colegio evaluara a Andy, Jan preguntó sin rodeos si su hijo era autista. No, dijo el psicólogo, pensando —incorrectamente— que un niño autista no demostraría el fuerte apego materno que Andrew claramente manifestaba. Su diagnóstico: un retraso severo del habla.

Jan se sintió aliviada por un tiempo, pero Andy seguía con lagunas. Para entonces no hablaba en absoluto, solo empujaba a Jan o a Bob a la nevera cuando tenía hambre. Sus crisis podían durar una hora o más mientras saltaba arriba y abajo con tanta intensidad que el ruido llegaba hasta los vecinos de abajo. Afortunadamente para Jan y Bob, el vecino era un amigo simpático. Durante nueve meses, el niño durmió de forma tan irregular que Jan tuvo que colocar un sofá fuera de su dormitorio para poder calmarlo cuando era necesario.

Andy tenía casi cinco años cuando Jan por fin recurrió al director de educación especial del distrito escolar para obtener más ayuda. El distrito la remitió a una psicóloga —no para ayudar a Andrew, sino para ayudarle a desarrollar sus habilidades como madre—. Sin embargo, al oír el relato de Jan, y reunirse con Andrew y revisar sus evaluaciones, la psicóloga juntó las piezas del rompecabezas: está claro, dijo, es autista.

En ese momento Jan dio la bienvenida a la noticia. «Me sentía como si hubiera estado en una habitación muy oscura y alguien abriera todas las persianas», recuerda, «me sentí como si estuviera tumbada al sol».

Tener el diagnóstico le dio nuevas fuerzas. Empezó a leer todo lo que había sobre el autismo. Intentó localizar a otros padres. Se unió a grupos de defensa del autismo. Inscribió a Andrew en un programa de educación especial de jornada completa.

A su marido le llevó más tiempo darse cuenta de lo grave que era la incapacidad de su hijo. Cuando Jan mencionó una vez con tristeza que su hija Allison probablemente nunca llegaría a ser tía, Bob daba la impresión de que no entendía a qué se refería. «Simplemente no estábamos en el mismo punto», dice Jan.

En ese momento, a principios de los años noventa, el autismo se diagnosticaba con menos frecuencia que en la actualidad, y rara vez se hablaba en los medios de comunicación. Así, esta pareja tuvo que invertir muchísima energía para explicar el autismo a amigos y familiares —y defenderse de las críticas—. El propio padre de Jan, desconcertado ante el problema de su nieto, la culpó a ella. Jan ayudó a su hijo de manera activa a desenvolverse en el mundo, pero otros familiares cuestionaban su educación, diciéndole que sus mimos provocaban los arrebatos del niño.

Aguijoneada por las críticas, encontró apoyo en un puñado de padres de niños autistas que no solo entendieron su difícil situación sino que la animaron a que aumentara sus expectativas sobre Andrew. El límite es el cielo, le dijeron. No frenes todavía. No subestimes a Andrew.

A pesar de las dificultades que Andrew tenía, su personalidad translucía. En casa le gustaba hacer el pino con la cabeza sobre un sillón reclinable, riéndose a carcajadas. A sus padres les costaba no reírse con él. Y los niños se sentían atraídos hacia él. Una niña que vivía en el mismo edificio de apartamentos le cogió un aprecio especial, y cuando Andrew se sentaba solo en el parque o en el patio, ella lo inducía a la acción, empujándole en el columpio o involucrándole en juegos infantiles como Duck Duck Goose. Andrew participaba de forma amigable, aunque para él las reglas fueran difíciles.

En cuanto a Jan y a Bob, trataron de que las dificultades de Andrew no impidieran que la familia hiciera lo que de otro modo habrían hecho. Hicieron bien en involucrarle en numerosas relaciones y experiencias desde una edad temprana, en llevarle a la iglesia y dejarle ir a las frecuentes fiestas de pijamas en casa de una tía o de un vecino. Bob nadaba todas las semanas en un centro local YMCA, y la pareja lo llevaba a restaurantes y reuniones sociales. Estas oportunidades ayudaron a Andrew a adaptarse a los cambios y a diferentes personas y ambientes.

Aunque tenía poca conversación espontánea, a menudo se comunicaba con frases repetidas. Una de las favoritas era «Luchamos toda la noche», una frase que extrajo de un libro del doctor Seuss y utilizaba cuando estaba disgustado o pensaba que alguien estaba enfadado. Para poder comunicarse todavía dependía mucho de la manipulación física de otras personas, a las que llevaba hacia los objetos que quería o a lugares a los que deseaba ir. Su dificultad para comunicarse le frustraba tanto que con frecuencia tenía crisis en tiendas y restaurantes. Pero eso no impidió que los Randall participaran en las rutinas de la vida familiar.

Cuando Andrew llegó a la adolescencia, las cosas se volvieron más difíciles. Solo en retrospectiva sus padres se dieron cuenta de cuánto. El colegio privado donde estaba inscrito utilizaba el enfoque conductual, pero allí se sentía desdichado. Cuando tenía arrebatos, el personal del colegio utilizaba cuatro tipos de restricciones e incluso lo encerraba en un armario acolchado. Desarrolló tics, movimientos rápidos de hombros y sacudidas de cabeza, que el personal del colegio trató de eliminar en vano con terapia de conducta. Un terapeuta que los visitó en casa los animó a que llevaran a cabo una dura estrategia: propuso a Jan y Bob «plantarle cara» y «hacerle saber quién es el jefe». Debido a todos estos problemas, no tenía actividades extraescolares.

Estaba tanto tiempo desregulado que en casa también se ponía agresivo. Agujereó con puñetazos y patadas las paredes de la casa. Rompió parabrisas y ventanas de coches. Estaba enfadado, confundido y abrumado.

Durante un tiempo sus padres intentaron tener confianza en el colegio privado, que gozaba de una buena reputación, pero con el tiempo Jan tuvo la intuición de que la estancia de Andrew allí le perjudicaba más de lo que lo beneficiaba. Entonces un orientador de educación especial le confirmó su sensación al decirle: «Andrew no quiere actuar de esta manera. Para él también es espantoso».

Eso resultó un punto de inflexión. «Todas aquellas personas que me decían que le plantara cara y "le metiera en cintura" cuando se descontrolaba», dice la madre, «estaban equivocadas, equivocadas, *equivocadas*. Estaba sufriendo. Se le trató como si no fuera una persona. Por eso estaba enloqueciendo».

Sacaron a Andrew del colegio cuando tenía doce años. Jan le pidió perdón entre lágrimas a su hijo por lo que había pasado allí, y, sorprendentemente, pareció perdonarla. «Queríamos más para Andrew», recuerda. Encontraron lo que buscaban en South Coast Educational Collaborative, una institución de educación especial pública en el sureste de Massachusetts, donde Andrew fue recibido por una comunidad cálida y solidaria, con profesores comprensivos que acogían los consejos de los padres. Cuando Jan sugirió llevar a cabo un método de lectura que había escuchado que era efectivo en especial para alumnos autistas, la profesora no dudó en probarlo. El primer día que utilizó el método, Andrew leyó unas palabras por primera vez —a los trece años.

«Comprendieron que Andrew no solo no era un problema: tenía habilidades y un potencial», dice Jan. «Lo trataron con respeto. Lo valoraron como persona. Y a mí me respetaron como miembro del equipo».

A partir de los veintidós años fue muy difícil para Andrew no poder continuar en aquel programa. Andrew siempre había sido un gran trabajador; se sentía más feliz cuando estaba ocupado: sacar la basura, lavar la ropa, pasar la aspiradora. Jan examinó diez programas estatales diferentes para adultos con discapacidades. No encontró ninguno que le atrajera, pero lo apuntó en uno porque era necesario.

Resultó decepcionante había falta de organización y estaba mal equipado para ayudar a Andrew en sus dificultades. Tuvo una regresión en su comportamiento, pero Jan y Bob siguieron esperando una mejoría. Como no se producía, lo sacaron del programa y lo dispusieron todo para que volviera a casa, donde Jan le organizó el tiempo y el trabajo. Un *coach* de habilidades para la vida le ayudó a tener un comportamiento apropiado en el trabajo y con las tareas cotidianas, como ir de compras y utilizar el transporte. Al final de la veintena, trabajó a tiempo parcial en un supermercado colocando los carritos de la compra.

A mitad de la treintena, Andrew todavía vive con sus padres, los cuales dicen que la llave para asegurar su calidad de vida es estar abiertos a nuevas oportunidades. Recibe ayuda para adultos por medio de un modelo dirigido por los participantes que le permite a Andrew tomar muchas de sus propias decisiones con apoyo. Para divertirse, practica kayak, terapia de surf, yoga adaptado, tenis y pintura de acuarela. Después de trabajar varias horas a la semana con un terapeuta que le ayudó con las habilidades en el trabajo, encontró un trabajo con el que disfruta: llenar los estantes en una tienda de Dollar Tree. Con ayuda de soportes visuales, sigue aprendiendo. Tiene más problemas cuando está aburrido o no está activo físicamente. El lenguaje de Andrew sigue mejorando, haciendo cada vez más preguntas e iniciando conversaciones con más frecuencia que anteriormente.

Mirando hacia atrás, Bob admite que le llevó un tiempo aceptar que tenía un hijo dentro del espectro autista, que su hijo no jugaría en la Little

League, que no conduciría un coche, que probablemente no formaría una familia. «Una vez superé todo eso», dice, «entonces le acepté por lo que es, y estoy orgulloso de la persona en la que se ha convertido. Si le dan una oportunidad, la aprovecha».

Hace unos años comenzó a llamar a su hermana Allie «Alliecat», y ahora agrega el sufijo -cat a los nombres de muchas niñas y mujeres, señal de que se siente cómodo con ellas. A las mezclas de aperitivos las llama «Estrellas crujientes», una frase que escuchó hace mucho tiempo en los anuncios de los cereales Lucky Charms. Y cuando siente la necesidad de disculparse, a veces dice «Nunca ay mami», una frase que Jan dice que extrajo de su respuesta al ser atacada por Andrew al inicio de la adolescencia.

También tiene un punto travieso adorable. Cuando va en el coche con una de las personas que pasan tiempo con él, a veces coloca tapas de botellas en los conductos de ventilación del coche como broma para ver su reacción.

Jan recuerda que antes, ella era el tipo de persona que oía a un niño llorando en el supermercado y se preguntaba qué es lo que hacían mal los padres. Ya no. «Andrew me ha enseñado a ser paciente», dice, «y que las cosas buenas llegan de maneras diversas».

No importa cuánto influye el autismo en la manera en que Andrew experimenta el mundo; a Jan le gusta señalar que él es mucho más que eso. «Él no es su autismo», dice, «es un ser humano increíble».

La familia Correia: «Él me enseña a vivir»

Cuando Cathy Correia se dio cuenta por primera vez de que su hijo Matthew podía ser autista, su reacción inicial fue sentir miedo.

Justo después de la universidad, Cathy fue supervisora de los trabajadores de un taller donde adultos que eran autistas o tenían otros problemas en el desarrollo clasificaban piezas de joyería. Algunos de los trabajadores habían pasado sus vidas en instituciones, un destino que a Cathy le costaba imaginar para su hijo. «Cuando comenzaron a utilizar esa palabra con mi propio hijo, pensé: "¿qué le van a *hacer*?"», recuerda. «Esa fue mi reacción emocional».

Eso no quiere decir que ella no hubiera sospechado desde el principio que Matt, el menor de dos hijos, tenía ciertas dificultades. Cuando Matt de pequeño estaba empezando a hablar, expresaba con facilidad sus necesidades básicas, pero en las conversaciones no reaccionaba de la manera que Cathy esperaba. En vez de hablar espontáneamente, repetía lo que oía. Se ponía delante de la televisión y parecía no darse cuenta de que su hermano intentaba verla. Cathy le planteó todo esto a un pediatra, pero el médico le sugirió que no sacara conclusiones hasta que Matthew estuviera en preescolar y se relacionara de manera más cotidiana con otros niños.

Después de estar un par de meses en preescolar, los profesores se dieron cuenta de sus dificultades. En una conferencia, Cathy y su esposo, David, describieron cómo Matt rara vez participaba en el juego con los otros niños, se dedicaba a actividades solitarias y repetitivas y cuando estaba nervioso agitaba los brazos. Aunque no les sorprendían las descripciones de los profesores, no habían pensado en el autismo. Uno de sus vecinos tenía un hijo, unos años mayor, diagnosticado de autismo, pero ese chico no hablaba en absoluto. Matt, por el contrario, era un charlatán, con frecuencia repetía lo que sus padres decían.

Cuando un médico le diagnosticó un trastorno generalizado del desarrollo (un término que se usaba entonces para el trastorno del espectro autista), los padres reaccionaron de maneras distintas pero complementarias. David creía que la evaluación de su hijo era certera, pero quería esperar y ver cómo avanzaba el desarrollo de Matt. Cathy inmediatamente se acercó a otros padres y grupos de autismo en busca de cualquier información y apoyo.

Cathy encontró consuelo en la relación con otras madres mientras veía cómo su hijo luchaba. A veces Matt, ante la frustración de no poder comunicarse, arañaba a sus padres y a otras personas. Si era hora de salir de casa y Matt no estaba listo, podía ser desafiante, revolviéndose y balanceándose. En las reuniones familiares a veces sus primos eran el blanco del balanceo de sus brazos y de sus arañazos. Afortunadamente, la mayoría de los familiares de los Correia respondían con comprensión y cariño.

Así lo hizo Traci, la profesora de Matt en el primer y segundo cursos y después otra profesora nueva contratada que tenía una habilidad natural para conectar con sus alumnos y encontrar la mejor manera de involucrarlos. En los primeros días del primer curso, Matt lloraba todo el día, pero Traci lo apoyó prestando atención a lo que le preocupaba. Cuando una vez se quejó de un sueño aterrador, a petición de Matt dejó que sus compañeros representaran su sueño, un proceso que le ayudó a superar el miedo que este le había producido.

Mirando hacia atrás, David recuerda lo que él llama los dos diferentes Matt: el chico encerrado en sí mismo y frustrado antes de conocer a Traci y el chico más expresivo y contento que surgió después. Su experiencia como padre discurrió en paralelo a esa evolución. «Para mí fue muy difícil cuando Matt era pequeño», dice David; «cuando surgió su "otro lado", fue una experiencia por completo diferente».

Otro profesor enseñó a los Correia una técnica para trabajar las dificultades a nivel táctil y sensorial en la que a Matt se le masajeaba el cuerpo con cepillos suaves. Eso a veces parecía que funcionaba.

Desde otros puntos de vista, la educación de Matt resultó decepcionante y con dificultades constantes, sobre todo después del segundo curso. Los profesores, en lugar de entender cómo era su aprendizaje y establecer una estrategia adaptada a él, se conformaban con un único enfoque. Al igual que muchos niños del espectro, podía descifrar —leer las palabras de una página de memoria— al nivel que exigía el curso, pero su comprensión siempre era bastante más baja.

Cathy se frustró con los profesores que ponían el énfasis en los problemas de comportamiento y aprendizaje de su hijo en lugar de buscar sus puntos fuertes. No le agradaba el uso excesivo de métodos de modificación de conducta, de recompensar o sancionar a su hijo, un enfoque que en su opinión, más que ayudar a Matt, lo estresaba.

Los continuos esfuerzos de Cathy por aprender sobre el autismo dieron sus frutos. En una conferencia sobre autismo, observó una película acerca de la forma en que las frustraciones en apariencia pequeñas e invisibles podían ir creciendo en el interior de un niño, lo que con el tiempo les inducía a atacar o a tener comportamientos problemáticos. En la película, los profesores respondían de maneras que causaban al niño aún más estrés y desregulación. De inmediato pensó en el tic que Matt había desarrollado recientemente: se retorcía mechones de pelo entre sus dedos con tanta frecuencia que se los arrancaba. «Cuando vi esa presentación, me di cuenta de que no era su culpa», recuerda, «era debido a la situación».

Solo unos días después Cathy organizó una reunión con la psicóloga del colegio y compartió con ella su percepción. Sugirió una serie de cambios en el horario de Matt y en el enfoque del colegio para ayudar a aliviar su estrés y apoyarle en su capacidad para regularse a sí mismo. Y hay que decir, en favor del psicólogo y de los profesores, que estuvieron dispuestos a hacer los cambios. El colegio de secundaria resultó mucho agradable para Matt, se le inscribió en una organización de colaboración de educación especial y estuvo tres años adicionales en un programa diseñado para ayudar en la transición hacia la edad adulta.

Cathy amplió su comprensión y conocimiento sobre el autismo; estaba siempre seleccionando lo que leía y aprendía para ayudar a Matt a comunicarse y regularse a sí mismo. Al mismo tiempo, David tomó la dirección opuesta: evitaba las conferencias y la literatura sobre el tema. «Nunca he leído un *párrafo* sobre el autismo, y mucho menos un libro», dice. Eso no se debía a que no quisiera aprender, sino más bien a la determinación de centrarse en su hijo antes que en su diagnóstico: «Desde el principio, solo quise relacionarme con Matt y confiar en mi intuición».

Cuanto más se volcaba en ello, más descubría a un joven encantador: abierto, inocente, cándido, cariñoso y ansioso de conectar con otras personas a su manera. Cautivaba a sus amigos y conocidos con sus entusiasmos: el tiempo, los relojes, el calendario y los deportes (especialmente los que se cronometraban, como el fútbol). El niño tenso y nervioso de preescolar se convirtió en un adolescente y en un adulto relajado, tranquilo y, dentro de ciertos límites, capaz de desenvolverse de manera independiente y tranquila. Cathy recuerda que, cuando lo acompañó al funeral de un director del colegio anterior, «se ganó a la gente, estrechando manos y saludándoles con entusiasmo y compartiendo recuerdos con ellos».

Ha llegado a ser autosuficiente en varios ámbitos. Puede ir a un restaurante de la cadena Subway, elegir los ingredientes de su sándwich y pagar. Conoce los estantes del supermercado local de memoria —una gran ayuda en las compras familiares—. En casa tiene todas sus cosas organizadas y participa en la planificación de las comidas, expresando con firmeza sus preferencias, y cuando Cathy compra algo que no le gusta, se lo hace saber. Es hábil en el uso del ordenador y se encarga del horario familiar.

Todavía tiene dificultades, aunque no son tan incapacitantes como en el pasado. Ver un anuncio de una campaña de donación de sangre, por ejemplo, le puede producir ansiedad, y en las conversaciones todavía tiende a centrarse demasiado en sus propios intereses. También parece consciente de sus limitaciones, ya sean reales o autoimpuestas. Por ejemplo, rechaza el ofrecimiento de clases para aprender a conducir, a pesar de su gran sentido de la orientación y de su conocimiento sobre coches. «Él sabe lo que es para él y lo que no es para él», dice Cathy. «No queremos limitarlo, pero él parece saber lo que puede y no puede hacer».

Que de verdad entienda el impacto del autismo es otra cuestión. En su último año de secundaria los Correia supieron que el maestro de Matt planeaba organizar un debate en clase sobre el autismo. La pareja estuvo pensando cómo afrontar el asunto, y optaron por pedir que Matt no estuviera en la sesión. Cathy sintió el deber de explicarle a Matt por qué nunca cogía el mismo autobús escolar que su hermano, por qué tenía dificultades con cosas que para otros eran fáciles, pero nunca le había dicho: «Tú eres autista». El profesor de Matt defendía que era importante que entendiera su diagnóstico para en un futuro poder defenderse en situaciones laborales u otros ámbitos. A sus padres esa posibilidad les sobrepasaba por la idea de que, si Matt sabía su diagnóstico, podía pensar que había algo mal en él. «El niño no es su diagnóstico», dice David, «no se quiere interactuar con las *ideas* sobre quién es él. Se quiere interactuar con la persona que tienes enfrente».

Cathy, cuando habla con Matt de sus dificultades, se basa en los hechos y en lo objetivo para ayudarle a comprender por qué a veces necesita ayuda adicional. Ahora, ya en la treintena, Matt habla mucho más libremente de sus fortalezas, dificultades y de su autismo. Ha madurado en su capacidad de comprender y protegerse y habitualmente hace preguntas y expresa sus sentimientos de forma sana, positiva. Participa en el Miracle Project-New England, el programa de teatro y artes expresivas del que soy cofundador, y comparte sus ideas y creatividad sin reparos.

También asiste a un programa diario dedicado a actividades de la comunidad que incluye reparto de comida a los residentes locales, clases de ejercicio físico y excursiones de recreo. Es admirado por el personal del programa y se ha ganado una reputación de persona compasiva y paciente, sobre todo con aquellos que tienen dificultades significativas para comunicarse.

En cuanto al futuro, los Correia no tienen prisa en que Matt viva fuera de casa, ni él tampoco parece tener prisa por enfrentarse al mundo. Ellos disfrutan teniéndolo en la casa, y Matt disfruta socializando con muchos de los amigos de la familia.

Cuando Cathy piensa en el trabajo que hizo anteriormente con personas con trastornos del desarrollo, recuerda la fuerte sensación de que las personas con mejor calidad de vida eran las que vivían en casa con sus familias. Por ahora, ella y David están felices de ofrecer a Matt esa posibilidad por la recompensa que reciben a cambio.

«Vivir con él es una calle de doble sentido», explica David, quien dice que ha aprendido bondad, sinceridad y entusiasmo de su hijo: «Todos los días me enseña a vivir».

La familia Domingue: «Tenemos que seguir nuestra intuición»

En uno de los recuerdos más dolorosos de Bob Domingue, su hijo Nick tenía cuatro años. Podía hablar, pero en alguna ocasión se quedaba en silencio y a veces le costaba comunicarse. Un logopeda aconsejó a Bob y a su esposa, Barbara, que era crucial que obligaran a Nick a usar palabras siempre que fuera posible. Una tarde, Nick se acercó a su padre en la cocina, le cogió de la mano y lo llevó a la nevera.

«¿Qué quieres, Nick?», preguntó Bob.

En silencio, Nick tiró de la mano de su padre hasta la puerta de la nevera.

«¿Qué *quieres?*», repitió Bob, siguiendo el consejo del terapeuta.

Con dificultad, Nick dijo una palabra: «Puerta».

Bob entendía exactamente lo que su hijo quería: un vaso de zumo. Pero le forzó más, insistiendo en que Nick usara palabras para comunicarse. Nick solo gruñó.

«¿Quieres *leche?*», preguntó el padre, sosteniendo un cartón de leche.

Gruñido. Movimiento de cabeza.

Bob cogió un tarro de pepinillos: «¿Quieres un *pepinillo?*».

Nick, obviamente frustrado y abatido, frunció el ceño, caminó cansado hasta la esquina de la cocina, se sentó y comenzó a llorar en silencio.

Décadas más tarde, el recuerdo de ese momento todavía les disgusta tanto a Bob como a Barbara. Se estaba *comunicando.* ¿Por qué le puse en esa situación?», dice Bob, «no había en absoluto ninguna necesidad de hacerlo».

Barbara dice que la lección estaba clara: debían confiar en sus propias intuiciones respecto a su hijo. «Si como padres sentimos que esto es lo que debemos hacer, entonces esto es lo que debemos hacer», dice. «Tenemos que seguir nuestra intuición».

Esa intuición ha ayudado a la familia en un viaje de tres décadas que ha tenido sus dificultades, tragedias y sorpresas.

El viaje comenzó cuando Nick, el segundo de los tres hijos de la familia Domingue, aún no tenía dos años y parecía tener problemas auditivos. No respondía a su nombre y ni siquiera respondía a ruidos repentinos como un aplauso o el sonido de las ollas y sartenes. Pero si su madre decía «¡Helado!» desde la cocina, siempre iba corriendo.

También tenía la costumbre de alinear juguetes. Agitaba los brazos y las manos. Se enfadaba con facilidad, gritaba sin razón aparente y una vez mordió a su hermana Bethany en el hombro con tal fuerza que le hizo sangre.

Nick tenía dos años y medio cuando un psicólogo le diagnosticó autismo. La pareja sabía poco sobre el autismo, pero, tal vez porque Barbara creció con un hermano que era ciego y una de las hermanas de Bob tuvo retrasos en el desarrollo, el duelo duró poco. Barbara en seguida se puso en marcha, leyendo todo lo que pudo encontrar sobre el tema e incluso importunando por teléfono a autores y expertos para pedir consejo. Encontraron profesionales de apoyo y se pusieron en contacto con otros padres de niños autistas a través de un programa que ayudé a establecer en el hospital Bradley Children's Hospital en Providence, Rhode Island.

A pesar de toda la ayuda, Nick aún tenía dificultades importantes. Era incapaz de comunicarse con palabras de forma coherente, en ocasiones se frustraba mucho, acostumbraba a dar arañazos a sus padres y una vez le rasgó la córnea del ojo derecho a su padre. También solía echar a correr. En una ocasión, Barbara salió de la habitación donde Nick estaba viendo dibujos animados y cuando volvió se encontró que se había ido —y no aparecía por ninguna parte de la casa—. Salió corriendo desesperada, preocupada por si se ahogaba al llegar a un lago cercano. Por fortuna, un desconocido lo encontró antes de que llegara al agua y, como sospechó que algo pasaba, se quedó con él hasta que apareció Barbara.

Nick se comunicaba sobre todo utilizando la ecolalia. A veces sorprendía a sus padres con una frase sofisticada, y Bethany, su hermana mayor, lo ponía en contexto al identificar el diálogo de televisión que estaba repitiendo.

Desde un principio, Bob entendió que mantener el sentido del humor y hacer que las cosas fueran divertidas era clave para el desarrollo de Nick. Al darse cuenta de que la actividad física calmaba a Nick, Bob ideó un juego llamado *Stop and Go,* en el que los niños corrían salvajemente por la habitación hasta que les mandaba congelarse. Bob también descubrió que cuando le hacía cosquillas a Nick, su hijo se abría más a la interacción social, así que aprovechó esas ocasiones para relacionarse con él y enseñarle nuevas habilidades.

Cuando llegó la hora de ir al colegio, la familia se mudó de Fall River a Swansea, en Massachusetts, principalmente porque Barbara creía que el distrito escolar de la ciudad les ofrecería mejores servicios. Tanto Barbara como Bob habían ido a colegios católicos y siempre habían dado por sentado que sus hijos también. Inscribieron a Nick en un colegio católico donde él era uno de los pocos niños que tenía una discapacidad. Para ayudarle en las dificultades, el profesor de Nick creó en el aula un área pequeña separada con una cortina donde, cuando se sintiera sobreexcitado, Nick podría cobijarse y escuchar música con unos auriculares.

Aunque a veces tenía dificultades, destacó en algunas materias. Se le daban tan bien las matemáticas que sus compañeros de clase le pedían ayuda. En secundaria fue víctima ocasional de *bullying,* y una vez aterrizó en el despacho del director por amenazar a otro alumno en un lavabo diciéndole: «¡Justo en la boca!». Resultó que estaba utilizando una de sus frases repetitivas, y Bob tuvo que enderezarlo: «*Nosotros* te entendemos, Nick», le dijo a su hijo, «pero cuando le dices eso a alguien, piensa que vas a pegarle».

Desde una edad temprana se sintió atraído por los videojuegos. Cuando estaba en segundo curso, escribió acerca de sí mismo: «Si pudiera me gustaría estar en los videojuegos. Soy más feliz cuando juego con la Nintendo». Cuando tenía unos ocho años, Barbara se dio cuenta de que tenía el hábito de ponerse las manos frente a los ojos, formando líneas cruzadas y sombras. Cuando le preguntó por qué lo hacía, Nick dijo que le ayudaba a diseñar laberintos, y a través de ellos ponía en acción personajes imaginarios a los que denominaba «criaturas estimulantes». «Si le hubiéramos cortado esto, habríamos eliminando un proceso creativo», dice Barbara. «El comportamiento podía parecer extraño, pero le preguntamos por qué lo hacía y fue capaz de contárnoslo».

Nick estaba en octavo curso cuando el destino de la familia Domingue dio un giro trágico en un instante. Volvían a casa después de una cena de cumpleaños del hermano menor de Nick, Nathan, cuando un camión se saltó el semáforo en rojo y se estrelló contra su Corolla blanco, produciéndole a Bethany un traumatismo craneoencefálico justo dos semanas antes de cumplir dieciséis años. Bethany estuvo en el hospital y en rehabilitación durante casi un año; sobrevivió, pero se quedó con una parálisis y una discapacidad profundas, casi incapaz de comunicarse.

Aunque los hermanos escaparon ilesos, Nick tuvo una regresión durante el tiempo en que Bob y Barbara se centraron en la recuperación de Bethany. En su lucha para afrontar el destino de su hermana, Nick escribió una carta a Dios. «Lo único por lo que quiero darte las gracias, sobre todo, es por mi hermana», escribió. «Ella siempre ha sido comprensiva y amable conmigo. Si solo pudiera estar con una persona en el mundo elegiría a mi hermana, Bethany».

Más tarde le resultaba difícil olvidarse del doloroso recuerdo del accidente. Antes del accidente, Bob esperaba que un día su hijo pudiera ser capaz de sacarse el carnet de conducir, pero cuando Nick empezó a conducir, tuvo ataques de pánico tan graves, desencadenados por los recuerdos del accidente, que la familia desistió de la idea.

Nick seguía teniendo el sueño de crear videojuegos, y se abrió camino a través de tres programas universitarios diferentes para obtener un título en programación y diseño de juegos informáticos. Utilizó el autobús como modo de transporte, memorizó los horarios y los mapas. En la primera salida de Nick, Bob fue con el coche familiar siguiendo al autobús, asegurándose de que Nick hacía los trasbordos de forma correcta.

Cuando Bob y Barbara iban a ver a su hijo al dormitorio, a veces lo sorprendían alineando objetos o caminando en círculos. Si le comentaban que debería estar haciendo los deberes, Nick insistía en que estaba haciéndolos. «Estaba procesando», explica Bob. «Esa conducta —el ritmo y la alineación— no era algo de lo que teníamos que deshacernos. Era una herramienta que le ayudaba a pensar».

Cuando terminó sus estudios universitarios, la tecnología de los videojuegos había cambiado tanto que gran parte de lo que había aprendido estaba obsoleto. Y como Nick no era aficionado a los nuevos juegos 3D, perdió el interés.

Nick, que todavía vive en casa, habla con voz suave y es considerado y tranquilo. En contraste con su juventud, cuando era inquieto y distraído, de adulto es muy consciente de cómo se sienten las personas que están a su alrededor. Durante varios años, trabajó a tiempo parcial vendiendo entradas e invitaciones en una sala de cine, donde su pensamiento inflexible y su cumplimiento de las normas a veces dieron buenos resultados. Una vez Nick detuvo a un cliente que estaba tratando de entrar en una película para mayores, exigiéndole con obstinación que le enseñara su identificación con la fecha de nacimiento. Resultó que el cliente era un alto directivo disfrazado. Hizo grandes elogios al trabajo de Nick.

También trabajó como contable a tiempo parcial en la Community Autism Resources (CAR), una organización sin afán de lucro que su madre fundó y dirige, que ofrece programas y da asistencia a miles de familias por todo el sur de Nueva Inglaterra. Allí también su exhaustividad y cumplimiento de las normas han dado sus frutos, y ha mostrado interés en sacarse una titulación en contabilidad. Nick también colabora como asistente personal de su hermana, que solía cuidarle a él. Compaginar todo puede ser difícil, y como Nick admite, puede ser complicado acordarse de determinadas cosas, pero los apoyos visuales le ayudan.

Nick dice que espera utilizar el dinero que está ganando para conseguir un cierto grado de estabilidad económica y ha expresado el temor de perder a sus padres. A Barbara y a Bob les resulta difícil pensar en lo que será de sus hijos a medida que se hagan mayores. Aunque Nick es un adulto, todavía siguen preocupados por si las «palabras crueles» de alguna persona puedan herirle.

Barbara recuerda una de las primeras veces que se reunió con otro padre para recibir consejo sobre cómo criar a un niño autista. Alguien le dio a Barbara el número de teléfono de un grupo defensor del autismo, y cuando llamó, le dijo a la mujer que contestó al teléfono que su hijo de tres años había sido diagnosticado recientemente.

«Mi hijo tiene ocho años», dijo la mujer, «estarás bien».

No es tan diferente del consejo que Barbara y su equipo profesional de padres están dando estos días en el CAR: día a día, paso a paso. Piense en el futuro, pero no se apegue a ningún plan. Si alguien lo sabe, es la familia Domingue.

La familia Canha: «Para que suceda hay que estar en las trincheras»

A veces María Teresa ve el vídeo de una reunión familiar de cuando su hijo Justin tenía dos años. Con un palo, Justin se aleja sin rumbo, en apariencia ajeno a sus primos y a todos los demás. Incluso cuando María Teresa y su marido Briant le llaman por su nombre, Justin no mira hacia atrás.

Es difícil creer que el niño lejano y silencioso se convertiría en el Justin de hoy: extrovertido, entusiasmado, divertido, un artista consumado que se deleita en enseñar a niños a dibujar y pintar.

Esa transformación tiene mucho que ver con sus padres, que han aceptado y alentado la peculiar personalidad de Justin —y, cuando era necesario, animaban a la gente cercana a su hijo a que le ayudaran a sacar lo mejor de él.

Justin, el pequeño de dos hijos, se había desarrollado con normalidad hasta los dos años, momento en el que perdió la mayor parte del lenguaje que había adquirido y parecía aislarse del mundo. «De repente», recuerda María Teresa, «empezamos de cero».

Un médico le dijo a los Canha que su hijo no tenía autismo; tenía un trastorno generalizado del desarrollo. Mirando hacia atrás, María Teresa ve ese diagnóstico como un flaco favor: «Me llevó un año entender que era lo mismo».

No mucho después de ese acontecimiento, los padres y el hijo vinieron a mi despacho, entonces en el Boston's Emerson College. Descubrí que Justin, aunque no se mostraba con muy receptivo con la gente, era curioso, despierto y estaba centrado en sus intereses. Confirmé que estaba dentro del espectro autista, pero les dije a sus padres que tenía un potencial ilimitado, siempre que trabajaran dándole el apoyo adecuado y mantuvieran unas expectativas elevadas —un enfoque que Briant resume ahora como «mucho apoyo, mucha exigencia».

En Bélgica, adonde la familia se trasladó debido al trabajo de Briant, encontraron poca ayuda. El colegio internacional de Justin ofrecía poco apoyo y María Teresa se sentía cada vez más sola y desanimada, preguntándose si su hijo hablaría alguna vez.

Buscando maneras de llegar a Justin, Briant empleó su talento artístico, creó secuencias de viñetas y las grabó en vídeo para enseñarle habilidades básicas como ir al baño y evitar peligros. De inmediato Justin respondió de una manera que no habían imaginado. «Entonces me di cuenta de que Justin era inteligente», recuerda Briant. «Si pudiéramos averiguar cómo dar forma a la información y meterla en su cabeza, en seguida lo entendería».

Sin embargo, la familia Canha sabía que necesitaba mucha ayuda para que Justin pudiera aprovechar al máximo su vida. Como no pudieron encontrarla en Europa, se mudaron de nuevo a los Estados Unidos, estableciéndose cerca de la familia en Rhode Island. Allí inscribieron a Justin en un programa de integración en un colegio público, el cual, después de algunos años, fue una decepción. En su opinión, los profesores no se esforzaron para que Justin de verdad se integrara en la clase, sino más bien le enseñaban en un sitio aparte. Y el profesor de apoyo que le asignaron, que tenía unas calificaciones impresionantes para el trabajo, no supo interesarse por Justin.

Esa decepción nos enseñó una lección: que los profesionales más eficaces eran aquellos que se implicaban con Justin. «No me importa qué formación tengan, qué antecedentes», dice María Teresa. «Si creen en Justin y están entusiasmados en trabajar con él, si le enseñan teniendo en cuenta sus intereses, es contagioso».

Frustrados sus intentos de encontrar a personas así en los colegios públicos de Providence, la familia volvió a mudarse, esta vez a Montclair, en New Jersey, donde encontraron un colegio muy comprometido en la integración de niños con discapacidades y en proporcionar un nivel adecuado de apoyo. En ese ambiente de educación surgió la personalidad de Justin: un sentido del humor encantador, su amor y compromiso con los animales, una gran ética en el trabajo y el deseo de complacer a los padres y a los profesores, el afecto por su familia. Desde temprana edad, le encantaba dar y recibir abrazos.

Incluso antes de hablar, Justin dibujaba, y con el tiempo se le hizo evidente a sus padres que su hijo tenía un gran potencial si pudieran promover su notable talento artístico. Pasaba horas interminables dibujando personajes de dibujos animados —sus favoritos eran los de Barrio Sésamo, Disney y los Looney Tunes—, y cuando empezó a hablar, sobre todo lo hacía sobre ellos. Esa habilidad incipiente habría sido poco más que un *hobby* si María Teresa, una luchadora tenaz y creativa, no hubiera explorado todas las vías posibles que pudieran beneficiar a su hijo. «A la hora de promocionarme, soy tímida», dice, «pero para Justin, no tengo vergüenza».

Eso significó buscarle una profesora de artes plásticas, Denise Melucci, que encontró una manera de sacar a Justin, que entonces tenía diez años, de su zona de confort, le convenció para que ampliase la reproducción de personajes de dibujos animados a un terreno más ambicioso de figuras y paisajes (véase el capítulo 7). María Teresa también buscó profesores de habilidades sociales comprometidos y enérgicos, terapeutas ocupacionales y otros profesionales para aprovechar al máximo el potencial de su hijo.

«Los padres envían a sus hijos al colegio y piensan: "Se están ocupando"», dice María Teresa. «No funciona así. Tienes que tener un objetivo en mente, y tienes que estar en las trincheras para que se cumpla».

Durante los años del colegio de secundaria, Justin se benefició de un profesor de apoyo en el programa de integración de su colegio público. Fue partícipe de un programa innovador sobre la transición a la edad adulta después de terminar la secundaria en el instituto Montclair, en el cual los alumnos de educación especial aprendían a comprar comida, utilizar el transporte público y adquirir experiencia laboral haciendo prácticas. En los talleres de habilidades sociales, los alumnos aprendían a hacer una entrevista de trabajo y, más tarde, a comportarse con sus compañeros de trabajo[1].

En el proceso, Justin comenzó a centrarse en un objetivo a largo plazo: empezar a ser independiente vendiendo sus obras de arte y enseñando. Cuando entró en la veintena ya estaba en el camino: le representaba la galería Ricco Maresca de Nueva York, que vendía sus pinturas y carboncillos y le patrocinaba las exposiciones de su obra. Justin también comenzó a ser voluntario como profesor de artes plásticas en varias clases, con niños neurotípicos y niños autistas. Pero el mercado del arte es muy inestable, y cuando Justin terminó el programa de transición con veintiún años, no había conseguido un trabajo estable.

Eso no frenó su determinación. Aunque siguió viviendo en casa de sus padres al principio de la veintena, iba hasta Nueva York en transporte público, y a menudo rechazaba los ofrecimientos de llevarle en coche porque estaba decidido a ser autosuficiente.

Al principio, sus padres se concentraron en buscarle trabajos que requirieran poca interacción social, ya que sabían que para Justin era complicado. Pero cuando trabajó en algunas panaderías, parecía que buscaba cualquier oportunidad para interactuar con los clientes. Y en realidad en clase destacó por su habilidad de enseñar artes plásticas a los alumnos de primaria en Montclair y a niños autistas en un colegio de Nueva York. También comenzó a ganar dinero diseñando y decorando tartas de cumpleaños, trabajando en fiestas de cumpleaños de niños y con encargos de dibujos que le hacían los invitados. Ha comenzado a hablar en conferencias ante grandes audiencias, para deleite de los asistentes. Si un miembro del público plantea una pregunta que no le gusta, Justin, siempre directo y sincero, suelta: «¡Siguiente pregunta!».

En esas situaciones, sus padres dicen que la mayoría de la gente que conoce a Justin se queda intrigada con su encantadora personalidad. Entusiasta y atractivo, le gusta cantar canciones de Disney para sí mismo y es propenso al lenguaje inventivo y descriptivo. Cuando alguien no le cae bien, dice que la persona «debe ser apartada». Cuando su madre le preguntó acerca de las relaciones futuras, Justin le dijo que no planeaba casarse «porque el matrimonio es demasiado complicado».

---

[1] Justin y el programa de los talleres fueron descritos en el artículo «Autistic and Seeking a Place in an Adult World», *New York Times,* 17 de septiembre de 2011.

Al padre el magnetismo de su hijo le parece una ironía. «Nos dimos cuenta de que su verdadera fuerza es su habilidad para comunicarse con otros seres humanos», dice Briant; «todavía estoy tratando de asimilarlo».

Ansioso por tener más independencia, casi al final de la veintena, dio el gran paso de mudarse a un apartamento con su hermano, y más tarde se mudó solo a un edificio subvencionado por el estado que acoge a personas mayores y a personas con discapacidades, donde vive con ayuda periódica. Entusiasta de los animales desde temprana edad, disfruta de la compañía de su gato Tommy.

Como no conduce, utiliza el transporte público de forma independiente, al igual que servicios de transporte compartido. Además de su trabajo en la pastelería, es voluntario en un refugio de vida silvestre de New Jersey, donde prepara comida para los animales rescatados. Aquí también hace visitas guiadas compartiendo su entusiasmo contagioso por los animales.

Tan comprometido con el mundo como lo está, Justin también disfruta relajándose por su cuenta, jugando en el ordenador, escuchando música y «hablando consigo mismo», repitiendo sin cesar escenas de películas y trozos de conversaciones que le rondan por la cabeza. Cuando está en casa de María Teresa, no es raro que esta de repente oiga una voz fuerte y aguda procedente de arriba: Justin, representando otra escena en su cabeza.

Sus padres entienden que forma parte de ser del espectro. Briant admite que antes dedicaba más esfuerzo a ayudar a Justin a adaptarse a las situaciones sociales, y que prefería ambientes donde hubiera más personas neurotípicas para que pudiera tener un modelo del que aprender a comportarse. Con el tiempo le ha parecido menos factible y menos importante.

Eso le sorprendió especialmente cuando hace años viajó con Justin a Los Ángeles, donde colaboró con Dani Bowman, un artista autista que dirige su propia pequeña compañía de animación independiente y al final contrató a Justin para que le hiciera secuencias de viñetas. Al principio, la familia Canha esperaba desempeñar un papel importante a la hora de ayudar a Justin y a Dani a comunicarse y relacionarse. Pero rápidamente observaron que los dos artistas autistas tenían su propio lenguaje, su propia manera de colaborar, y no necesitaban ayuda.

Para los padres al mismo tiempo fue aleccionador y extraordinario ver al hijo al que antes observaban vagando entre sus primos, distante del mundo, ahora totalmente comprometido y siendo plenamente él mismo.

«Nada más conocer a Justin, sabes que es diferente», dice Briant, «y no tiene éxito a pesar de ello, sino gracias a ello».

TERCERA PARTE

EL FUTURO DEL AUTISMO

CAPÍTULO 11

REPLANTEAR LA IDENTIDAD AUTISTA

Estaba tratando de pasar desapercibido cuando Mikey me descubrió.

Todavía no le había conocido cuando una mañana visité su clase de cuarto de primaria para observarle como orientador, para ayudar a los profesores y al personal del colegio público en el apoyo de niños del espectro. Estoy acostumbrado a integrarme en estas visitas, de modo que me acomodé en una silla de tamaño infantil en la periferia del círculo de la mañana. Como la profesora sabía que los niños iban a percibir a un extraño, sonrió y se dirigió hacia mí, explicando a los niños de forma despreocupada que yo estaba allí de visita y para ver las cosas maravillosas que estaban aprendiendo.

Claramente intrigado, Mikey no dejó de mirar hacia donde yo estaba mientras me hacía el distraído. Al final, mientras sus compañeros de clase iban hacia sus asientos, corrió hasta mí: «Hola, doctor Barry. ¿Es usted el hombre del autismo?», preguntó con los ojos muy abiertos. Me cogió desprevenido, y le dije que había venido a conocer a muchos alumnos y algunos de ellos eran autistas. Ante esto, empezó a aletear sus brazos y se puso de puntillas. «Entonces debe estar aquí para *verme*», dijo con excitación en su voz: «*Soy* autista». Me explicó que su madre le había dicho que yo iba a ir a su colegio para ver a niños autistas. Me dijo que ser autista significaba que tenía muy buena memoria pero que algunas veces, cuando se excitaba demasiado, sufría crisis. A continuación, procedió a hablarme con muchos detalles de su equipo favorito de fútbol americano, los New England Patriots, y de su *quarterback* estrella.

Mientras la profesora intervenía, llevándole de vuelta a su asiento, no pude evitar sonreír. Estaba acostumbrado a ser discreto en tales situaciones, pero aquí estaba un niño encantador y alegre que a la edad de nueve años había aprendido claramente a aceptar que era del espectro del autismo. No tenía nada que ocultar y todo que compartir.

Esa mañana, Mikey me enseñó muchas más cosas que sobre jugadores de fútbol americano. Su saludo sin trabas me dio un nuevo conocimiento sobre los cambios notables en cómo se perciben las personas autistas a sí mismas y el papel del autismo en sus vidas. Cada vez es más habitual que el autismo no se vea como algo que hay que ocultar o sobre lo que hay que susurrar, sino más bien como una parte importante del ser. En perspectiva, esta evolución ha tenido lugar en gran parte porque las personas del espectro están haciéndose oír, desafiando las suposiciones que han prevalecido durante mucho tiempo y dando una nueva visión de cómo se ven ellas a sí mismas.

En este capítulo vamos a examinar cómo esta revolución, dirigida por la gente del espectro, está afectando y está abordando algunas cuestiones centrales e importantes: ¿cuándo y cómo una persona autista debería saber su diagnóstico?, ¿cuál es la mejor manera de comunicar el propio diagnóstico a los demás?, ¿qué significa aceptar el autismo como identidad?, ¿cómo se solapa el autismo con otros aspectos de la identidad de una persona? y ¿qué podemos aprender acerca de todo esto de un grupo único de autistas autodefensores, aquellos que no tienen lenguaje oral y utilizan el AAC para comunicarse, y que ahora se «defienden» por sí mismos?

Los dos lados de la revelación

Una de las cuestiones más comunes que los padres me preguntan es: ¿cuándo es el momento oportuno para decirle a mi hijo que es del espectro autista?, ¿deberíamos siquiera utilizar la palabra «autismo» en presencia de nuestro familiar? Esta cuestión también surge con relación a los adultos. A veces hay opiniones conflictivas sobre qué hacer o qué decir cuando una persona puede ser del espectro o ha sido diagnosticada pero todavía no lo sabe. ¿Cuándo sacar el tema? ¿Y cómo? Esta es la primera parte de la revelación del diagnóstico: hablar sobre el autismo con una persona que puede que no sea consciente de que es autista. La segunda parte: con este conocimiento, ¿cuándo debe una persona autista divulgar su diagnóstico a otras personas que forman parte de su vida y puede que no lo sepan?

La manera en la que pensamos acerca de estas cuestiones está relacionada con nuestro conocimiento y comprensión del autismo. Hace décadas, el psicólogo Ivar Lovaas, que desarrolló enfoques conductuales dirigidos a «recuperar» a niños que él consideraba que tenían una condición «terrible», aconsejaba a los padres y a los profesores que no hablaran nunca sobre autismo con sus hijos o alumnos. Él pensaba que podía ser dañino que un niño conociera su diagnóstico. Hoy en día muchos padres dudan si deben compartir el diagnóstico con sus hijos, o incluso se oponen rotundamente a hacerlo, por el temor de que ponerles una etiqueta pueda ser de algún modo limitante o por sentir (acertadamente) que sus hijos son mucho más complejos que lo que una palabra pueda plasmar.

Abogo por un enfoque que mi amigo el doctor Stephen Shore, que es del espectro y enseña ampliamente sobre el tema, describe mucho mejor (véase el capítulo 9). En lugar de luchar *contra* el autismo, Stephen dice que deberíamos trabajar *con* el autismo. Es decir, en vez de enfocarnos principalmente en las dificultades que conlleva el autismo, deberíamos poner el énfasis en las fortalezas que pueda presentar, no preguntar lo que la persona no puede hacer, sino lo que *puede*. «Si le vas a decir a tu hijo que es autista, hazlo de una manera positiva, no como algunos profesionales que dicen: "Tu hijo nunca va a poder hacer esto ni esto, ni esto otro"». Anita Lesko (véase el capítulo 12), otra autodefensora autista, dijo en una conferencia que yo moderé: «Muestre lo positivo, de modo que el niño pueda decir: "Oye, yo tengo esta gran aptitud"». Incluso si una persona tiene problemas significativos, siempre es posible identificar las fortalezas y cualidades correspondientes que pueden ensalzarse.

Este enfoque nos puede ayudar a comunicar nuestra decisión respecto a la primera parte de la revelación: el proceso de compartir un diagnóstico con una persona autista. Antes de preguntar cuándo revelar un diagnóstico, merece la pena preguntar por qué. La mejor razón es saber que el propio diagnóstico puede propiciar la comprensión y mejorar la autoestima al objetivar las dificultades de una persona. A menudo, a medida que los niños autistas adquieren conciencia social, comienzan a sentirse diferentes a sus compañeros y a luchar para comprender por qué les resultan tan complicadas algunas situaciones y encuentros. Otros empiezan a cuestionarse su propia inteligencia y sus capacidades, asumiendo que algo no les funciona. «¿Estoy loco?», preguntaba un chico todo el tiempo a su madre. Y en otros casos, la persona carece de conciencia de sí misma incluso para asumir o percibir estas diferencias.

Tener un diagnóstico —y ser consciente de él— le da a la persona la posibilidad de entender muchas de estas dificultades y de algún modo la libera de sentirse defectuosa o responsable de sus propias dificultades. También permite que la persona o la familia puedan entrar en contacto con otras personas con el mismo diagnóstico que puede que compartan problemas similares.

Permítanme ser claro. Nunca he conocido a una persona autista que al revelarle el diagnóstico —al enterarse con el tiempo, incluso a través del autodiagnóstico— sintiera que es una experiencia negativa o dañina. Para asegurarse, las respuestas se dan progresivamente. Algunos recuerdan el momento en que de repente entendieron sus dificultades y sintieron alivio al comprender que sus problemas no eran invención suya sino más bien el resultado de su cableado interno. Otros cuentan que la revelación del diagnóstico mejoró de inmediato sus vidas, marcando un nuevo comienzo: «Por fin me entiendo, y no me culpo». Los adultos del espectro comparten de forma abrumadora que al ser diagnosticados o autodiagnosticarse, o cuando les fue revelado el diagnóstico, experimentan una sensación de tranquilidad y empiezan el proceso de eliminar sentimientos negativos sobre sí mismos. Les ofrece una explicación muy necesitada sobre las dificultades que experimentan. Como se ha señalado, también puede ayudar a que una persona entienda sus fortalezas y sus cualidades positivas.

¿Cuándo es el mejor momento para sacar el tema? A menudo los padres evitan revelar el diagnóstico al niño debido a sus propios temores o por falta de entendimiento del término «autismo». Sin duda, cuando un niño empieza a expresar que se siente diferente de sus compañeros, o se cuestiona por qué tiene tanta dificultad con cosas que parece que para otros son fáciles, hay una necesidad de hablar de ello. Cuando un niño o adolescente hace comentarios autodestructivos y su autoestima sufre, es importante hablar del diagnóstico. Si un niño se convierte en víctima de burla o intimidación, saberlo puede ayudarle a comprender por qué su comportamiento o su apariencia se interpretan como diferentes. Cuando un niño o un adulto conoce a un compañero autista, es una buena oportunidad para explicar las dificultades o diferencias que ambos puedan tener en común.

Ayuda tener en cuenta que la revelación del diagnóstico no es un veredicto ni un objetivo, sino un proceso que varía en cada familia y en cada individuo —no es una revelación repentina, sino una conversación a lo largo de semanas, meses o incluso años—. La «conversación» no tiene que producirse solo o necesariamente a través de una charla cara a cara. Los soportes visuales, como palabras escritas, imágenes e iconos, dibujos hechos de forma espontánea como parte de la conversación, y libros sobre el autismo adecuados a la edad, pueden ayudar.

Stephen Shore recomienda un proceso de cuatro etapas que se desarrolla a lo largo del tiempo y hace hincapié en las fortalezas de la persona a la vez que reconoce las dificultades que puede conllevar el autismo (con un adulto o un niño más consciente de sí mismo, la persona puede colaborar en las etapas 1-3).

Paso 1: Intente que el niño sea consciente de sus propias fortalezas.

Paso 2: Haga una lista de los puntos fuertes y de las dificultades del niño.

Paso 3: Sin juzgar, compare las fortalezas del niño con las de posibles modelos, amigos y seres queridos.

Paso 4: Introduzca la etiqueta *autismo* para resumir la experiencia y la discapacidad del niño.

Stephen, por su parte, llevó a cabo este proceso para revelarle el diagnóstico a un chico adolescente al que enseñó música durante muchos años. Los padres no sacaron el tema del autismo con su hijo porque esperaban que superara las dificultades que habían observado. Pero cuando llegó a la adolescencia y sus diferencias se hicieron más evidentes, pidieron a Stephen orientación y ayuda. En la siguiente clase de música, Stephen comenzó a resaltar las fortalezas del joven: la música, el diseño gráfico, los ordenadores. Después abordó sus dificultades (teniendo cuidado de evitar la palabra «debilidad»): hacer amigos, la caligrafía, los deportes. Hablar de «dificultades» en vez de «debilidades» no es una manera de disfrazar el autismo, sino más bien de exponerlo de manera más objetiva y menos negativa. Además, las dificultades se pueden superar, y utilizar este término ayuda a contrarrestar el daño que durante muchos años han hecho tantos profesionales que daban la noticia del diagnóstico junto a una lista de cosas que el niño probablemente nunca podría alcanzar o superar.

A continuación, Stephen avanzó hacia el segundo paso: alinear las dificultades y las fortalezas y destacar una o dos fortalezas por cada dificultad. Después abordó lo que él llama una «comparación sin juicio», tomando como referencia a otras personas en su niñez y sus fortalezas y dificultades y haciendo hincapié en que todas las personas son buenas en algunas cosas y no tan buenas en otras. Quizás la hermana del chico era mejor en algunas cosas, y él mejor en otras —porque, explicó Stephen, las diferentes personas tienen diferentes cerebros—. Mencionó gente famosa y personajes históricos que pudieron ser del espectro.

Por último, Stephen señaló que las características concretas del chico se correspondían con algo llamado el espectro autista. En el caso de este chico, el proceso de la revelación inicial llevó alrededor de veinte minutos. En otros casos, puede dilatarse días, semanas o meses.

Un factor que puede facilitar el proceso a todos es utilizar sin reservas la palabra «autismo» en la conversación antes de revelar el diagnóstico en lugar de evitarla intencionadamente o convertirlo en un término tabú. Incluso mucho antes de que un padre o un ser querido decida revelar el diagnóstico, mencionar el autismo de forma ocasional cuando se enumeran las fortalezas y dificultades de una persona que están relacionadas con el autismo ofrece una perspectiva más imparcial y evita el estigma que de otro modo se podría sentir.

Comprender el propio diagnóstico —a cualquier edad— ayuda a la persona o a la familia a buscar información precisa con el fin de tomar decisiones sobre lo que hay que hacer y qué tipo de ayuda puede necesitar la persona para tener una vida plena.

El otro tipo de revelación que es igual de importante tener en cuenta es cuándo y a quién debería revelar su diagnóstico una persona autista. O, en otros casos, cuándo deberían los padres u otros seres queridos de una persona del espectro hacer saber su diagnóstico a otras personas.

Tal y como Stephen Shore plantea la cuestión, es importante contemplar esta posibilidad siempre que el hecho de ser autista pueda tener un impacto considerable en una situación o en una relación, poniendo de manifiesto la necesidad de una mejor comprensión y, si fuera necesario, adaptaciones especiales y más apoyo. Esto no significa que sea necesario revelar su diagnóstico actual (o el de su hijo) —lo cual podría suponer compartir demasiada información. En concreto, en un entorno laboral puede ser inapropiado, al igual que uno tampoco revelaría un problema de salud u otra cuestión privada que no fuera relevante para el trabajo. Pero cuando aspectos relacionados con pertenecer al espectro afectan a la realización del trabajo, o a la capacidad de un alumno para trabajar integrado con el resto de la clase, o cuando la participación de un niño en una actividad extraescolar se pueda ver afectada, a menudo merece la pena revelar el diagnóstico, al menos brevemente.

Esta cuestión a menudo sale a la luz cuando una adaptación va a mejorar la capacidad de la persona autista para realizar su trabajo. Carly Ott (véase el capítulo 12) descubrió que muchas de las fortalezas derivadas de su neurodivergencia la hacían ser una empleada más eficaz en el banco donde trabajaba. Pero en seguida también se topó con problemas sensoriales que convertían su lugar de trabajo en un problema. La oficina diáfana en la que trabajaba tenía un elevado nivel de ruido de fondo que le hacía casi imposible concentrarse, lo que la obligaba a quedarse hasta tarde todas las noches y a terminar el trabajo fuera del horario. Después de algún tiempo, pidió una adaptación: explicó a su supervisor que era especialmente sensible al ruido, y preguntó si podría trabajar desde casa, donde pudiera concentrarse mejor (esto fue antes de que la pandemia de la Covid-19 hiciera de estas adaptaciones algo habitual). Cuando se hace un requerimiento de este tipo, es inteligente no resaltar la necesidad individual, sino la oportunidad de ser mejor empleado o mejor miembro de un equipo.

Aunque por lo general en dichas situaciones no es necesario utilizar la palabra «autismo» ni revelar el diagnóstico, para muchas personas es muy estresante y agotador estar constantemente escondiendo o «enmascarando» el hecho de ser autista. Muchas personas hablan del «agotamiento autista», fundamentalmente el hastío, la desregulación extrema y la desconexión causados por el esfuerzo constante de ocultar el verdadero yo. En el mismo sentido que las personas LGBTQ hablan de «salir del armario», las personas autistas sopesan las ventajas relativas de revelar su diagnóstico. Por supuesto, cada persona es diferente: con sus necesidades propias de privacidad, con su propio límite en la capacidad de atención y sentimientos diferentes acerca de qué compartir y qué callar. A menudo la decisión se toma valorando los riesgos: ¿revelar mi diagnóstico de autismo mejorará o empeorará mi situación? La decisión de revelar total o parcialmente el propio diagnóstico también depende de la finalidad. En el caso de Carly, tenía que ver con la necesidad de una adaptación en el trabajo. Otras personas autistas puede que decidan revelar el diagnóstico con el objetivo de sensibilizar a los demás sobre el autismo, sobre todo si sus percepciones sobre lo que es o no es el autismo son erróneas y están llenas de inexactitudes.

Cuando se siente que es el momento de compartir un diagnóstico con los compañeros de trabajo, Carly recomienda hacerlo de forma casi despreocupada, e intentando destacar lo positivo. Si un compañero o supervisor le felicita por lo que ha sido capaz de hacer relacionado con una fortaleza, usted puede asociarlo al hecho de ser del espectro: «Oh, eso fue fácil. Realmente me ayuda ser autista, porque eso es algo natural para mí». A la persona que escucha esto le permite hacer una asociación positiva, y la hace más receptiva a la hora de permitir adaptaciones cuando las necesite en un futuro. Como beneficio secundario, revelar un diagnóstico de este modo es una manera natural de sensibilizar a compañeros y a otras personas sobre el autismo y la neurodiversidad. Todos tenemos estereotipos sobre otras personas y grupos, y la mejor manera de superarlos y facilitar el entendimiento es que las personas se relacionen entre ellas.

Morénike Giwa Onaiwu (véase el capítulo 12) es una profesora universitaria autista, colega mía, escritora y autodefensora. El primer día de un nuevo curso, siempre aborda el tema de las adaptaciones ADA y aprovecha la oportunidad para mencionar que ella misma es del espectro autista. Casi siempre, los alumnos se muestran sorprendidos, y algunos le dicen que nunca han conocido a una profesora autista —solo niños o adolescentes—. A menudo, a continuación, los estudiantes revelan sus propios diagnósticos o sus sospechas de que puedan ser del espectro. «Dicen: "Yo no sabía que una [persona autista] pudiera ser profesora universitaria"», cuenta Morénike. A lo que ella responde: «¡Puedes ser mucho más que eso!».

Revelar que uno es autista a menudo comienza como una forma de autodefensa —es decir, buscando para sí mismo adaptaciones o apoyos—. Este proceso a menudo deriva en una forma de autodefensa más global, allanando el camino para otras personas de la misma organización o escuela que puedan pertenecer al espectro, o para que sus compañeros estén en un futuro más receptivos a las personas neurodivergentes —e informados sobre ellas.

Ese tipo de concienciación también ha suscitado otra cuestión: la naturaleza cambiante de la identidad autista.

El autismo como identidad

No hace mucho tiempo asistí a una conferencia importante sobre el autismo en la que fui testigo de un encuentro que para mí refleja el gran cambio cultural en la forma en que nuestra sociedad percibe el autismo y las personas autistas se ven a sí mismas. A lo largo del vestíbulo del enorme centro de convenciones, me fijé en una mujer joven con un cochecito de bebé. Estaba conversando con un hombre de mediana edad con unas gafas de montura de metal que admiraba a su hijo.

Al dirigirme hacia ellos, me di cuenta de que el hombre era John Elder Robinson, autor de las memorias *Look Me at the Eye*, y una de las voces más francas y progresistas de la comunidad autista. Me acerqué y me presenté a John, con cuidado de no interrumpir su conversación con la mujer, que deduje que era del espectro, y que le dijo a John que su hija casi tenía tres meses. John sonrió y miró a la bebé con deleite. «Apuesto», dijo, «que crecerá para ser una buena chica autista».

Una buena chica autista. Me quedé dándole vueltas a esa frase. Hace años se habría podido considerar un insulto o incluso una maldición decirle a alguien que su bebé podría llegar a ser autista. Pero aquí estaba una de las figuras más destacadas de la comunidad autista expresando el deseo, a una compañera neurodivergente, de que su hija se desarrollara como un miembro de la extensa comunidad que comparten.

Me llamó la atención lo lejos que habíamos llegado, y de qué modo el autismo ha evolucionado desde algo de lo que hay que curarse, recuperarse o deshacerse hasta adoptar una identidad. Para ser claros, todavía nos queda un largo camino que recorrer, ya que sigue habiendo mucho estigma y desinformación.

Andrew Solomon, cuyo célebre libro *Far From the Tree* relata historias de familias que crían a sus hijos con una variedad de discapacidades y diferencias, ha descrito las dificultades que ha experimentado por ser gay y el sufrimiento de una depresión crónica, y cómo al final encontró la fuerza para aceptar su identidad. «La identidad implica formar parte de una comunidad para obtener fuerza de esa comunidad y también darla», dijo en una charla TED. «Implica sustituir "pero" por "y". En vez de decir: "Estoy aquí, pero tengo cáncer", mejor decir: "Tengo cáncer y estoy aquí"» (por supuesto, tener cáncer tiene un mayor impacto negativo en la calidad de vida y puede ser una amenaza para la supervivencia, mientras que ser autista conlleva tanto fortalezas con un potencial para mejorar la calidad de vida como dificultades).

Cada vez más personas del espectro han aceptado el autismo como una identidad, sacando fuerzas de su comunidad y aportando fuerza a su vez. Este fenómeno es aún más sorprendente a la luz de la historia del autismo y de las creencias mantenidas sobre el autismo y las personas autistas a lo largo de los años —de las cuales se ha demostrado que casi la mayoría eran erróneas—. Los primeros investigadores de lo que se conoce como «Psychogenic School» postulaban erróneamente que el autismo se originaba por el abuso emocional de los padres. Leo Karner, el psiquiatra austriaco, acuñó el término «madres nevera» para describir cómo la frialdad e indiferencia de un progenitor, según él, provocaba que el niño se aislara en el autismo (más tarde se retractó de esta afirmación). El libro del psicólogo Bruno Bettelheim *Empty Fortress* argumentaba que los niños autistas eran básicamente conchas vacías de seres humanos. Ivar Lovaas, una de las figuras más controvertidas en la historia del tratamiento del autismo, consideraba a las personas autistas un compendio de comportamientos extravagantes. Su enfoque analítico de la conducta pretendía «modificar» la conducta que él consideraba patológica sin hacerse la pregunta «por qué». Su objetivo era convertir a los niños autistas en el reflejo de algún ideal neurotípico hipotético, a lo que él y sus colegas se referían como hacerlos «indistinguibles» de sus compañeros.

Incluso el proceso de revelar un diagnóstico estuvo durante mucho tiempo cargado de negatividad y pesimismo. Muchos padres cuentan historias de médicos o psicólogos que emitían un diagnóstico de autismo seguido inmediatamente de una lista de todas las cosas qua sería poco probable que hiciera su hijo: hacer amigos, ir a la escuela, lograr un trabajo, tener una calidad de vida digna.

Por desgracia, los efectos secundarios de aquellos enfoques y prácticas erróneos y dañinos pero dominantes durante mucho tiempo siguen todavía entre nosotros. Algunos profesionales y enfoques todavía culpan a los padres, implícita o explícitamente, de ser demasiado indulgentes o malograr el futuro de sus hijos por no adoptar el tipo de tratamiento que ellos defienden y del que se benefician. Otras personas continúan, sin más, patologizando el autismo. Lo que ha cambiado el panorama y la perspectiva es el movimiento autodefensor: el esfuerzo de las personas autistas —las cuales, en muchos casos, han sufrido en persona estos enfoques dañinos— por hablar en su nombre y en el de su comunidad autista y por aceptar el autismo como parte integrante de su identidad.

Hace años, Temple Grandin habló en una conferencia anual que yo ayudé a organizar. Alguien le preguntó si, en caso de que le pudieran suprimir el autismo, ella estaría de acuerdo. Su respuesta fue simple y directa: «Si me suprime el autismo, elimina una parte esencial de lo que soy».

Esa comprensión se ha reflejado en la manera en que el lenguaje del autismo ha evolucionado. Hasta la década de 1980, los profesionales se referían de manera general a las personas con discapacidad intelectual o del desarrollo con los términos «retrasado» e «idiota» (como en *«savant* idiota»). A las personas del espectro se les llamaba «autistas» solo con una connotación negativa. En los años ochenta y noventa surgió un movimiento para utilizar el lenguaje basado en «la persona primero», una construcción, propuesta con las mejores intenciones, que pretende reconocer a la persona en su totalidad y no definirla por su discapacidad. En años más recientes, muchas personas autistas discrepan de ese enfoque, afirmando que el autismo es intrínseco a su personalidad e identidad. Cuanto más han hablado los autodefensores sobre la experiencia autista, más claramente han manifestado su preferencia por ser llamados «autistas». Como un joven autista sin lenguaje oral expuso: «Mi autismo es quien soy. No me llamarían persona con herencia vietnamita. Me llamarían vietnamita».

Por supuesto, adoptar una identidad varía de una persona a otra, y la identidad autista se sitúa en un *continuum*. Algunos individuos, como los que aparecen en el capítulo 12, no solo adoptan una identidad, sino que organizan sus vidas en torno al autismo, e incluso consagran su vida entera como defensores del autismo. Becca Lory Hector, por ejemplo, descubrió que lo que había aprendido tratando de comprenderse y de conseguir el apoyo que necesitaba también era de ayuda para otras personas, de modo que cambió su carrera profesional y se hizo abogada, ofreciendo seminarios en línea y servicios de apoyo emocional para personas autistas. En cambio, Dave Finch, mi copresentador de *Uniquely Human: The Podcast,* dice que sobre todo se considera un marido y un padre, y que su trabajo principal es el de ingeniero; el autismo está más abajo en su lista. Una de las personas más famosas del espectro es Greta Thunberg, la activista climática sueca. En entrevistas, Thunberg ha dicho que ser del espectro la ha ayudado a poner su atención en cuestiones medioambientales de tal modo que le ha permitido emerger como una líder internacional. Pero, aunque habla con frecuencia acerca de cuestiones relacionadas con el cambio climático, casi nunca habla públicamente centrándose en su autismo. Claramente, la identidad pública que antepone es la de una activista climática, no la de una autodefensora del autismo.

Otras personas que son del espectro expresan en diferentes momentos de su vida que no quieren ser encasilladas en el autismo, sobre todo si lo asocian con experiencias negativas. En mis charlas, a menudo comparto un fragmento del documental de HBO *Autism: The Musical,* que resalta la historia de cinco jóvenes artistas en los primeros años del Miracle Project de Los Ángeles, un programa en el cual adolescentes jóvenes crean e interpretan producciones de teatro musical. En una escena aparece Wyatt, entonces alumno del espectro de quinto de primaria, diciéndole a su madre que está disgustado con su clase de educación especial.

«¿Qué pasa con la escuela?», le pregunta la madre.

«El cien por cien de los niños son retrasados», le responde.

Cuando ella le pregunta si le gustaría cambiarse a una clase integradora, él duda: «¿Has escuchado alguna vez a un abusón, mami?». Por unos instantes hablan de los acosadores, y entonces él pregunta: «¿Crees que es porque estoy en una clase de educación especial? ¿Crees que por eso me acosan?».

Al igual que Wyatt a esa edad, algunas personas autistas llegan a asociar ser del espectro con algo negativo, una identidad impuesta desde fuera. Se trata de lo que no puedes hacer, dónde no encajas, cómo te tratan los acosadores —el resumen del estigma que los autodefensores están desesperados por cambiar.

Incluso para adolescentes y adultos, puede ser difícil escapar del estigma que trae consigo el autismo —las suposiciones de que la persona es un sabio tipo *Rain Man,* o bien alguien incapaz de ser una persona responsable—. «Se supone que soy una especie de genio de la informática o que no tengo ninguna dificultad real en mi vida», me dijo un hombre joven. «Eso no puede estar más alejado de la realidad. Soy un desastre con los ordenadores y tengo un montón de dificultades que tipificarían mi autismo como una discapacidad». Por desgracia, el estigma social asociado al autismo puede ser interiorizado. Scott Steindorff (véase el capítulo 12), que fue diagnosticado de adulto como autista y ahora es director ejecutivo de éxito de películas y programas de televisión premiados, dice que en un primer momento sintió vergüenza al recibir el diagnóstico. Debido al valor desproporcionado que la cultura occidental otorga a las habilidades del lenguaje hablado, aquellas personas que no hablan o tienen dificultades obvias con el lenguaje y el habla son especialmente incomprendidas y víctimas del estigma.

Sirve de ayuda rechazar esas creencias externas, crear tu propia identidad y unirse a otras personas comprometidas a desmontar el estigma y las ideas erróneas. Justin Canha se identifica como un artista profesional que ama a los animales. Mikey no solo es un estudiante autista de cuarto grado, también es un gran conocedor y apasionado de los deportes, y comparte de buen grado su experiencia. Ron Sandison (véase el capítulo 12) se identifica como médico profesional y ministro autista, y habla en iglesias, sinagogas y mezquitas. Danny Whitty (véase el capítulo 11) es un chef con talento y abogado en línea para personas sin lenguaje oral. En lugar de centrarse en el estigma asociado al autismo, estas personas crean su identidad en torno a algunas fortalezas e intereses que trae consigo ser del espectro.

Crear un sentido positivo de sí mismo es aún más importante si se tiene en cuenta que las personas autistas corren un riesgo alto de sufrir problemas de salud mental secundarios. Tanto Justin como Ryan deben hacer frente a las dificultades asociadas a su autismo, pero también tienen un sentido del orgullo de quienes son como personas, y son considerados por otras personas como individuos interesantes —e incluso excepcionales.

Muchas personas autistas descubren que, cuando acogen el autismo como una identidad, encuentran una comunidad. Para la gente autista es común verse relacionada con otros adultos autistas al compartir experiencias y dificultades comunes. Becca Lory Hector (véase el capítulo 12) fue diagnosticada a la edad de treinta y seis años. Después contribuyó a un capítulo de una antología llamada *Spectrum Women,* y entonces empezó a relacionarse y a crear vínculos con una nueva comunidad de mujeres —de edades diversas, en diferentes países, de orígenes distintos— que compartían dificultades, experiencias y perspectivas. «Simplemente me sentí como en casa», me dijo. «Quizás pueda volver a tener una mejor amiga: ¡no he tenido una desde que tenía cuatro años!».

En parte, lo que crea identidad de grupo es el humor. Mis amigos Dena Gassner y Stephen Shore, ambos adultos autistas, pueden hacerse reír el uno al otro con todas las trampas sociales que los neurotípicos se crean en lugar de ser sinceros, directos y francos. Un grupo de amigos autistas que se conocieron en un campamento en Massachusetts incluso crearon un grupo de comedia llamado Aspergers Are Us [Los Asperger somos nosotros] que se convirtió en el tema de documentales tanto de Netflix como de HBO. En sus programas hacen bromas de todo menos del autismo, pero dicen que la sensibilidad autista que comparten es lo que alimenta su comedia.

Uno de los beneficios del modo en que las personas del espectro abrazan la identidad autista consiste en que puede facilitar el camino a aquellos que son diagnosticados recientemente. Una joven amiga autista, Rebecca, fue diagnosticada a los veintidós años. Antes de esto había trabajado durante algunos años con niños autistas: «Yo me veía a mí misma en cada uno de ellos», me dijo. «*Nos entendíamos* de una manera especial. Siempre lo supe.

Pero yo no me atrevía a creer que la razón pudiera ser algo más que [el hecho de que] simplemente tengo un don para ello. Una vez que fui diagnosticada, percibí el estigma en carne propia, a través de mi propia imagen. Me llevó un tiempo aceptar esta etiqueta de mí misma, porque había interiorizado el estigma. El estigma del autismo se manifiesta de todo tipo de formas, incluso entre gente muy bien intencionada». Pero después Rebecca añadió: «Hemos recorrido un largo camino, y cada día hay más y más personas autistas que comparten su historia y allanan el camino para el futuro». Ahora Rebecca enseña a terapeutas neurotípicos lo que es ser autista basándose en sus propias experiencias, de modo que puedan cambiar las prácticas que son insensibles a la experiencia de ser autista y desarrollar otras más «amigables para el autismo».

Para Rebeca, y para infinidad de personas, el futuro se presenta mucho más prometedor y positivo.

Cómo se solapa el autismo con otros aspectos de nuestro ser

Aunque es significativo y alentador que tanta gente del espectro empiece a reconocer que el autismo forma parte implícita de su identidad, ser autista no es la única identidad de uno. Las personas autistas, al igual que todos los seres humanos, tienen múltiples identidades. Todos somos multidimensionales, todos somos miembros de múltiples comunidades. Al igual que el autismo tiene impacto en diferentes identidades, esas otras identidades impactan en el hecho de ser autista.

Este concepto de solapar identidades lo expresó mejor Kimberlé Crenshaw, una abogada negra y luchadora por los derechos civiles que en 1989 publicó un documento memorable en el que argumentaba que una persona no puede comprender la realidad de ser una mujer negra simplemente en términos de ser negra o ser una mujer, sino más bien por el modo en que esas dos identidades se combinan y se influyen entre sí. Crenshaw ilustró la idea con una metáfora: una persona que permanece en la intersección de dos caminos, cada una representando una identidad. No podemos definir a la persona exclusivamente por cualquiera de los dos caminos, sino más bien por la combinación de ambos. La cuestión es que todos portamos múltiples identidades que se solapan y entrecruzan.

Debería mencionar que la persona que me explicó este concepto de «interseccionalidad» con más claridad es una mujer excepcional, ella misma portadora de múltiples identidades, como autista, madre negra de hijos autistas, profesora de universidad e hija de inmigrantes. La propia experiencia de Morénike Giwa Onaiwu ilustra con claridad cómo identidades que se solapan pueden influirse entre sí y determinar el curso de una vida. Nació en los Estados Unidos de padres que emigraron desde Nigeria y Cabo Verde, un archipiélago al oeste de África. Al crecer, siempre se sintió diferente a sus compañeros, pero no podía precisar exactamente por qué. Dice que se sentía «marimacho», quizás porque era la única chica rodeada de chicos. Era una niña afroamericana que asistía sobre todo a colegios de blancos. Incluso cuando estaba rodeada de gente negra, a menudo se sentía fuera de lugar, porque las costumbres de su familia, del oeste de África, eran diferentes de las de otras culturas negras. Cuando visitaba a sus familiares en Nigeria, se sentía demasiado americanizada para encajar y sentirse cómoda.

«Estaba siempre intentando averiguar que era esa "cosa", de modo que pudiera arreglar la "cosa" y pudiese encajar», comentó durante nuestra conversación en *Uniquely Human: The Podcast*.

Fue diagnosticada de TDAH y depresión, pero solo cuando fue diagnosticada como autista, y a continuación lo fueron sus dos hijos más jóvenes, Morénike pudo entenderse a sí misma con claridad: «Sentí una sensación de parentesco con la comunidad de la neurodiversidad, y con las personas autistas en particular».

En poco tiempo se convirtió en una activista autora de varios libros sobre autismo y cuestiones de diversidad, que hablaban de las diferentes maneras en las que pertenecer al espectro autista se solapa con otras identidades. Hablando desde su propia experiencia, Morénike comenta que mostró rasgos tempranos que deberían haber alertado a los profesores y a los profesionales médicos de que podía ser autista, pero que probablemente los pasaron por alto porque era negra.

De hecho, no solo las mujeres negras, sino todas las mujeres en general, pueden estar infradiagnosticadas debido a prejuicios culturales. El número de hombres autistas ha superado durante mucho tiempo al de mujeres —según las cifras más recientes, en una proporción de cuatro a uno—. Pero algunos estudios han demostrado que esto puede deberse a que los profesionales médicos y de la salud mental ignoran en sus diagnósticos a las mujeres, no consideran diagnosticarlas hasta que son más mayores o los criterios de diagnóstico que se llevan a cabo están elaborados para hombres y no para mujeres, cuyos patrones de comportamiento pueden diferir considerablemente de los de los primeros.

Del mismo modo, los niños negros tienen menos probabilidades de ser diagnosticados con precisión que los blancos, posiblemente porque los problemas de comportamiento de los niños blancos en el colegio y en cualquier parte despiertan las alarmas. Por el contrario, profesores y médicos puede que no presten mucha atención a los mismos comportamientos entre los niños negros, dando por hecho erróneamente que el comportamiento es un reflejo de la raza y la cultura en lugar de una discapacidad.

Además están las dificultades que afrontan los padres y madres que a su vez son autistas. Muchos padres autistas relatan que profesores y profesionales médicos a menudo cuestionan su capacidad como padres simplemente porque son del espectro. En algunos casos, los padres y madres autistas tienen el temor de que los servicios sociales o los jueces les declaren incompetentes y les quiten la custodia de sus hijos —solo por ser autistas—. No hay pruebas de que el autismo haga que una persona sea un padre menos apto —de hecho, los padres autistas tienen tendencia a ser más sensibles a las necesidades de niños neurodivergentes—, pero las suposiciones que han quedado de las épocas oscuras del autismo persisten en muchas áreas, con resultados lamentables.

Revisar el autismo y la diversidad de género

Otra cuestión importante sobre la identidad que los autodefensores del autismo están llevando a un primer plano con éxito es el solapamiento entre el autismo y la diversidad de género. Cada vez más personas del espectro autista se identifican abiertamente como transgénero, de género no binario o *queer*, y lo contrario también es cierto: un número creciente de personas con identidad de género divergente se identifican como autistas.

Un amplio estudio de 2020 descubrió que la gente que no se identifica con el género que se le asignó en el nacimiento tiene de tres a seis veces más probabilidad de ser autista que las personas cisgénero, aquellas cuya identidad se corresponde con el género de nacimiento. De la misma forma que las personas autistas se sitúan a lo largo de un espectro, el género también se sitúa en un espectro. «Todos somos muy, muy diferentes», dijo en una charla Wenn Lawson, un psicólogo británico trans autista que ha hablado ampliamente sobre estas cuestiones: «Hay chicas femeninas, hay chicas masculinas y todas aquellas que están entre medias. Y ocurre lo mismo con el género masculino».

Wenn conoce bien el tema. Nacida como mujer, Wenn fue diagnosticado de una discapacidad mental a la edad de dos años, no habló hasta los cinco años y después a los diecisiete fue etiquetado de esquizofrénico. Hasta los cuarenta y dos años no fue diagnosticado como autista. Aunque eso le trajo la tranquilidad de un nuevo grado de autocomprensión, Wenn continuaba sintiéndose inquieto por razones que no podía identificar.

Wenn se sentía incómodo por tener pechos, por tener la menstruación o por estar en probadores de mujeres, pero durante años Wenn incluía esas sensaciones en la misma categoría que sus aversiones a ruidos o texturas. «Pensaba que era una cosa sensorial», dijo Wenn, «pero, de hecho, eso… era un asunto de género».

Como Wenn llegó a averiguar, lo que estaba experimentando era disforia de género: aunque Wenn sabía de forma innata que era un hombre, psicológicamente era una mujer. No fue hasta los sesenta y dos años cuando un psiquiatra confirmó que la auténtica identidad de género de Wenn era la opuesta a la que le fue asignada al nacer. Esto dio comienzo a un proceso de varios años para hacer la transición física de modo que su cuerpo se correspondiera con su identidad de género. Como ahora explica: «Soy una persona más íntegra y completa. Me siento en casa —lo que nunca antes había experimentado».

Wenn continúa hablando y contando su historia, en gran parte debido a los altos índices de depresión y otros problemas de salud mental que sufren las personas del espectro no binarias o que se cuestionan su género —a menudo producto de las dificultades y el estrés que conlleva camuflar la verdadera identidad de uno—. En una charla se le preguntó qué podían hacer los padres para ayudar a sus hijos que podrían estar luchando por entender su propia identidad de género. Wenn fue claro en su respuesta: «Simplemente escúchenos. Caminen a nuestro lado. Apóyenos durante todo el camino. Y, si las cosas cambian, cambien con nosotros».

Las personas sin lenguaje oral se hacen oír

En febrero del 2018 hice una visita a la Universidad de Virginia en Charlottesville que me abrió los ojos y cambió mi entendimiento sobre una extraordinaria tribu urbana de la comunidad autista. Durante dos días pasé tiempo con un grupo que se llamaba la Tribu, nueve adultos jóvenes, todos autistas que se identificaban como personas sin lenguaje oral y que habían aprendido a comunicarse en la adolescencia señalando letras en tableros o teclados para deletrear sus mensajes, con el apoyo de unos ayudantes denominados *Communication Regulation Partners* (CPs) [Socios Reguladores de la Comunicación]. Cuando eran niños, e incluso hasta bien entrada la adolescencia, se había creído que todos ellos tenían una discapacidad intelectual significativa.

Lo que vi y lo que he aprendido desde entonces me proporcionaron una nueva perspectiva de una de las poblaciones más incomprendidas y marginadas del mundo del autismo. Se estima que entre el treinta y el cuarenta por ciento de las personas autistas no tienen lenguaje oral —lo que significa que no pueden utilizar el habla como su principal medio de comunicación— (una aclaración importante sobre el lenguaje: algunas personas se refieren a aquellos que no hablan como «no verbales». Pero «verbal» se refiere a aquellos que utilizan un sistema basado en el lenguaje, ya sea a través del habla u otras formas de comunicación, tales como el lenguaje de signos o la escritura. Una persona puede ser verbal pero no vocal). Algunas personas son incapaces de vocalizar, otras vocalizan pero su discurso es ininteligible. Otras tienen un discurso mínimo o «inestable», que puede no estar bajo su control volitivo, al igual que las personas con el síndrome de Tourette o aquellas que han sufrido derrames cerebrales a menudo no controlan su habla.

Para ser claros, no hablar no es una característica inherente del autismo: es una afección coexistente de base neurológica —y a la que a menudo se la denomina «trastorno motor del habla».

En nuestra sociedad, equiparamos el habla con la inteligencia, dando por hecho que la manera en la que uno se comunica refleja lo inteligente que es, y que alguien que no se puede comunicar hablando probablemente sea menos inteligente. Durante décadas, la gente —profesionales y educadores incluidos— erróneamente hacía tales presuposiciones sobre muchas personas autistas y neurodivergentes que no eran capaces de comunicarse mediante el habla. Sabemos que muchas personas que sufren derrames o parálisis cerebrales mantienen la capacidad de asimilar y procesar información, aunque puede que no sean capaces de tener un discurso inteligible. Del mismo modo, para muchas personas autistas la incapacidad de tener un discurso comprensible no refleja el funcionamiento de sus mentes.

¿Por qué estas personas no pueden hablar? Tener un discurso inteligible requiere la coordinación motora más exigente que el ser humano puede lograr. Se necesita que sincronicemos nuestra respiración con el movimiento de nuestras articulaciones —la lengua, los labios, los dientes, el paladar y la mandíbula— para producir sonidos concretos y secuencias de sonidos que se escuchan como palabras. En algunas personas autistas, la alteración neurológica impide que el cerebro mande señales a las partes del cuerpo encargadas de la articulación del habla que daría lugar al discurso. En resumen, lo que está alterado es la capacidad de pasar del pensamiento al habla.

Lo que está cambiando muy rápido es que cada vez más gente del espectro está teniendo acceso a métodos —tanto de alta como baja tecnología— que le permiten sortear este problema neurológico y comunicarse por otros medios que no sean el habla. Recién empoderadas, estas personas están utilizando sus nuevas voces para expresarse y romper estereotipos, en el proceso de unirse a la conversación y crear sus propios modelos culturales e identidades.

Eso es lo que yo experimenté en mi visita a la Tribu. Durante dos días, estuve sentado con nueve adultos jóvenes que forman parte de un programa coordinado por Elizabeth Vosseller, una patóloga del habla y el lenguaje que desarrolló un método en el cual una persona señala las letras en un tablero o en un teclado, con el apoyo de un compañero CRP que lee las letras, y después las palabras y frases completas, en voz alta. En algunos casos, las personas que tienen alguna habilidad para generar un discurso por sí mismas dicen algunas palabras mientras deletrean. Algunas formas de Comunicación Aumentativa y Alternativa (AAC), como se conoce, han suscitado controversia a lo largo de los años, en gran parte porque los métodos de comunicación que requieren ayuda de un compañero han llevado a algunos a cuestionar si lo que se comunica es estrictamente la expresión volitiva y auténtica de la persona autista. La preocupación era: ¿quién era el autor de los mensajes, la persona que ayudaba o la persona sin lenguaje oral que estaba siendo ayudada? Yo tenía mis propias preguntas, pero mantuve la mente abierta e insté a los demás a que hicieran lo mismo en el capítulo de un libro que escribí en 1994.

Mi encuentro con la Tribu me ayudó a contestar mis preguntas y me hizo darme cuenta del extraordinario potencial de este tipo de comunicación, una forma de AAC que no había visto antes. A pesar de que a lo largo de los años había conocido y tratado a muchas personas autistas que se expresaban mediante métodos de comunicación no verbal de baja y alta tecnología, nunca había sido testigo de un grado de sofisticación equiparable al de la comunicación dialogante que mantuve con los miembros de la Tribu, personas que habían sido incomprendidas durante muchos años.

Vi con mis propios ojos y escuché con mis propios oídos cómo estos jóvenes «hablaban» conmigo y entre ellos. De manera significativa, sus compañeros no les proporcionaban ayuda física directa: solamente les sostenían los tableros o los teclados, diciendo en voz alta las letras y las palabras y contribuyendo, con su mera presencia, a que las personas del espectro se comunicasen con intención y estuviesen bien —reguladas y concentradas—. Esto es esencial, explica Elizabeth, porque incluso personas que pueden hablar descubren que cuando están disgustadas, enfermas o desreguladas pueden tener problemas con el habla y otras dificultades en el control motor. ¿Por qué no pueden las personas sin lenguaje oral necesitar ayuda?

Me llamó especialmente la atención Ian Nordling, con el que Elizabeth trabajó desde que era un niño pequeño y a quien yo entrevisté para nuestro podcast. Ahora, a los veinte años, Ian describe como, incapaz de comunicarse cuando era niño, soportó incontables horas de terapia que le parecían «inútiles». «¿Has tenido una de esas pesadillas en las que estás atrapado en una situación horrible e intentas hablar y no puedes?», me preguntó. «Ese era yo, pero estaba despierto».

No es que ocurriera un milagro o aprendiera a comunicarse de la noche a la mañana. Los mismos problemas de control motor que interfieren en el habla también pueden afectar a habilidades como señalar una letra o una pizarra. De modo que, aunque Ian sabía deletrear, le llevó muchos meses y años de práctica conseguir utilizar el tablero con letras con fluidez. «Esto ha sido posible con años de práctica motriz y con la comunicación», dijo Ian sobre el uso del tablero con letras.

Muchos de los que podemos hablar pensamos que el habla es algo automático, que requiere poca reflexión o práctica. La verdad, por supuesto, es que ninguno de nosotros llegamos al mundo hablando, y aprendemos a hablar solo después de muchos años de práctica, entrenando nuestras mentes y diferentes partes de nuestro cuerpo para que lleven a cabo el trabajo que genera el habla. Elizabeth lo compara con un niño que está aprendiendo a jugar al béisbol, primero bateando con un *tee* [soporte de bateo] y aprendiendo a lanzar y a recibir a base de horas de práctica. Lo que es esencial, dice, es confiar en la capacidad: es decir, asumir que lo que está bloqueando la capacidad de comunicación es un problema neurológico y que, si podemos encontrar una solución, la persona tendrá mucho que compartir.

Este era precisamente el caso de otra persona sin lenguaje oral que conocí, Danny Whitty. Después de que Danny fuera diagnosticado con autismo a los tres años, su familia se trasladó desde Japón hasta San Diego, donde sus padres confiaban en encontrar mejores opciones para un niño autista. Poco después de aprender a hablar, perdió esta capacidad, y los médicos dijeron que tenía apraxia, un tipo de trastorno motor del habla: en esencia, su sistema neuronal y motor no están bien alineados, de modo que tenía dificultad con las habilidades motrices finas que se requieren en el habla. Durante muchos años no pudo comunicar la mayor parte de las cosas que sabía. «El colegio era horrible, humillante y traumático», dijo en una entrevista para nuestro podcast. «No ser capaz de comunicarme y vivir en una sociedad que veía poca valía en mí me destrozaba el alma».

Tiene recuerdos más cálidos de su hogar, con unos padres y dos hermanas cariñosos que le apoyaron. Le llegó a encantar ayudar a su madre en la cocina, a pesar de que, con sus limitaciones físicas, le resultaba difícil hacer cualquier cosa que no fueran tareas básicas. Pero asimiló los pormenores del arte de cocinar y en su adolescencia se dedicaba a leer revistas culinarias sofisticadas como *Bon Appétit* y *Food & Wine*.

Después, ya en la veintena, contactó con Elizabeth, que a su vez le puso en contacto con un maestro en San Diego. No fue hasta el confinamiento de la pandemia de la Covid-19 cuando su hermana Tara se mudó de nuevo con la familia y empezó a ayudarle con la comunicación, y con treinta y cuatro años se convirtió en una persona que deletreaba con fluidez y compartía sus pensamientos, sueños y ocurrencias —y recetas.

Ser capaz de hacerse entender cambió su vida. «Desde pequeñas cosas, como elegir mi ropa cada día, hasta cuestiones enormes, asuntos inmensos como las aflicciones o los sueños de futuro y la defensa de las personas autistas sin lenguaje oral», dijo, «todo está abierto para mí por primera vez en mi vida».

No es el único. Historias como las de Ian y Danny y su defensa están cambiando el modo en que se percibe a las personas sin lenguaje oral, creando más y más oportunidades y opciones para comunicarse utilizando diferentes formas de AAC. Aunque el uso de tableros con letras es cada vez más popular, las personas sin lenguaje oral están utilizando una variedad de modalidades: con un teclado o una tableta, escribiendo, señalando dibujos. Otras personas del espectro son capaces de vocalizar, pero prefieren teclear o escribir primero sus pensamientos y después leerlos en voz alta. Esto les da la oportunidad de preparar lo que desean decir cuando están bien reguladas sin el estrés y la ansiedad que pueden sobrevenir al tratar de vocalizar a la vez que interactúan con otras personas.

Las personas sin lenguaje oral se están organizando ahora para defender sus intereses de modos extraordinarios. The International Association for Spelling as Communication es un grupo de personas que deletrean y se juntan para trabajar en el avance del acceso a la comunicación para personas sin lenguaje oral a través de la práctica, la educación y la investigación. Y otro grupo, Communication-FIRST, fundado por Tauna Szymanski, una representante de los derechos de los discapacitados, trabaja más ampliamente en la protección y el avance de los derechos, la autonomía, la oportunidad y la dignidad de las personas con discapacidades del desarrollo y en el habla adquirida, especialmente aquellas sin lenguaje oral, incluyendo las del espectro autista.

Aunque estas organizaciones y otras personas trabajan para la defensa de la comunicación como un derecho humano básico, personas como Ian, Danny y Jordyn Zimmerman (véase el capítulo 12) están avanzando en la causa al compartir sus historias vitales. Su trabajo de apoyo consiste en expresar sus verdades y en hacerse oír. «La cosa más cariñosa que puedes hacer», dice Ian, «es escuchar mis palabras y creértelas».

CAPÍTULO 12

LA RESTITUCIÓN, LIDERAR EL CAMINO

Uno de los cambios más significativos en la comunidad autista en los últimos años es el reconocimiento de que es esencial que las personas del espectro se involucren en cualquier debate sobre autismo —que las personas autistas se expresen por sí mismas en lugar de que se hable sobre ellas o por ellas—. De hecho, son las personas autistas quienes, a través de sus palabras o actos, forjan nuestra comprensión sobre la experiencia autista.

A lo largo de las dos últimas décadas he tenido el privilegio de conocer y colaborar con una serie de personas del espectro extraordinarias que no solo se están expresando sino también asumiendo funciones públicas destacadas como activistas o defensoras, presionando a favor de un cambio social y legal, promoviendo una concienciación sobre el autismo entre los profesionales sanitarios y otra gente y pasando a la acción mediante el trabajo de empoderar a las personas autistas de infinidad de maneras. Y, por supuesto, cada uno de estos autodefensores y autodefensoras trabaja de forma única. La mayoría de las veces utilizan para su cometido sus intereses y fortalezas singulares, mostrando el poder de ser un ser humano único.

Par mí, estas personas son los campeones ignorados que están liderando a la comunidad autista —y al resto de nosotros— hacia el futuro. He tenido la suerte de conocer y trabajar con estas personas y me he quedado fascinado con sus historias personales, sus denodadas luchas y, en la mayoría de los casos, su gran resiliencia y persistencia. Muchas de ellas expresan agradecimiento a los mentores y colaboradores que han conocido a lo largo del camino. Aquí están seis de sus historias.

Carly Ott

«Sin el autismo, me quedaría sin trabajo».

- Ejecutiva de un banco.
- Voluntaria del Año de la Sociedad de Autismo de América.
- Experta en cómo revelar que se es autista.
- Mentora de personas autistas para progresar en el trabajo.

Cuando conoces a Carly Ott, es difícil no impresionarse. Es elocuente y segura de sí misma, vicepresidenta y directora de operaciones de uno de los bancos más grandes del país; se ha convertido en una voluntaria y defensora activa, formando parte de la Sociedad de Autismo de América y de otras organizaciones sin ánimo de lucro. También es madre.

Teniendo en cuenta todo esto, se sorprendería al escuchar que, con veintitantos años, apenas podía desenvolverse, vivía de las ayudas gubernamentales y solo salía ocasionalmente de su diminuto apartamento para ver a su terapeuta o para hacer la compra.

Carly —a la que conocí por vez primera hace varios años, cuando era presidenta de la Asociación de Autismo de Ventura County, California— es un testimonio de lo difícil que puede resultar la vida para las personas autistas antes de saber que son del espectro, y también cómo ser autista puede proporcionar las claves para lograr la plenitud y el éxito —si la persona encuentra el entorno y la ayuda adecuados.

Con una mirada retrospectiva, Carly tenía muchos rasgos comunes con las personas autistas. Cuando era niña, aleteaba sus manos, ansiaba una presión intensa y le encantaba enroscarse fuertemente en mantas. Tenía dificultades para la comprensión social. Una vez estaba sentada detrás de un hombre calvo en un cine y le dijo a su hermana, lo suficientemente alto como para que cualquiera pudiese oírlo: «¡Disfrutaría mucho más esta película si esta *sandía gigante* no estuviera sentada delante de mí!».

No tener inhibiciones también puede ser de ayuda. Cuando su profesora de biología del instituto le pidió que diera un discurso sobre el Día de la Tierra delante del gobernador, no se puso nerviosa.

Por otro lado, encontró tantas dificultades para hacer amigos que tuvo que cambiar de colegio reiteradamente, y en séptimo curso tenía pensamientos suicidas. «Es más aceptable ser un chico socialmente inaceptable que una chica socialmente inaceptable», dice, «y las chicas malas no bromean».

Sus dificultades sociales continuaron hasta que se graduó en la universidad y aterrizó en Nueva York, donde la manera de comunicarse directa y franca de mucha gente la hacía sentirse más cómoda.

En poco tiempo, sin embargo, empezó a padecer de lo que ella identifica en retrospectiva como «agotamiento autista» —extenuación por el esfuerzo de intentar encajar—. Al mudarse a Los Ángeles fue diagnosticada con un trastorno depresivo mayor, y la mayor parte del tiempo se quedaba en su pequeño y desordenado apartamento, apenas sintiéndose capaz de cuidarse a sí misma.

Después realizó un descubrimiento. Un día, en la caja de un supermercado, cogió una revista. La historia de la portada trataba sobre el autismo. «Cuando lo leí, se me encendió una bombilla», dijo. Subrayó el artículo con un rotulador fluorescente amarillo y se lo llevó a su terapeuta.

«Oh, Dios mío», dijo la mujer, «¡esta eres tú!».

Justo después de su vigesimoctavo cumpleaños tuvo un diagnóstico oficial, que le dio derecho a servicios públicos de ayuda estatales. Saber que era del espectro también le proporcionó una nueva perspectiva de sus numerosos años de dificultades. *Ahora todo cobra sentido,* recuerda haber pensado.

Sintiéndose recién empoderada, consiguió un trabajo en una gestora inmobiliaria, y después, en el punto álgido de la crisis hipotecaria del 2008, trabajó en un banco importante en la conservación de propiedades.

Pronto se trasladó a un departamento en el que un mánager en seguida se dio cuenta de que Carly entendía el negocio y la tecnología de un modo del que casi nadie era capaz —debido precisamente a la forma singular en que funcionaba su mente.

Afortunadamente, también la ayudaron los gerentes y compañeros, que apreciaban sus fortalezas y eran comprensivos con sus dificultades.

Según iba ascendiendo de rango, se debatía entre su deseo de manifestar abiertamente su pertenencia al espectro y la opción, en otros momentos, de no revelar su diagnóstico y reservarse esa información. Invirtió innumerables horas estudiando series y películas para poder comprender las sutilezas del comportamiento neurotípico en las interacciones sociales que parecían darse con naturalidad entre los demás.

«Creé un fichero en mi cabeza con las formas adecuadas de responder en cualquier situación hipotética en la que me pudiera encontrar», dice. «Ya sea qué hacer cuando alguien derrama la leche o qué hacer si hay una invasión alienígena: está todo en mi fichero».

Por otro lado, le pareció útil compartir su diagnóstico con sus colegas de poder hacer bien su trabajo y evitar conflictos incómodos. Le resultaba tan difícil hacer su trabajo en la oficina —donde los compañeros estaban en cubículos y el sonido ambiente le distraía— que trabajaba hasta entrada la tarde, cuando había más tranquilidad. Cuando fue demasiado molesto, Carly obtuvo permiso para trabajar desde casa.

«Ser capaz de controlar mi entorno significa que no estoy agotada por tener que estar disimulando todo el día, de modo que puedo concentrarme en el trabajo», dice.

Sin embargo, dice que a muchas mujeres les resulta más sencillo ocultar su autismo en el trabajo por miedo a quedar relegadas al ostracismo: «La gran mayoría de nosotras aprendemos a ocultarnos como una medida de supervivencia».

Este mismo prejuicio social impide que muchas mujeres busquen un diagnóstico de autismo hasta que son mucho más mayores, y también predispone a los profesionales de la medicina y de la salud mental a no diagnosticar a las mujeres del espectro. Carly ha alzado su voz para intentar cambiar esto.

Para aquellos que no quieren compartir con sus compañeros de trabajo que son autistas, Carly sugiere dar un giro positivo. «Si alguien te felicita por algo que está relacionado con una fortaleza que proviene de tu neurodiversidad», comenta, «simplemente di: "¡Ah, ya, soy autista, así que esto me sale de forma natural!"».

Para Carly, esto no es una hipérbole. Ella cree firmemente que las personas del espectro tienen mucho que ofrecer en el trabajo —razón por la cual empezó a colaborar con la Sociedad de Autismo de América, que la nombró Voluntaria del Año en 2018—. También forma parte de varios consejos de administración de museos, y utiliza sus cargos para propugnar la inclusión de personas con discapacidad.

Gracias a su determinación y valor, lo que una vez le ocasionó angustia y confusión se convirtió, en poco tiempo, en su superpoder. «Si alguien me ofreciera una cura y un millón de dólares para eliminar mi autismo, no lo haría», dice. «Doy gracias a mi autismo por ser capaz de pensar al margen de lo establecido y dar con soluciones a problemas que a otras personas les dejan desconcertadas. Sin el autismo, me quedaría sin trabajo».

Becca Lory Hector

«El autismo dio color a mi mundo con vibrantes posibilidades».

- Bloguera y oradora.
- Aconseja y asesora a personas autistas en temas sobre calidad de vida.
- Comparte medios de autoayuda con personas del espectro.

Becca Lory Hector siempre ha tenido un interés especial en el tiempo, así que recuerda que era una tarde soleada de primavera, con poca humedad para tratarse de Long Island, cuando le diagnosticaron autismo.

Tenía treinta y seis años.

Mientras se sentaba en el asiento del copiloto del coche de su madre, digiriendo la noticia, esta le preguntó: «¿Estás bien?».

Meditó la pregunta. Pensó en que gran parte de su vida había estado triste, enfadada, confusa. O resentida. La ansiedad, los ataques de pánico, la depresión.

«No, no estoy bien. Y no he estado bien», dijo, «pero quizás a partir de ahora lo esté».

Tardó cerca de un año en estar preparada para avanzar. Desde entonces, Becca ha sido una fuerza imparable. Y dice que lo que ocurrió aquel día soleado ha marcado la diferencia.

Becca se convirtió en mi amiga cuando trabajamos juntos en un proyecto en Colorado, y me quedé impresionado con su inteligencia, su gran sentido de sí misma y su compromiso a la hora de desafiar los malentendidos sostenidos tanto tiempo en torno al autismo. Su resolución para acabar con las ideas erróneas sobre el autismo está plasmada en el llamativo título de un contundente texto que escribió: «El autismo me salvó la vida».

Explica que, antes de su diagnóstico, había sufrido depresión, fracasos y decepciones. Pero comprender su diagnóstico lo cambió todo. Esto es lo que escribió, en parte: «El autismo dio color a mi mundo, convirtiendo en vibrantes posibilidades lo que hasta entonces había sido un torbellino de caos y confusión. El mundo estaba cobrando sentido a través de la lente del autismo y por fin estaba preparada para vivir de acuerdo con mi naturaleza. Capas de limitaciones y exigencias de la sociedad amontonadas durante años se iban desprendiendo poco a poco, y debajo estaba yo… Estaba empezando a conocerme de un modo en que anteriormente no había podido hacerlo, y me gustaba esta versión de mí. Me gustaba esta versión de la vida. Me gustaba esta versión de MI vida».

A pesar del alivio de esta revelación, también llegó a comprender que, en demasiadas ocasiones, las personas que son diagnosticadas dentro del espectro cuando son adultas se encuentran con información, pero sin medios para actuar. Los niños recién diagnosticados pueden beneficiarse de los programas escolares, las terapias y las actividades con compañeros, pero los adultos se encuentran solos. «Se te da una información colosal que te cambia la vida», me dijo, «y después no sabes qué hacer con ella».

Además, dice, a menudo las personas autistas no saben pedir ayuda. Solicitar ayuda es en sí una habilidad aprendida, y las personas del espectro necesitan aprender con ejemplos cómo pedir ayuda y defenderse a sí mismas.

De hecho, descubrió que donde más énfasis ponen los padres y profesionales es en animar a las personas del espectro a ser más independientes. «Esa es la mayor mentira del mundo», dice, «en mi vida he conocido a nadie que sea independiente».

En su lugar, ella privilegia el concepto de *interdependencia:* aprender a quién hay que preguntar y cómo hay que preguntar según los diferentes tipos de ayuda, y cuándo es mejor preguntar.

«Yo iría a pedir consejo financiero a mi abuelo, porque era contable», dice como ejemplo, «pero nunca le preguntaría qué ropa debo usar. Eso sería una tontería».

Para aprender acerca de la ayuda, hizo un minucioso examen de la bibliografía, recopilando algunos de los libros más famosos de autoayuda del mercado y estudiándolos cuidadosamente para obtener conocimiento. Descubrió patrones y temas repetidos: los límites, tener tiempo para uno mismo, reconocer el propio valor. Tomó todo este saber y adaptó todos estos consejos específicamente para las personas del espectro.

«Como autistas, necesitamos patrones y reglas; de modo que básicamente estás reescribiendo las reglas de tu vida», dice.

Un buen ejemplo fue la descripción del *mindfulness* de Jon Kabat Zinn. Las personas autistas tienen tendencia a preocuparse por el futuro o a rumiar sobre el pasado, dice. «Si en su lugar se presta atención al momento presente, la preocupación se disipa», dice Becca, «porque en realidad ahora mismo es lo único sobre lo que tienes control».

En el proceso de compartir el saber acumulado, también encontró una agrupación: un grupo de catorce mujeres autistas desperdigadas por todo el planeta y que contribuyeron con textos a una extraordinaria antología llamada *Spectrum Women: Walking to the Beat of Autism*.

Es natural sentirse sola cuando se es diagnosticada de adulta, como si fueras la única persona que tiene que lidiar con el cúmulo de dificultades e incomprensiones que trae consigo ser autista. Pero al ponerse en contacto con otras mujeres del espectro se dio cuenta de que podía tener amigas íntimas por vez primera en su vida, dice Becca. «Descubres que no solo no estás incompleta, sino que en realidad eres una muy buena autista, y hay otras personas como tú, tan raras como tú. Puedes ser rara con ellas y ellas lo serán contigo».

Y quizás esa es la mejor herramienta de autoayuda de todas: la habilidad de conectar con otras personas, de ser interdependiente, de tener personas en tu vida que te aceptan y te quieren tal como eres. Puede que Becca Lory no estuviera bien aquel día soleado en Long Island. Pero sin duda sí lo está ahora.

Chloe Rothschild

«Me encanta ayudar a la gente».

- Fue coautora de un libro sobre la interocepción, el octavo sentido.
- Defiende la aceptación y promoción de diferentes métodos de comunicación AAC para personas autistas, incluso aunque puedan hablar.

Contacté por primera vez con Chloe Rothschild no mucho después de que se publicara la primera edición de *Seres humanos únicos*. Me envió un correo electrónico para decirme dos cosas: (1) el mío era el centésimo libro sobre autismo que había añadido a su biblioteca y (2) estaba agradecida por mi apertura hacia las múltiples maneras que las personas autistas pueden utilizar para comunicarse.

Después de aquello, compartí tiempo con Chloe, que por aquel entonces tenía veintipocos años, en diversas conferencias nacionales. Nuestras interacciones siempre me parecieron valiosas y encantadoras. Era elocuente, muy consciente de sí misma y apasionada por defenderse y ayudar a otras personas del espectro. Aunque es plenamente capaz de comunicarse hablando cuando está bien regulada, y como oradora es cautivadora y entretenida, a menudo prefiere utilizar medios alternativos de comunicación, como teclear sus pensamientos en un iPad y después dejar que el aparato genere el discurso o leer ella misma en voz alta lo escrito. Otras veces utiliza papel y boli y lee lo que ha escrito. A lo largo del tiempo, se ha convertido en una defensora a ultranza de las personas que utilizan métodos de comunicación aumentativa y alternativa (AAC), y se opone a aquellos que no permiten que las personas autistas con lenguaje oral utilicen la comunicación AAC si esto es lo que desean hacer.

Lo que resulta incluso más admirable es que utiliza estos diferentes métodos para transmitir mensajes importantes y originales. Chloe tiene una habilidad poco común para describir tanto los aspectos positivos como los problemáticos de ser autista —con todas sus tonalidades y matices.

Aunque la Chloe que uno conoce tiende a ser alegre, entusiasta y segura de sí misma, ser del espectro no siempre ha sido fácil para ella. Chloe tuvo problemas en los primeros años de vida. Nació prematuramente, y su madre, Susan Dolan, la recuerda como un bebé que sufría cólicos. Chloe tenía una discapacidad visual grave —oficialmente era ciega—, y además mostraba diferencias en su comportamiento que preocupaban a su madre. Cuando tenía tres años, un neurólogo le diagnosticó una apraxia evolutiva —un trastorno motor del habla de base neurológica que impide la capacidad de producir un discurso inteligible—. Varios años más tarde, otro doctor dijo que tenía TDAH y «signos del síndrome de Asperger».

Sue recuerda con claridad el fatídico anuncio: «Me dijeron que me la llevara a casa y la quisiera, como si no hubiese esperanza».

Como relata la propia Chloe, que tiene un conocimiento profundo de su historia personal, el siguiente paso fue más práctico que doloroso. «Volvimos a mi pediatra, que dijo: "¿A quién queremos engañar? Es autista"», recuerda Chloe. Era suficiente diagnóstico.

Al principio el diagnóstico no tuvo mucha utilidad, dice la madre de Chloe, porque su colegio del distrito de Ohio solo hacía adaptaciones para una discapacidad por niño, de modo que los padres optaron por la adaptación de su discapacidad visual. «De otro modo», dice su madre, «ella no podría haber conseguido los libros de letra grande que necesitaba».

Chloe habló pronto, pero mostraba poco interés por los otros niños. En los encuentros con otros niños para jugar, ella se quedaba cerca de su madre y de otros padres. También tenía dificultades sensoriales. Tenía miedo al viento, por lo que un adulto tenía que llevarla a cuestas cuando soplaba. Era patosa, y a menudo se hacía daño por caídas —incluida una memorable justo en el despacho del pediatra.

«No sé si era por los problemas visuales o porque no sabía situar mi cuerpo en el espacio», relata Chloe.

El instituto le resultó difícil. Los profesores a menudo daban por hecho que estaba buscando atención o manipulando a propósito. «Había mucho más que eso», dice, «el comportamiento tiene un propósito en la comunicación».

A comienzos de la veintena hubo un punto de inflexión: en un campamento de verano tuvo una experiencia traumática. Se vio incapaz de comunicar lo que le había pasado —incluso a las personas que le eran más cercanas—. Más tarde fue diagnosticada de TEPT. Lo que más la traumatizó fue no ser capaz de hablar o explicarse. Según recuerda su madre, «un año más tarde dijo: "Quiero hablar porque no quiero que nadie más pase por lo que yo pasé"».

Quería escribir un libro para explicar su experiencia del mundo, para aportar comprensión a la experiencia autista. En su esfuerzo por comunicarse, empezó dando charlas a estudiantes de medicina utilizando mensajes ya programados en un iPad. Tenía más fluidez y era más expresiva utilizando ese método que hablando de forma espontánea, por lo que siguió comunicándose recurriendo a diferentes métodos.

Además de desarrollar medios más efectivos de comunicación y ayudar a otras personas a comunicarse, también se centró en la autorregulación, utilizando cualquier cosa que funcionase: una manta de peso, una sala sensorial en el sótano de sus padres, una pequeña versión de la máquina de abrazar de Temple Grandin. «Tengo tantos artilugios sensoriales que ya ni siento pena cuando rompo uno», dice.

Ansiosa por compartir su experiencia y su punto de vista, Chloe también escribió un libro, *My Interoception Workbook,* junto a Kelly Mahler, una terapeuta ocupacional, y Jarvis Alma, otra persona del espectro. Explica la interocepción como el octavo sentido, el que nos ayuda a percibir nuestro cuerpo y nuestros órganos internos y nos dice cuándo tenemos hambre, sed, estamos cansados, con dolor u otras sensaciones. Con apoyo visual y otras estrategias, ahora es más capaz de entender los «mensajes» que le comunica su cuerpo.

«Me encanta ayudar a la gente», dice Chloe.

Susan, la madre de Chloe, tiene un mensaje muy claro para otros padres de niños autistas: «Comprende que tu hijo puede hacer cualquier cosa, o cualquiera que realmente quiera; puede que solo necesite un poco más de ayuda, y solo tenemos que confiar en nuestros instintos».

Y Chloe tiene su propio mensaje. «Considerad que la capacidad es posible», dice. «No den por hecho que las personas no pueden hacer algo. Conózcanlas y denles una oportunidad. Probablemente sean muy capaces».

Anita Lesko

«No se trata de la caída; se trata de la remontada».

- Enfermera anestesista y fotógrafa de aviación.
- Diagnosticada a los cincuenta años.
- Trabaja en la formación de profesionales de atención sanitaria para atender mejor a las personas autistas.

A Anita Lesko le gusta decir que descubrió que era autista accidentalmente. Tenía cincuenta años cuando el hijo de un compañero de trabajo fue diagnosticado con el síndrome de Asperger. Era la primera vez que lo escuchaba. Curiosa, Anita le pidió a su amigo que le enseñara el papel que había traído de la consulta. Era un cuestionario con preguntas sobre algunas características.

«Decía que, si presentabas diez de las doce que aparecían, tenías el síndrome de Asperger. Yo tenía las doce», relata. «De pronto, todas las piezas del puzle encajaron en su sitio».

Tres semanas después visitó a un neuropsicólogo, que la diagnosticó. «Fue el mejor regalo que he recibido nunca», dice, «por fin supe las respuestas al misterio de mi vida».

De camino a casa, se paró en una librería y compró un puñado de libros sobre el tema. Esa noche no durmió. Se quedó leyendo *The Complete Guide To Asperger's Syndrome,* de Tony Attwood.

Su emoción predominante fue el alivio. Toda su vida, Anita se había sentido sola y diferente a todas las personas de su alrededor —como si no encajase—. Cuando estaba en quinto de primaria, escuchó al director de su colegio decirle a su madre que nunca llegaría a nada. Su madre era una luchadora, y siempre se mostró comprensiva. También era una buena amiga para Anita, que durante muchos años fue incapaz de hacer amigos o mantenerlos.

«Cuando tenía seis o siete años, era una pequeña alma perdida», cuenta. «Había un montón de caídas, pero no se trata de las caídas, se trata de las remontadas. Recuerda siempre esto: siempre está el siguiente día para trabajar por tus objetivos».

De hecho, ha perseguido sus metas con determinación. A la edad de veintidós años, cuando empezó a interesarse por la anestesia, un médico le sugirió que se hiciera enfermera anestesista. Ella siguió ese camino, y se graduó en la Universidad de Columbia con un máster en enfermería anestésica, un campo en el que ha trabajado más de tres décadas. Es especialista en anestesia para neurocirugía, traumatología, trasplante de órganos, quemaduras y prótesis ortopédicas.

También mostró durante muchos años interés en la fotografía de aviación, que se remonta a la primera vez que vio la película *Top Gun* en 1995. Esto la llevó a trabajar como fotógrafa de la aviación militar —y, en una ocasión, a volar en un caza F-15.

Anita también se ha hecho un nombre en el mundo autista escribiendo libros, incluida una memoria, *When Life Hands You Lemons, Make Lemonade.* Nos conocimos en 2013, cuando ambos hicimos una presentación en las Naciones Unidas durante el Día Mundial sobre la Concienciación del Autismo, y desde entonces hemos colaborado en diferentes conferencias.

Su deseo apasionado de abordar los problemas de salud dio lugar a la publicación de su libro *The Complete Guide to Autism & Healthcare,* y su objetivo es convertirse en una defensora internacional del autismo y trabajar para mejorar de forma drástica la manera en que los sistemas y los profesionales de la salud ayudan a las personas del espectro. Demasiado a menudo ha observado que los médicos y otras personas no dan la misma credibilidad a lo que los pacientes autistas comentan sobre su salud que la que darían a pacientes neurotípicos, por lo que su objetivo principal está dirigido a enseñar a los profesionales de la asistencia sanitaria a comunicarse de un modo más efectivo con las personas del espectro.

Quizás el logro del que está más orgullosa, sin embargo, sea su matrimonio en 2015 con Abraham, que también es autista. Stephen Shore ofició la primera «boda completamente autista», que se celebró durante la conferencia nacional de la Sociedad de Autismo de América y estuvo abierta al público —como parte de un esfuerzo para sensibilizar acerca de la necesidad de amor y de relacionarse que, al igual que el resto de la gente, también tienen las personas del espectro—. «Tener a [Abraham] en mi vida, poder hablar con él después de un largo día y estar los dos juntos me produce una gran sensación de paz, consuelo y seguridad», dice Anita.

Conner Cummings

«Si el esfuerzo de hoy no funciona,
sé que mañana otro intento me espera».

- Ha conseguido una ley que beneficia a hijos adultos con discapacidad de padres divorciados.
- Famoso por dar testimonio ante el congreso llevando puestas unas orejas de Mickey Mouse.

Lo primero que hay que saber sobre Conner Cummings es que, junto a su madre, Sharon Lee Cummings, es el principal impulsor de la Ley de Conner, aprobada en 2015 en Virginia para terminar con un vacío legal que impedía que los padres solteros de adultos con discapacidad pudiesen recibir ayudas para sus hijos.

La segunda cuestión es que ha dado testimonio ante el congreso de Estados Unidos llevando puestas unas orejas de Mickey Mouse. Tiene más de cincuenta modelos de sombreros con orejas de Mickey, reunidos a lo largo de sus viajes semestrales con su madre a Walt Disney World. Elige ponerse las orejas del ratón siempre que está ante grandes multitudes prácticamente donde quiera que vaya, porque le hacen sentirse más cómodo y seguro. «No es distinto de alguien que lleva puesta la gorra de su equipo de béisbol favorito», comenta Conner.

Tanto su defensa de la causa como su entusiasmo por las orejas de Mickey son importantes. Conner, con el que he mantenido un contacto regular desde que colaboramos en un comité de la Sociedad de Autismo de América hace varios años, tiene formas únicas de expresarse y de mantenerse bien regulado. Esto lo convierte en un activista apreciado con una personalidad contagiosa. Como reconocimiento de sus esfuerzos como voluntario, la Sociedad de Autismo de América le otorgó el Premio al Mejor Defensor del Año.

Conseguir ese tipo de honor no era lo que alguien hubiese previsto cuando Conner fue diagnosticado como autista siendo un niño. A los cuatro años todavía no hablaba, y los médicos le dijeron a su madre que nunca hablaría —ni sería capaz de llevar a cabo un aprendizaje simple—. Empezó en clases de integración, pero tuvo dificultades. «Era como un extraño», me dijo, «tenía el deseo de hacer montones de amigos nuevos… pero entonces sentí que no tenía ninguno porque me faltaban habilidades sociales y comunicativas».

Para empeorar las cosas, sus profesores no tenían mucha fe en sus capacidades y no le proporcionaron medios de ayuda. Después de que uno de ellos insinuara que a Conner le estaba haciendo los deberes su madre, Sharon lo sacó del colegio y contrató a un antiguo profesor de la clase para que le enseñara en casa, donde la relativa calma le ayudaba a concentrarse. Durante todo ese tiempo Conner mostró una motivación y una perseverancia extraordinarias. Como él mismo explica: «Yo intento cosas, y si el esfuerzo de hoy no funciona, sé que mañana otro intento me espera».

La enseñanza en casa le ayudó a comprender su propio estilo único. «Era más fácil para mí aprender viendo (visual) para ayudarme a comprender mejor que escuchando», escribió sobre su educación. «Mi madre me dijo que estaba bien aprender o hacer cosas de manera diferente. No me hace ser menos; de hecho, justo lo contrario: ella dice que las empresas pagan mucho dinero a las personas que ven las cosas "de manera diferente". Soy un regalo».

Cuando tenía siete años empezó a decir frases completas, aunque hasta el momento él prefiere expresarse escribiendo, lo que le da más control y tiempo para procesar lo que oye y formular lo que él quiere comunicar. Este estilo de comunicación no ha limitado a Conner, que ha estudiado francés y español. Su profesor también le ayuda con habilidades para la vida: comprar, comparar precios.

Sin embargo, la mayoría de las veces atribuye a su madre el mérito de haber maximizado su potencial. «Mi madre es de mucha ayuda para mí. Nunca se rinde y me quiere sin importar lo que pase, y hacemos cosas divertidas juntos», dice Conner.

Eso incluye visitas frecuentes a Walt Disney World, lo que le hace, dice, feliz y le da una sensación mágica.

Sharon estaba en medio de su divorcio con el padre de Conner en 2013 cuando pidió ayuda para su hijo. Debido a un vacío legal, no la obtuvo. Su abogado le dijo que la única posibilidad que tenía era cambiar la ley. Estaba medio bromeando, pero la idea la inspiró para trabajar justo para eso. Recurrió a la ayuda de un senador estatal, pero solo cuando Conner empezó a manifestarse en público por sí mismo, la propuesta de ley se puso en marcha.

Madre e hijo hablaron en el capitolio de Virginia en Richmond numerosas veces —Conner siempre llevaba puestas sus orejas de Mickey—, y llegaron a ser muy conocidos entre los legisladores del estado. El proyecto de ley se aprobó con el apoyo del bipartito de ambas cámaras, y cuando el gobernador Terry McAuliffe finalmente lo convirtió en ley, Conner lo celebró regalándole un par de orejas de Mickey Mouse firmadas.

Además de su defensa de la causa, Conner es un fotógrafo con talento que ha trabajado como foto fija en tres filmaciones. Toca el piano, ha ganado medallas de patinaje sobre hielo en las Olimpiadas Paralímpicas y ha aparecido en vídeos de la policía con el fin de ayudar a los funcionarios de los cuerpos de seguridad a interactuar y comprender a las personas del espectro.

En cuanto a sus consejos para las personas del espectro, Conner es firme: «Estate orgulloso de quien eres y no permitas que nadie te diga lo contrario, ni tengas miedo a pronunciarte; además, para quererse y aceptarse a uno mismo no hay que rendirse nunca y hay que intentar aprender cosas diferentes».

Esto no significa necesariamente que las cosas sean más fáciles.

«Todos los días hay alguna dificultad, pero ahora las afronto y les doy la bienvenida, y espero superarlas todas, porque soy una persona muy positiva», dice Conner. «No hay nada en absoluto que no pueda hacer».

Ron Sandison

«Hay que trabajar duro; hay que tener amor, compasión y clarividencia».

- Especialista en atención psiquiátrica hospitalaria y pastor consagrado.
- Autor de libros que rinden homenaje a la diversidad de la experiencia autista.

Algunas personas miran la vida y solo ven las maldiciones. Luego, está Ron Sandison, que se centra en las bendiciones. Su excepcional combinación de optimismo, determinación y fe y el impulso de ayudar a otras personas del espectro autista son contagiosos e inspiradores.

Ron trabaja como especialista en atención psiquiátrica hospitalaria, pero su verdadera pasión es empoderar a las personas del espectro autista. Es un pastor consagrado, y a menudo habla de la confluencia del autismo y la fe en iglesias, sinagogas y mezquitas. También es marido, padre y autor de tres libros, todos con el objetivo de informar y empoderar a las personas autistas y ayudar a que otras les comprendan.

Estos logros son incluso más admirables a la luz de los primeros años de Ron. Tal y como él cuenta, su desarrollo temprano no era destacable, pero en algún momento después de los dieciocho meses perdió incluso las palabras más básicas que había aprendido y dejó de establecer contacto visual con su madre.

Tenía problemas en sus esfuerzos para interactuar con otros niños y sufría frecuentes crisis. Un médico le diagnosticó un trastorno emocional, pero la madre de Ron no aceptó esa valoración. Le llevó a un neurólogo, que le diagnosticó autismo.

Los profesionales le dijeron a sus padres que era poco probable que Ron leyera más allá del nivel de séptimo curso, que no podría asistir al instituto y que probablemente no sería capaz de tener relaciones significativas.

Decidida a demostrar que los expertos estaban equivocados, su madre, Janet, «dejó su trabajo como profesora de arte y se convirtió en su profesora a tiempo completo», según dice el propio Ron. Janet se valió del arte y otras actividades para involucrarle y ayudarle a aprender.

Un año, por Navidad, le regaló un perro de la pradera de peluche al que llamó Prairie Pup [Cachorro de la Pradera]. Eso prendió la chispa de un interés especial a medida que Ron empezó a fascinarse con los detalles de la vida de los perros de la pradera. Llevaba constantemente un libro de animales en su mano derecha y a Prairie Pup en la izquierda. Siguiendo los pasos de Ron, Janet aprovechó ese entusiasmo e incorporó a Prairie Pup a las lecciones de lectura y escritura y lo involucró socialmente. Ron dictaba historias de ficción sobre sus peluches. Él las ilustraba y su madre las escribía, a la vez que le enseñaba comprensión lectora y ortografía.

Por otro lado, la escuela era difícil. «Mi discurso era tan lento que mi hermano me presentaba a la gente diciendo: "Creo que Ron es de Noruega"», me contó, «nadie sabía lo que yo estaba diciendo». Debido a sus problemas sensoriales y a su dificultad para entender los códigos sociales, le resultaba complicado entablar amistades.

Todavía recuerda alguno de sus momentos sociales más embarazosos, como cuando se enteró de que el entrenador de fútbol Wayne Fontes, de los Detroit Lions, había sido despedido. «Wayne vino al túnel de lavado de coches donde yo trabajaba, así que le mostré una solicitud de empleo y le dije: "Wayne, no tienes que estar más tiempo desempleado: ¡aquí mismo estamos contratando!"».

Lo que le ayudó a relacionarse con sus compañeros y a encontrar amigos fueron los nuevos entusiasmos: entrenó tan duramente que se convirtió en un atleta estrella, corredor de pista y de campo a través, y también devino un cristiano devoto, memorizando miles de versículos bíblicos.

Eso le ayudó a obtener una beca deportiva en un pequeño instituto cristiano y después una beca académica en la Universidad Oral Roberts, donde obtuvo un máster en teología. Agradece a sus padres que reconocieran su talento, incluso cuando otras personas no podían, y su apoyo. A su madre la llama «mamá osa»: «Ella siempre se aseguró de que su cachorro tuviera lo que necesitaba».

Y sigue teniendo cerca a Prairie Pup (cuando nos reunimos a través de Zoom para el podcast de *Uniquely Human* lo mostró orgulloso ante la cámara). Con el tiempo, lo sustituyó por otros animales de peluche. En su luna de miel, eligió un tejón melero de peluche, y como compañía durante la pandemia de la Covid-19, un demonio de Tasmania.

Con el paso de los años, sin embargo, sus entusiasmos han cambiado, dice: «Pasé de los animales al arte, de la pista al campo a través, de predicar a hablar a la gente sobre el autismo».

Anualmente da sermones en alrededor de veinticinco iglesias, y también habla en conferencias y seminarios, ateniéndose a uno de los 15.000 versículos del Nuevo Testamento que ha memorizado: «Cada uno debería utilizar el don que ha recibido para ayudar a otras personas, aplicando fielmente la gracia de Dios en sus diversos modos».

Considera que su don es educar a la gente sobre el autismo y ayudar a que las personas con discapacidad encuentren su propio objetivo y consigan la ayuda que necesitan para avanzar. Además de en sus charlas, también lo ha llevado a cabo en sus libros, incluido *Views from The Spectrum,* basado en sus entrevistas con veinte personas notables del espectro autista —desde Armani Williams, el impulsor de la NASCAR, o Tarik El-Abour, el jugador profesional de béisbol, hasta Rachel Barcellona, la activista y concursante de belleza—.

«El noventa por ciento del éxito en la vida son las relaciones, y las personas con autismo somos como un velcro desgastado, no conectamos bien», dice. «Pero si aprendemos a conectar bien y utilizamos nuestros dones o recursos, entonces seremos capaces de lograr cosas asombrosas e increíbles».

No siempre es fácil ser tan optimista, pero la vida de Ron sirve como un recordatorio de que las evaluaciones tempranas de los llamados expertos a menudo pueden estar equivocadas, y que el apoyo de los padres, mentores y otras personas pueden cambiarlo todo.

Ron habla mucho sobre religión, pero cuando se le pregunta por el consejo que da a los padres y a las personas del espectro, dice que para lograr el éxito en la vida se necesita algo más que fe. «Hay que trabajar duro; hay que tener amor, compasión y perspectiva; y nunca hay que darse por vencido», dice.

Sin duda, su vida es un testimonio de ello.

Jordyn Zimmerman

> *«Cuando pude compartir mis pensamientos y mis*
> *aspiraciones, mi vida cambió drásticamente»*

- Incomprendida y subestimada durante años, aprendió a comunicarme tecleando.
- Trabaja para «cambiar la narrativa» de sus compañeros sin lenguaje oral del espectro.

Cuando Jordyn Zimmerman vuelve la vista atrás a sus primeros años de escuela, recuerda una persistente y dolorosa mezcla de aislamiento, terapias forzadas ABA y aburrimiento. En la escuela primaria, la pusieron en una clase donde los alumnos hacían poco más que jugar a los videojuegos todo el día. En secundaria, le mandaban tareas aburridas, repetitivas: colocar tarjetas con los nombres de los profesores en orden alfabético, limpiar las ventanas del autobús, colocar ropa en las perchas.

«Me sentía muy desgraciada», dijo en nuestro podcast, mientras se comunicaba tecleando las palabras en un iPad utilizando una aplicación de conversión de texto a voz.

Como Jordyn no hablaba, la mayor parte de sus profesores no esperaban mucho de ella, y a los que se esforzaban les parecía especialmente ingobernable. «Puede que ella fuera uno de los niños más difíciles con los que he trabajado», dijo refiriéndose a ella Wendy Bergant, la directora de un programa sobre autismo con tres décadas de experiencia en una entrevista en *This is Not About Me,* un documental sobre Jordyn.

Jordyn recuerda escuchar a un profesor de apoyo de cuarto de primaria hablando de sus dificultades delante de ella, como si no estuviera allí. Incluso cuando era pequeña Jordyn tenía el deseo de ser profesora, pero al ver cómo la subestimaban sus monitores, según dice: «Me cuestionaba si mis sueños podrían hacerse alguna vez realidad».

En secundaria fue peor, con unas sobrecargas sensoriales que desencadenaban crisis tras crisis. Para intentar contener a Jordyn, su colegio de secundaria utilizaba un armario como clase, aislándola de los otros alumnos mientras ella recibía enseñanza individual de un solo asistente o profesor.

Frustrada e incomprendida, Jordyn respondía la mayor parte de las veces de dos maneras: con un comportamiento autolesivo, dándose cabezazos contra la pared, o corriendo. Cuando Jordyn corría, los profesores y los asistentes la perseguían y después la sujetaban —un patrón que se repitió durante años.

Eso continuó hasta que una profesora, Christy LaPaglia, mostró especial interés por Jordyn y colocó carteles alrededor del edificio para recordarle que, si corría, fuese a su despacho. Allí, Christy atenuaba las luces y algunas veces Jordyn se refugiaba debajo de la mesa, quedándose quieta hasta que se calmaba y se autorregulaba. «Yo le escribía una nota: "¿Cómo puedo ayudar?"».

Otras personas intentaban proporcionarle medios de comunicación, pero Jordyn recuerda que eran limitados y simples. Un libro que usó en décimo curso, por ejemplo, contenía palabras, frases y dibujos que podía señalar. Pero las frases en general eran peticiones y afirmaciones simples: «yo quiero», «yo huelo», «yo veo». Y la única opción de comida era una galleta. En el documental se le preguntó qué pasaba cuando le resultaba imposible comunicar sus sentimientos y necesidades, a lo que Jordyn simplemente respondió: «Me quedaba muy frustrada».

Eso la llevaba a correr, a atacar, a las autolesiones, a las crisis.

Finalmente, hubo un avance cuando tenía dieciocho años. No fue repentino, sino prolongado en el tiempo: Jordyn empezó a aprender a comunicarse usando pantallas táctiles con un iPad. Su progreso fue oscilante: empezó con imágenes y símbolos y después pasó a las letras y palabras. Pero progresivamente adquirió la capacidad de expresar sus pensamientos y sentimientos, y después de un año era una persona sin lenguaje oral que se comunicaba con eficacia a través de su iPad con una aplicación de conversión de texto a voz.

«Cuando comencé a ser capaz de compartir mis pensamientos y mis aspiraciones», contó Jordyn, «mi vida cambió drásticamente».

A su vez, la percepción que la gente tenía de ella también cambió. Durante años, los profesores y otras personas habían asumido por su silencio que era poco inteligente, inaccesible e incapaz.

Según fue adquiriendo fluidez en la comunicación, emergió una mujer joven, brillante, divertida y sensible que estaba ansiosa por conectar con el mundo a pesar de haber soportado años de trauma por haber estado aislada y ser incomprendida.

Con un rápido desarrollo de su capacidad de comunicación, confianza y ayuda, se graduó en el instituto y fue a la Universidad de Ohio, donde fundó un equipo de animación universitario inclusivo, las Sparkles, y obtuvo un título en política educativa.

Dispuesta a hacer carrera en educación, se marchó a la Universidad de Boston, donde está trabajando para obtener un máster en currículum y formación.

«La gente no puede seguir diciendo que saben lo que yo quiero sin preguntarme ni darme tiempo para poder contestar», dice Jordyn.

También se ha involucrado en profundidad en la defensa, educación y ayuda de otras personas, dando conferencias y hablando en favor de los derechos de las personas sin lenguaje oral para que tengan acceso a las diferentes modalidades de comunicación alternativa y aumentativa.

A pesar de que a menudo teclea con soltura y parece que comunica sus pensamientos e intenciones con facilidad y fluidez, no siempre es sencillo. «Todavía tengo muchas lagunas en las que debo trabajar», admite, «por ejemplo, tengo muchas más palabras en mi cabeza de las que puedo escribir».

Y luego están las barreras externas. En 2019, cuando hizo unas prácticas de verano en Washington, D. C., con un grupo de defensa, el National Disability Rights Network, Jordyn visitó el Tribunal Supremo de Estados Unidos durante una audiencia. Pero el control de seguridad no le dejó pasar con su iPad, y en su lugar le ofrecieron un bolígrafo y papel —que eran de poca ayuda—. «Esto demuestra que no está previsto que la instancia más alta del país se atenga a la normativa de facilitar el acceso a la comunicación», dice Jordyn.

Esta experiencia puso de relieve la importancia del trabajo que ella ha convertido en una misión personal: incrementar las oportunidades y las opciones y poder conocer las necesidades de comunicación de las personas sin lenguaje oral. Su objetivo: «Cambiar la narrativa de nuestras propias vidas y de lo que es posible».

Mientras aspira a ese elevado objetivo, Jordyn tiene más consejos prácticos para los educadores y las familias vinculados a personas sin lenguaje oral. Puntualiza que, demasiado a menudo, la gente tiene poca capacidad de atención. Mantener una conversación con alguien que teclea, como Jordyn, puede implicar pausas de silencio de varios minutos mientras las personas formulan y teclean lo que quieren decir. Algunas veces, comenta, el oyente simplemente se va antes de que llegue la respuesta. Su sugerencia es sencilla y profunda: «Probablemente el consejo más importante», dice Jordyn, «es ser paciente».

Scott Steindorff

«Me encanta cómo percibo la vida, me encanta mi creatividad
y me encanta mi sensibilidad».

- Superó su adicción al alcohol y a las drogas para alcanzar el éxito en Hollywood.
- Diagnosticado en edad avanzada, aspira a concienciar sobre la neurodiversidad para ayudar a que otras personas del espectro lleven una vida próspera.

Habiéndose criado en una pequeña ciudad de Minnesota, Scott Steindorff nunca sintió que encajara. Tenía dificultad para hablar, sus habilidades motoras eran torpes y evitaba mirar a la gente a los ojos. «Recuerdo a mi padre decirle a mi madre que simplemente era lento», comenta.

Incapaz de explicar su malestar y la apariencia de estar desconectado, un profesor les dijo a sus padres que Scott, que entonces tenía diez años, podía estar consumiendo drogas.

Sus evidentes dificultades le hicieron víctima de un *bullying* incesante —hasta que al final tomó represalias y le dio un puñetazo tan fuerte a uno de sus acosadores que los otros se retiraron.

Desde una edad temprana, Scott también se evadió mediante la escritura, refugiándose en el proceso de crear mundos imaginarios con las palabras. Encontró otra salida en el atletismo, se convirtió en un esquiador competitivo y se comprometió tan intensamente con el deporte que consiguió un puesto en el equipo de esquí de Estados Unidos.

Se deprimió cuando sus días de esquiador terminaron y dirigió sus energías a hacer dinero en el sector inmobiliario, y entonces, al igual que hacen muchas personas neurodivergentes cuando se enfrentan a sus problemas personales, se refugió en el alcohol y con el tiempo en las drogas. «La cocaína me hacía sentir poderoso y completo, como nunca antes me había sentido», dice Scott, que más de una vez acabó en urgencias. «Sabía que si continuaba así iba a morir».

Finalmente terminó en rehabilitación, experimentó lo que él llama un cambio de conciencia y buscó salidas menos dañinas. Devoró libros, leyendo tres o cuatro a la semana. Se casó. Emprendió un negocio. Nada de todo esto le quitó su sensación de inutilidad. «Todavía me sentía ese chico de diez años que sufría acoso y burlas, con baja autoestima y sensación de poca valía», dice.

Consciente de que no podría sobrevivir a otro contacto con el alcohol y las drogas, decidió permanecer sobrio. También se comprometió a realizarse profesionalmente, y se forjó una carrera como productor de televisión y cine adaptando *bestsellers* literarios para la gran pantalla. Creó trabajos que incluyen éxitos como las películas *The Lincoln Lawyer* y *Chef,* o la miniserie de TV ganadora de un premio Emmy *Empire Falls,* coproducida con Paul Newman.

Incluso tras ese éxito continuó con su lucha. Los médicos le diagnosticaron como una persona de alta sensibilidad (PAS) y con TDAH.

Pero no fue hasta que una de sus hijas, diagnosticada con TDAH, estaba trabajando con una terapeuta cuando esta le sugirió a Scott, que por entonces ya estaba en la sesentena, que pertenecía al espectro autista.

Su primera reacción fue de vergüenza, pero cuanto más investigaba, más sentido adquiría el diagnóstico. «Empecé a trabajar con un terapeuta y empecé a comprender qué me pasaba». Cuánto más conocía, mejor comprendía las dificultades que había vivido: la dificultad para relacionarse y para comprender sus propias emociones, por qué evitaba mirar a la gente a los ojos en las reuniones de trabajo y su aversión a prestar atención.

«Comencé un proceso de revelación y descubrimiento de quién era, y mi percepción del pasado cambió drásticamente».

Su hija le contó que le había dado vergüenza invitar a sus amigas a casa porque Scott hablaba muy alto, no respetaba las normas sociales y algunas veces dejaba una conversación a mitad de frase.

Con el tiempo, llegó a aceptar ser del espectro. «Soy único, no estoy dañado», dice.

También llegó a apreciar que gran parte de sus éxitos —en los deportes, en los negocios, en la escritura— podía atribuirse a su cableado y a su habilidad para concentrarse como un láser en un tema o proyecto. «Alguien me preguntó: "¿Lo habrías cambiado?"», refiriéndose a su diagnóstico de autismo. «No, porque me encanta cómo percibo la vida, me encanta mi creatividad y me encanta mi sensibilidad».

Lo que lamenta es que nadie le hubiera ayudado a darse cuenta antes. Con la ayuda y el conocimiento apropiados, dice, «muchos de los problemas de mi vida se habrían podido evitar».

Por eso Scott se ha dedicado a llamar la atención sobre el autismo y conseguir que los profesionales y educadores de la salud mental estén más en sintonía con la neurodivergencia. Tiene el cometido de incrementar el reconocimiento del autismo y de las afecciones relacionadas en la población general, pues cree que demasiado a menudo las personas neurodivergentes viven sin un diagnóstico y sin ser comprendidas o escogen permanecer «dentro del armario». A través de un programa de neurodiversidad de la Universidad Estatal de Arizona, también está trabajando para incrementar la conciencia y la sensibilidad sobre el autismo entre los estudiantes. Tras haber hecho producciones para NBC, Netflix y HBO Max, entre otras, está decidido a utilizar su influencia en Hollywood para ayudar a eliminar el estigma y la vergüenza que normalmente están asociados con ser del espectro. Su objetivo es ayudar a que las personas del espectro experimenten el éxito —tanto personal como profesionalmente— que por fin él mismo ha sido capaz de conseguir. «Esto es lo más importante de mi vida», dice: «Soy autista y estoy orgulloso».

CAPÍTULO 13

REVITALIZAR EL ESPÍRITU

A veces una pregunta es una revelación. Hace algunos años, en el retiro de padres que yo ayudo a organizar, una madre que estaba sentada a mi lado me dio un golpe en el brazo para llamar mi atención. Era el primer retiro de Cynthia, una madre «nueva en todo aquello». Su hijo, entonces de dos años y medio, había sido diagnosticado hacía poco, de modo que la mayor parte de lo que estaba escuchando era información nueva y desconocida para ella. Durante dos días Cynthia estuvo conversando con padres, muchos de ellos con años e incluso décadas de experiencia con seres queridos autistas. Escuchó a algunos padres hablar de los entusiasmos e idiosincrasias de sus hijos y a otros contar las batallas que habían tenido con los directores de los colegios y los problemas con los desorganizados sistemas de apoyo. Conoció a una madre que expresaba su gratitud por haber encontrado un colegio residencial adecuado para su hijo de 19 años y a otra que hablaba abiertamente sobre las dificultades para compaginar el trabajo con la maternidad.

Luego, justo antes de la emotiva despedida del grupo, Cynthia se volvió hacia mí. «Doctor Prizant», me susurró, «tengo una pregunta para usted». Me habló de un sitio web que había encontrado que decía que su programa en línea ayudaba a niños autistas de una manera tan extraordinaria que algunos se habían «recuperado» del autismo. Quería mi opinión.

Me describió los testimonios que había leído de los padres cuyos hijos habían hecho progresos notables en la reducción de los síntomas del autismo en unas semanas o meses simplemente siguiendo las actividades recomendadas. ¿El coste? Casi mil dólares. «¿Qué piensa, doctor Prizant?».

Su pregunta me recordaba a otras tantas consultas parecidas de otros padres. «Si el dinero no fuese un impedimento», me preguntan, «si no estuviera condicionado geográficamente por mi profesión o mi familia, ¿dónde nos sugiere que nos traslademos para obtener los mejores servicios para nuestro hijo?». Estos padres albergan la creencia de que en algún lugar hay una meca de ayuda al autismo: un colegio, un doctor o un terapeuta que puede ser capaz de librar a su hijo, y por consiguiente a la familia, de todos los problemas relacionados con el autismo.

¿Dónde deberíamos ir?, ¿a qué ciudad?, ¿a qué colegio?, preguntan.

La respuesta: no es tan sencillo. No exsite un profesional, clínica, lugar mágico o tratamiento que ofrezca todas las respuestas ni un programa que consiga que un niño sea «normal» para que las familias puedan olvidarse del autismo y continuar con sus vidas.

Nadie va a culpar a Cynthia, la madre de un niño pequeño, por buscar todas las opciones en su deseo de ofrecer a su hijo la mejor vida posible. Tampoco se va a culpar a las familias por buscar los mejores servicios disponibles. Quieren lo mismo que todos los padres: que sus hijos sean felices, que lleven vidas satisfactorias y aprovechen al máximo su potencial, que progresen durante su adolescencia y la edad adulta como miembros respetados, implicados y valorados en sus comunidades. En pocas palabras, los padres quieren lo mejor para sus hijos. Pero cuando las dificultades que conlleva el autismo y las condiciones concurrentes entran en la ecuación y se convierte en lo principal, es fácil perder la perspectiva de lo que es importante.

El tema de la recuperación

Algunos enfoques del autismo hacen de la «recuperación» el objetivo explícito: la idea de que una persona puede superar el autismo de la misma forma en que uno puede vencer el cáncer o recuperarse de un ataque al corazón o apoplejía. Si eso es posible o incluso deseable, sigue siendo una pregunta abierta. Un estudio de 2019 publicado en el *Journal of Child Neurology* con un seguimiento de 569 niños encontró que, con el tiempo, un porcentaje muy pequeño de niños experimentaron mejoras en los síntomas de modo que ya no encajaban con los criterios del diagnóstico de autismo del DSM, pero la mayoría todavía tenía «dificultades que requerían apoyo educativo y terapéutico». El estudio no halló manera de predecir qué niños tendrían tales avances ni por qué.

Esta visión del autismo define la recuperación como la reducción del número de «síntomas autistas» por debajo de cierto umbral hasta un nivel en el que la persona ya no cumpla con los criterios para el diagnóstico del DSM. Sin embargo, muchas de las personas del espectro del autismo con más éxito que yo conozco (Temple Grandin, Stephen Shore, Michael John Carley, Becca Lory Hector, Dave Finch, Dena Gassner, y ahora otros cientos), y que desde todo punto de vista gozan de una vida plena, no se refieren a sí mismas como recuperadas. Tienen profesiones gratificantes, son miembros activos de la comunidad y algunas tienen familias con hijos. Personas que en cierto momento se pensó que se habían recuperado del autismo cuando eran niños más tarde se identificaron y autodiagnosticaron como adultos autistas. Y a muchos otros adultos autistas, incluso algunos que afirman carecer de los síntomas más obvios o han aprendido a invertir mucha energía en «esconder» su autismo y por ello son en gran medida capaces de pasar por «neurotípicos», les molesta el énfasis que se pone en la recuperación, pues muchos ven el autismo como una parte inseparable e integral de su identidad.

Una persona puede disfrutar de una buena calidad de vida con independencia de si su comportamiento cumple los criterios del autismo. Como el caso de un adolescente que, cuando sus padres abordaron el tema de su diagnóstico, dijo: «Me *encanta* mi autismo».

Ya sea posible o no la «recuperación», perseguirla como único objetivo y entenderla como el resultado principal del éxito puede ser agotador para los padres tanto desde el punto de vista emocional como económico, y estresante para los niños y adultos autistas, sobre todo cuando el propósito del tratamiento se basa en reducir «los comportamientos autistas» —o aprender a enmascararlos o esconderlos—. Y cuando los profesionales presentan la «recuperación» como algo probable —a pesar de que las investigaciones indican que es poco frecuente, y dejando al margen la gran controversia sobre cómo definir la «recuperación» y si conseguirla es deseable—, violan la ética de la práctica profesional, en especial cuando hacen tales declaraciones para promocionar su trabajo.

Mantener la esperanza en la expectativa de minimizar las dificultades que conlleva el autismo y lograr una buena calidad de vida no tiene por qué referirse necesariamente a la «recuperación» (algunos simplemente lo llaman «hacer grandes progresos», «superar dificultades» o «mejorar la calidad de vida»).

Cuando las familias hacen de la recuperación su objetivo principal pueden perderse la belleza de los avances del niño en su desarrollo y sus características únicas, al igual que un conductor que se concentra solo en el destino no percibe la belleza del paisaje a lo largo del trayecto.

En cambio, he observado a muchos padres disfrutar de los pequeños avances y del progreso diario de sus hijos adultos y en edad escolar—precisamente porque se centran en el camino a lo largo de la vida—. Los avances progresivos desembocan en grandes transformaciones que mejoran la calidad de vida de las personas autistas y de sus familias.

Sheila describió esta diferencia mejor que nadie que conozca. Su hijo Pablo era un adorable niño de diez años que tenía ansiedad y una sensibilidad sensorial elevada. Podía hablar, pero debido a su desregulación, era difícil que permaneciera involucrado. Durante años, Sheila estuvo desesperada porque su hijo cambiara y se librara del autismo, y probó multitud de dietas alternativas y otros tantos tratamientos. Solo paró y contempló sus esfuerzos bajo una nueva luz cuando vino a nuestro retiro de padres y conoció a otros como ella, que hablaban de sus problemas y de sus triunfos.

Con lágrimas en los ojos, compartió con el grupo su epifanía: «No paro de intentar arreglar a Pablo, y lo que he aprendido es que él es perfecto tal y como es, y es feliz». Con voz temblorosa, añadió: «Necesitamos intentarlo todo para que la vida de nuestros hijos sea más cómoda y feliz, pero en realidad son perfectos —y *ellos* pueden curarnos a *nosotros*».

Diferentes familias, diferentes sueños

El camino es distinto para cada familia, al igual que para cualquier padre que cría a su hijo. Como parte de mi trabajo en la práctica privada, una vez en pocos días visité a dos familias diferentes en sus casas para una consulta. Ambas tenían un hijo menor de tres años que acababa de ser diagnosticado de autismo. Mi función en ambos casos consistió en confirmar el diagnóstico, y luego hablar sobre el posible futuro y cómo podía proceder la familia.

Después de la conversación inicial sobre el diagnóstico, el primer padre me hizo una pregunta: «¿Cree que alguna vez irá a la universidad?». Esta era su principal preocupación: ¿tendría su hijo éxito académico?

Con la segunda familia, nuestra conversación inicial fue casi idéntica, pero luego la madre del niño me hizo su propia pregunta: «Queremos saber, ¿será feliz nuestra hija?». Esta pregunta suscitó algunas más: «¿Tendrá amigos y gente cerca que la quiera? ¿Será una persona respetada en su comunidad?».

Cada familia es diferente. El mismo diagnóstico, la misma etapa del camino y prioridades muy diferentes.

Mi amiga Barbara Domingue (véase el capítulo 10) me regaló una vez una lámina enmarcada que colgué en mi oficina. Es una imagen surrealista de un hombre en una cuerda floja caminando hacia una luz lejana, parecida a la luz del sol. Solo un extremo de la cuerda está asegurado, el extremo detrás de él. El segmento de la cuerda que se extiende por delante de él lo sostiene en sus manos, de modo que el paso siguiente está en el aire. Según la interpretación de Barbara, el hombre representa a una familia justo después de recibir el diagnóstico de autismo de su hijo: los padres se dan cuenta de que están comenzando un largo viaje, pero es un viaje que tendrán que ir improvisando a cada paso. La elección de cada uno de los pasos puede estar cargada de ansiedad y el temor de que un paso en falso pueda suponer la perdición para el niño y la familia. Por desgracia, algunos profesionales cuya función es ayudar en realidad inducen y perpetúan ese miedo.

Estos sentimientos pueden extenderse más allá del momento del diagnóstico en la infancia. De hecho, cada trayecto del camino puede sentirse de esa manera. Incluso cuando las cosas están estables, cuando a los padres les parece que están caminando sobre terreno firme, en cualquier momento las cosas pueden cambiar: un terapeuta querido que se traslada, un programa escolar que no es adecuado, un niño que se acerca a la pubertad y adolescencia con el cambio a un nuevo colegio, y los padres caminan de nuevo en la cuerda floja.

Para ampliar la metáfora, hay un factor que lo complica: a medida que improvisan su camino, tratando de mantener el equilibrio, todo tipo de personas ofrecen consejos y orientación, provocando demasiado a menudo confusión e incluso culpa.

«¡Aquí gira a la derecha!».

«¡Allí gira a la izquierda!».

«¡Ahora, da dos vueltas y cae de pie!».

Los padres y los cuidadores pueden sentir un estrés crónico al estar todo el tiempo cuestionándose si están tomando decisiones adecuadas para sus hijos o familiares. En muchas situaciones no hay una respuesta clara, ninguna elección es segura. Un profesional puede insistir en que el niño necesita cuarenta horas de terapia a la semana. Un padre afirma que determinado tratamiento que hizo maravillas en su hija seguramente tendrá el mismo resultado en el suyo. Uno apuesta por la integración; otro, por la educación en casa; otro insiste en un colegio privado para el autismo; un cuarto afirma que es necesario una dieta sin gluten. Los padres pueden sentir que un paso en falso, una decisión equivocada (o la ausencia de una decisión), causará un daño irreparable.

Todo esto puede hacer que sea difícil mirar hacia el futuro, que los padres piensen: *de todos modos, ¿hacia dónde nos dirigimos? ¿Cuál es mi luz? ¿Cuáles son nuestras esperanzas y sueños para nuestro hijo? ¿Cómo podemos tomar las decisiones correctas para cumplirlas? ¿Es esto lo que mi hijo quiere y necesita?*

Cada padre responde de manera diferente. Cada familia tiene unas prioridades, unos objetivos y sueños concretos. Y, por supuesto, muchos adolescentes y adultos autistas tienen sus propios objetivos y deseos para el futuro.

Pequeños pasos, cambio de perspectiva

Es natural tener ansiedad ante el futuro. La madre de un niño de cinco años me dijo recientemente que a veces se despierta en medio de la noche llena de preocupación pensando cómo será su hijo cuando tenga quince años. Otros padres dicen que no dejan que el futuro les afecte. Cuando Justin Canha era un adolescente, alguien preguntó a su madre sobre su futuro como adulto. «Simplemente no puedo ir tan lejos», dijo. «Paso a paso».

A menudo los padres expresan preocupación por si es demasiado tarde si un niño no ha alcanzado determinado desarrollo a la edad de tres, cinco o siete años. En algún lugar han oído que, si un niño no habla cierto número de palabras a los cinco años, ya no hay esperanza. O que el centro de atención debería estar solo en el lenguaje, porque utilizar AAC (Comunicación Aumentativa y Alternativa) no es una comunicación *real*. O que el coeficiente intelectual o el rendimiento académico de un niño pequeño pueden predecir su futuro (nada de esto es verdad).

Cuando las dificultades parecen mayores, puede haber poca esperanza. He conocido a muchos padres cuyos hijos no han desarrollado el habla a una edad temprana. Han escuchado que si un niño no habla a los cinco años probablemente nunca hablará, o que implementar la comunicación ACC impedirá el desarrollo del habla, y la práctica del habla es la única esperanza. Ninguna de las dos aseveraciones es cierta: el desarrollo continúa a lo largo de toda la vida, y no solo la AAC puede ser una manera muy efectiva de comunicación; en muchos casos, de hecho, puede ayudar a que el lenguaje se desarrolle. Sin embargo, estos padres se desesperan por que el niño desarrolle el habla lo más rápido posible. Cuando no sucede así, se desaniman. Se sienten agotados. Su esperanza se disipa. Al estar centrados en un objetivo concreto, lo ven todo a través de ese prisma y les resulta difícil percibir las posibilidades, los logros o incluso al niño. Por desgracia, en algunos casos la felicidad y el bienestar emocional del niño son los perjudicados, ya que la búsqueda de recuperación produce un estrés crónico tanto en el niño como en la familia.

En esas situaciones lo que ayuda es un replanteamiento. Incluso cuando un niño no habla, a menudo hay signos de interacción: puede que el niño esté mirando intencionadamente a su madre o padre; la niña ha comenzado a señalar o a saludar con la mano. Estas son indicaciones iniciales de interés social, una base y un paso hacia una capacidad de comunicación más avanzada con el apoyo de diferentes recursos para la comunicación (gestos, sonidos, palabras, sistemas ACC). A menudo los padres están tan centrados en conseguir que el niño hable que no perciben señales tan prometedoras. Cuando un niño coge a su madre de la mano para llevarla a la nevera, no está simplemente «utilizando a la persona como un instrumento», como desestiman algunos este tipo de acciones; es una comunicación intencionada, un punto de partida desde el cual se puede construir. Por mucho que soñemos con saltos importantes, a menudo son estos pequeños pasos los que indican el progreso y ofrecen esperanza.

También resulta útil para los padres y los cuidadores conocer a familias que hayan recorrido el mismo camino. En nuestro retiro de padres, la madre de un niño de tres años puede conocer al padre de una adolescente o una adulta joven que tuvo las mismas dificultades en una edad temprana. La joven adulta no puede hablar, pero utiliza un iPad o un tablero de ortografía para comunicarse. Sus padres mantienen una actitud positiva, la rodean de amor y afecto con apoyos útiles, y está claro que tiene una vida feliz, resuelta y plena.

Amir es un hombre joven con un discurso mínimo que dirige un negocio en el que hace galletas que se venden en tiendas locales y en el teatro del barrio, que gestionan sus padres. Estos reconocen que, cuando era un adolescente, no le habrían imaginado haciendo tal cosa. Tiene una buena calidad de vida. Tiene un objetivo. Está implicado en su comunidad. Se enorgullece de su trabajo. Se siente bien consigo mismo. Y sus padres dicen que no pueden imaginar la vida sin tener a su hijo adulto viviendo en casa.

Es un recordatorio de que el desarrollo humano es un proceso que dura toda la vida, y que las prioridades cambian. Lo que parece muy importante en una etapa de la vida puede no serlo tanto en unos pocos años.

¿Alegría y sentido de sí mismo o éxito académico?

Los padres quieren saber cuál debe ser el programa escolar de un niño para garantizarle el máximo éxito cuando sea adulto. ¿Qué habilidades y cualidades son importantes en una persona para ayudarle a tener la mejor calidad de vida? Aquí están mis principales prioridades: desarrollar la autoexpresión y la autoestima, infundir alegría, crear experiencias positivas y fomentar las relaciones positivas. También es importante aumentar la autoconciencia y la capacidad de autorregularse emocionalmente y, cuando sea necesario, aceptar la ayuda de otras personas.

Las experiencias emocionales positivas motivan a aprender y a explorar, a adquirir autoconfianza y el deseo de relacionarse con otras personas, ponerse metas personales y buscar experiencias más variadas. En otras palabras, mejoran la calidad de vida. Cuando estamos contentos, atraemos la compañía de los demás, que la gente se acerque a nosotros. Esto se hace evidente cuando ves a los niños interactuando en grupos. Cuando un niño está nervioso y tenso o taciturno y triste, otros lo evitan. Pero si los mismos niños ven a un niño que parece accesible, alegre, sonriente, juguetón y bien regulado, se sienten atraídos hacia él. La felicidad atrae las relaciones de manera natural.

Sin embargo, muchos padres, educadores y terapeutas priorizan los logros académicos sobre la alegría, incluso cuando el estrés y la desregulación aumentan. De hecho, he escuchado a importantes defensores de algunos enfoques conductuales oponerse a la idea de dar importancia a la alegría, con el argumento de que para los niños autistas es mucho más importante desarrollar habilidades que ser felices. En otras palabras, evaluar la felicidad no es relevante, debemos evaluar las capacidades.

No solo es una manera de pensar equivocada, sino que además no aborda el meollo de la cuestión. Los niños —y todos los seres humanos— aprendemos con más facilidad cuando somos felices. Retenemos y recordamos la información de manera más eficaz cuando sentimos emociones positivas. Cuando tratamos de aprender en situaciones de estrés continuo, estamos más en guardia, retenemos menos y nos es más difícil recordar lo que hemos aprendido. Pero cuando estamos sintiendo una emoción positiva y confiamos en el mundo en el que vivimos estamos más predispuestos a aprender, y nuestro aprendizaje es más profundo. Cuando confiamos y disfrutamos de la gente de nuestro alrededor, estamos más motivados para aprender y arriesgarnos.

Una y otra vez he conocido educadores que fuerzan demasiado a los alumnos, haciendo hincapié en lo académico en lugar de considerar todo el conjunto. A menudo los educadores están presionados por las administraciones con políticas que evalúan el éxito solo en términos de rendimiento académico. En casos extremos, el resultado es el rechazo al colegio —el niño se niega a ir a clase.

Otros niños simplemente se cierran en banda. Como mínimo, la presión crea tensiones y recuerdos emocionales negativos que pueden ser difíciles de superar. En lugar de centrarse en lo académico o dejar que el plan de estudios estándar sea la guía, es esencial considerar el desarrollo de toda la persona, hacer las adaptaciones necesarias y dar opciones que fomenten la felicidad, la disposición para aprender y participar. *Eso* se traduce en una mejor calidad de vida.

La importancia de la autodeterminación

Una vez me invitaron a presentar un taller en Christchurch, una ciudad pintoresca de las más grandes de Nueva Zelanda. Descubrí que era costumbre que los representantes de los indígenas locales de descendencia polinesia, los maoríes, inauguraran tales eventos con una breve oración. Cuando llegué a la concurrida sala de conferencias, un organizador me presentó al maorí más anciano, un caballero alto y robusto que sostenía un palo de madera tallado. Me conmovió y me sentí honrado cuando este anciano me invitó a participar en la breve ceremonia. Comenzó con un saludo entre todos los participantes: cada uno presionaba su nariz y su frente contra la del otro, avanzando en fila. El intercambio, llamado *hongi,* simboliza el ritual de compartir tu espíritu cuando saludas a otra persona.

Luego, segundos antes de comenzar mi conferencia, el anciano se acercó a mí, se inclinó y, con los labios prácticamente tocando mi oreja, susurró una breve frase: «Confío en que transmita el mensaje de que, para avanzar con la mente, primero debemos elevar el espíritu».

Mientras escuchaba sus palabras, sentí que una vibración atravesaba mi cuerpo. Porque en esta frase había resumido gran parte de lo que creo acerca de la vida de las personas autistas: que la mejor manera de contribuir a que las personas autistas y neurodivergentes consigan tener una vida satisfactoria y plena de sentido es encontrar con todo el respeto el modo de que se involucren, ayudarlas a adquirir un sentido de sí mismas y a fomentar vínculos y experiencias alegres.

Debemos elevar el espíritu. Cada año me encuentro con docenas de personas autistas. Cuando reflexiono acerca de estos encuentros, a menudo pienso en términos del espíritu: *él tiene un gran espíritu, ella es una niña con espíritu, son espíritus libres.* Tales son el tipo de personas que atraen a la gente hacia ellas, que pueden llenar una habitación con sorpresa y alegría. Otras parecen aletargadas, pasivas, cautas, desconectadas, o incluso temerosas o traumatizadas. Acerca de estas personas podríamos decir: *ha perdido el espíritu, tiene que recuperar el espíritu.*

La diferencia puede deberse a factores innatos —o al menos estar muy influenciada por ellos—, tales como problemas sensoriales graves o biomédicos, pero a menudo los individuos con más espíritu son aquellos que han tenido opciones y oportunidades en la vida, con las ayudas adecuadas. Sus entusiasmos han sido respetados y nutridos. Se les ha dejado opinar y tomar decisiones respecto a su propia situación. Esto no significa que puedan vivir sin apoyo; para algunos es posible, pero para otros no es un objetivo inmediato. De hecho, puede que sea un error enaltecer la «independencia» como el objetivo deseado. Estamos aprendiendo cada vez más de las personas autistas, como Becca Lory Hector, que la calidad de vida está mucho más relacionada con la interdependencia, con tener relaciones seguras y de confianza y saber cómo confiar en otras personas y agrupaciones. Lo que es de crucial importancia es la *autodeterminación:* un sentido de identidad, de reconocimiento de lo que uno ama y quiere, y cierta autoridad sobre la propia vida —no estar controlado por otra persona, y no tener que cumplir y responder constantemente a exigencias.

Algunos padres comienzan a pensar en la autodeterminación solo cuando sus hijos autistas están llegando al final de la adolescencia y a la edad adulta y empiezan a sopesar las opciones disponibles o posibles. Pero esta conversación debe tenerse antes, desde preescolar. Al plantear, enseñar y apoyar a los jóvenes del espectro, siempre debemos preguntar: ¿qué podemos hacer para ayudar a que un niño o adulto tenga una vida lo más autónoma y realizada posible? Por eso es esencial, siempre que sea posible, ofrecer opciones a la persona en vez de forzar expectativas concretas. El objetivo no debería consistir en arreglar a la persona o conseguir que parezca «normal» (sea lo que sea eso), sino más bien en ayudarla a que desarrolle la capacidad de tomar sus propias decisiones, a que tenga control sobre su propia vida.

Cuando Jesse, que había estado muy desregulado, tuvo la oportunidad de repartir el correo y organizar el reciclaje con sus amigos, contribuyendo a su colegio y sintiéndose orgulloso como alumno de secundaria, estaba dando pasos hacia la autodeterminación.

Cuando Scott, que había estado tan enfadado con su anterior terapeuta, me prohibió usar la expresión «buen trabajo», estaba expresando su autodeterminación.

Cuando a Ned, que tenía miedo de subir al ferri, se le dio la opción de no subirse pero decidió ser valiente, estaba aprendiendo a tener autodeterminación.

Cuando a Justin su amigo autista le pidió que mirara a los ojos a la gente y que fuera educado, y le respondió que «los modales apestan», estaba ejercitando su autodeterminación.

Ros, que no iba a cenar hasta que no hubiera tenido la oportunidad de saltar en una cama elástica, estaba demostrando lo que significa ser una adulta con autismo con plena comprensión de sí misma y control de su propia vida.

Cuando padres y profesores y miembros de comunidades amplias ofrecemos opciones, creamos oportunidades y empoderamos a las personas autistas y neurodivergentes, no solo ayudamos a que sus mentes avancen: también impulsamos sus espíritus.

EPÍLOGO

Todos los años, cuando termina el retiro de padres, las madres y los padres que se han reunido expresan una mezcla de euforia y anhelo. Por un lado, en estos pocos días han gozado de los contactos, de comprender y ser comprendidos. Por otro lado, al volver a sus hogares y a la vida diaria, se preguntan cómo podrán en algún momento recrear lo que han descubierto en este lugar y con las personas con las que han compartido, se han reído, han llorado y han sonreído.

«El retiro me ha mostrado lo importante que es juntarse y compartir experiencias, o simplemente estar en un lugar donde todos los miembros comprenden tus glorias, frustraciones y aflicciones», dijo Juan Carlos, padre de dos niños del espectro.

Algunos padres comentan que, al contactar con otras familias que bregan con angustias y problemas similares, se sintieron menos aislados, y literalmente salvaron sus matrimonios. Otros padres ponen el énfasis en lo importante que fue conocer y aprender de los adultos autistas que acudieron como invitados. En resumen, lo que experimentaron a lo largo del fin de semana que ofrecemos junto a nuestros asociados, los padres-profesionales de la agrupación Community Autism Resources, es la fuerza de pertenecer a una comunidad de apoyo —una comunidad que te ve, te escucha, te comprende y te valora justo como eres.

Me parece que llegar al final de *Seres humanos únicos* no es tan diferente a dejar el retiro. El mundo está lleno de mensajes negativos y malentendidos sobre el autismo, y demasiado a menudo las personas que se supone que tienen que ayudar y animar a las personas autistas y a sus familias en su lugar retratan el autismo como algo trágico, doloroso y difícil. En estas páginas hemos intentado mostrar otra cara: qué significa ser un ser humano único y vivir en una familia humana única. Al conocer a Ros Blackburn y a Justin Canha, escuchar las voces de Morénike Gina Onaiwu y Jordyn Zimmerman, aprender de Stephen Shore, Carly Ott y Cloe Rothschild, uno puede preguntarse: ¿cómo puedo traer a mi vida a esta gente extraordinaria y su mirada y mensaje? ¿Cómo pueden mi familia y mis seres queridos ser reconocidos, apreciados y valorados por ser seres humanos únicos, al igual que estas personas?

La mejor respuesta que tengo pasa por encontrar comunidades de apoyo. Lugares físicos, sociales, espirituales e incluso virtuales donde uno pueda establecer contacto y aprender y hablar, y ser apreciado, valorado y apoyado tal y como es. No estoy hablando de entidades terapéuticas que centren el interés en que las personas autistas parezcan más «normales» o intenten pedirle peras al olmo. Estoy hablando de comunidades donde a usted y a su familia se les ve y comprende, donde se comparte humor, experiencia y conocimiento.

¿Dónde se pueden encontrar tales comunidades? Algunas de las mejores que he conocido son programas de *performance* y artes expresivas, como los programas de Miracle Project en Los Ángeles y Nueva Inglaterra, una creación de Elaine Hall, donde los niños y adolescentes autistas y neurodivergentes y sus compañeros neurotípicos colaboran en la creación de producciones musicales de teatro y otras actividades inspiradoras. Donde los padres se enorgullecen de la creatividad de sus familiares. Incluso cuando la pandemia de la Covid-19 arrasó con todo, los proyectos Miracle continuaron creando vínculos a través de Zoom, ofreciendo a los participantes una manera de establecer contacto, verse entre ellos y ser vistos. «Claro que el coronavirus da miedo», escribió Nick, uno de los actores, «pero es increíble que estemos todos juntos en esto».

Los programas de los que estoy orgulloso de formar parte, como el Miracle Project y el Spectrum Theatre Ensemble, una compañía profesional adulta, crean oportunidades para que los participantes establezcan contacto a través de intereses compartidos y se oigan sus voces, otorgando a todos una sensación común de pertenencia. «Es un lugar donde puedo expresar mi pasión por la interpretación sin ser criticada o acosada por mis discapacidades», contó Julia, una actriz del Spectrum Theater Ensemble. «Es para la gente que me comprende y no le importa que me haga un lío con las frases».

Los grupos de artes escénicas son solo un tipo de comunidad. La escuela adecuada puede ser una comunidad de apoyo. Al igual que un grupo que se junta solo para conversar. Becca Lory Hector me contó que encontró una comunidad en otras mujeres que escribían obras para una antología de ensayos llamada *Spectrum Women*. A la mayoría de ellas no las ha conocido en persona, sino que, a través de sus historias, a través de correos electrónicos y textos y de Zoom, estas mujeres autistas han trascendido el tiempo y la geografía para conectarse de manera real y profunda.

Ya sea en su blog, en su vecindario, en su ciudad, en su comunidad de culto o de alguna forma virtual —o en encuentros ocasionales como nuestro retiro de padres—, las comunidades están ahí fuera, y son la mejor manera de crear y fomentar calidad de vida para las personas humanas únicas y para sus familias.

Por supuesto, una de las grandes ironías del autismo es que, durante mucho tiempo, las personas autistas eran retratadas como personas que vivían en su propio mundo, sin ningún instinto o conciencia social, sin compasión, sin deseo de establecer contacto con otros seres humanos. Nada más lejos de la realidad. Cuanto más escuchamos a las personas del espectro, más conscientes somos de que desean tanto como cualquier otra persona establecer contacto social, de que tienen tanta necesidad de aprobación, amor o valoración como cualquier otro ser humano. De hecho, debido a que los constructos sociales que la sociedad establece hacen que las relaciones sean tan difíciles, a menudo para ellos el anhelo de conexión es incluso mayor.

La buena noticia es que las comunidades de apoyo están ahí fuera: comunidades donde usted y sus seres queridos pueden ser valorados, respetados, aceptados y acogidos no a pesar de ser seres humanos únicos, sino porque son seres humanos únicos.

Cedo la última palabra a mi amiga Dena Gassner, una madre autista de un hijo autista y una conocida experta internacional en el autismo, trabajadora social, profesora de universidad y mentora de innumerables personas autistas. Cuando Dena estuvo en *Uniquely Human: The Podcast,* le pregunté por los mensajes que compartía con las personas autistas que ella asesoraba y con aquellas personas que todavía no habían contactado con la comunidad autista. Sus conmovedoras palabras hablaban del poder de las comunidades de apoyo y de la hermosura con la que, cada vez más, las personas autistas y sus familias están ahí las unas para las otras.

«Estamos esperándote», dijo Dena. «Tu comunidad te está esperando. Somos tu cultura. Somos tu familia. Somos tu tribu. Y te estamos esperando».

Mi deseo para ustedes, como individuos o como familia, es que encuentren la comunidad que les acoja como los seres humanos únicos que son.

PREGUNTAS FRECUENTES

No hace mucho viajé al emirato de Dubái para impartir un taller sobre el autismo. Vinieron padres y profesionales de todo Oriente Medio y de sitios tan lejanos como Nigeria. En apariencia, la audiencia se parecía poco a los grupos a los que suelo dirigirme en los Estados Unidos, Europa o Australia. Muchas de las mujeres estaban vestidas con burkas, y algunas llevaban los tradicionales pañuelos en la cabeza conocidos como niqabs. Pero sus preguntas eran prácticamente las mismas que he escuchado de padres, educadores y terapeutas en lugares tan variados como China continental, Nueva Zelanda e Israel: ¿Por qué mi hijo da vueltas y se balancea? ¿Debo dejar que mi hijo pase tanto tiempo con el iPad? ¿Hablará mi hija alguna vez? ¿Qué puedo hacer para que mi cónyuge acepte que nuestro hijo es autista y que no lo «superará» sin más? ¿Qué puedo hacer con una niña de mi clase que no se relaciona con otros niños? ¿Cómo puedo hacer para que mi alumno deje de morderse la mano? ¿Cómo se puede conseguir que los profundos intereses de mi hijo adulto deriven en oportunidades de trabajo? Los padres de todo el mundo quieren lo mejor para sus hijos y familiares, los educadores desean respuestas, todos los profesionales y personal de apoyo anhelan tener a disposición la mejor información. Para ayudarles, he aquí algunas respuestas a algunas de las preguntas más frecuentes.

¿Cómo se puede saber si una persona tiene autismo de alto funcionamiento o autismo de bajo funcionamiento? ¿Qué pasa con el síndrome de Asperger?

Con solo dos años y medio Eric puede hacer puzles que para la mayoría de los niños de cuatro años son demasiado complejos. Pero todavía no puede hablar, y se comunica principalmente a través de gestos. ¿Eric es de alto funcionamiento o de bajo funcionamiento?

Amanda, con ocho años, es capaz de trabajar en el ámbito académico al mismo nivel que su clase de cuarto curso. Pero si no cuenta con la ayuda de un profesor de apoyo, puede sentirse tan ansiosa que sale corriendo de la clase, o incluso fuera del colegio. ¿Tiene Amanda alto funcionamiento o bajo funcionamiento?

Dominic, que tiene quince años y no habla, se comunica con un dispositivo generador de voz. Pasa la mitad del día escolar en una clase de educación especial. Sus compañeros de clase y profesores le quieren y le aprecian, y le gusta saludar a sus numerosos amigos en el patio de recreo. ¿Dominic es de alto funcionamiento o bajo funcionamiento?

Layla es una artista en la treintena cuyos retratos de mascotas tienen mucha demanda en su tienda en línea. Sin embargo, tiene periodos de depresión severa y raramente sale del sótano de casa de sus padres debido a sus problemas de ansiedad social y a sus sensibilidades sensoriales. ¿Es Layla de alto o bajo funcionamiento?

Aunque esta terminología se ha convertido en algo común, yo no la utilizo. Durante mucho tiempo he estudiado el desarrollo infantil y humano, y soy muy consciente de lo simplistas que son estas caracterizaciones. Las personas son muy complejas, y el desarrollo es multidimensional y no puede reducirse a una dicotomía tan simple.

Además, los términos son tan imprecisos que carecen de significado. «Alto funcionamiento» y «bajo funcionamiento», junto con «autismo severo», «autismo profundo» y «autismo leve», se han convertido en categorías pseudodiagnósticas sin una definición aceptada o algún otro criterio de diagnóstico que encaje con ellas. La edición más reciente del *Manual diagnóstico y estadístico de los trastornos mentales,* el DSM-5, provocó controversia cuando prescindió de todas las subcategorías del trastorno del espectro autista, de modo que el síndrome de Asperger ya no constituía un diagnóstico distinto. Sucedió mucho antes de que hubiera un debate sobre si el síndrome de Asperger y el autismo de alto funcionamiento eran lo mismo o entidades diferentes, ya que no existía un diagnóstico diferencial claro.

A menudo he observado lo inexacto y engañoso de los términos autismo de *bajo funcionamiento* y *alto funcionamiento* cuando se aplican a niños y adultos a los que he conocido bien, y utilizar estos términos me parece una falta de respeto, y demasiado a menudo solo representa un momento en el tiempo. Las madres y padres que escuchan que a sus hijos se les aplica el término *bajo funcionamiento* están escuchando una visión limitada y fragmentada de las capacidades y del potencial de sus hijos, que ignora al niño integral. Incluso cuando a un niño se le califica de «alto funcionamiento», los padres a menudo señalan que el niño sigue teniendo muchas dificultades que los educadores y otras personas con demasiada frecuencia minimizan o ignoran. Es más, a aquellos que parecen más capaces o incluso parecen neurotípicos cuando están bien regulados a menudo se les juzga con más dureza, al igual que a sus padres, que a aquellas personas que tienen estados de discapacidad más evidentes.

Cuando los profesionales ponen este tipo de etiquetas en los primeros años del desarrollo, pueden condicionar injustamente el potencial de una persona: si es «bajo», no esperan mucho; si es «alto», lo hará bien y no necesitará apoyo. La etiqueta a menudo se convierte en una profecía autocumplida. Sin embargo, los niños que parecen que tienen más dificultades en sus vidas (y por lo tanto necesitan más apoyo) a menudo con el tiempo tienen un progreso maravilloso. Algunos niños florecen más tarde y el desarrollo es de por vida. En lugar de centrarse en etiquetas vagas e imprecisas, es mejor centrarse en las posibilidades y dificultades relativas a cada persona y buscar las mejores ayudas.

He oído que las oportunidades de ayudar a un niño autista se desvanecen después de los cinco años. ¿Después de eso es demasiado tarde para esperar algún progreso significativo?

En resumen, no. Muchos padres oyen de otro padre o de un terapeuta o han leído en un sitio web que es importante hacer toda la intervención temprana que sea posible porque en algún momento la posibilidad de mejorar se desvanece. Algunos padres oyen que, si un niño no recibe una terapia concreta un determinado número de horas a la edad de cinco años, se ha perdido la oportunidad de progresar. Esto les hace sentir culpables, que están abandonando a sus hijos si fracasan a la hora de proporcionarles el nivel aconsejado de terapias intensivas.

La verdad: No hay evidencia de que las posibilidades se acaben a los cinco años. Las investigaciones indican que uno de los indicadores de los mejores resultados de los niños autistas es la intervención temprana con ayuda familiar, pero eso no significa que si no se empieza temprano haya poca esperanza de un progreso continuo y significativo. Muchos padres notan un desarrollo y un progreso significativo entre los ocho y los trece años y hasta la edad adulta. También es cierto que hay periodos críticos en el desarrollo humano para algunas capacidades; por ejemplo, si no se tiene acceso a un idioma a edades tempranas, se vuelve mucho más difícil dominarlo más tarde. En muchas otras áreas, sin embargo, para todos, incluidas las personas autistas, el desarrollo es realmente un proceso de toda una vida a base de ir aumentando capacidades y adquiriendo habilidades. De hecho, muchas personas autistas que inicialmente no fueron diagnosticadas o fueron diagnosticadas erróneamente en la infancia relatan que una de sus mayores ganancias en relación con la calidad de vida tuvo lugar después de un diagnóstico profesional o un autodiagnóstico en la edad adulta, a menudo cuando tenían ya 50 o 60 años de edad.

Recomiendo encarecidamente comenzar temprano con un programa integral y bien coordinado que se ajuste bien al estilo de vida y a la cultura de la familia. Sin embargo, muchos padres me dicen que el consejo que recibieron les causó tanta preocupación por perderse la «etapa crítica» que invirtieron dinero y energía en terapias que no eran las opciones apropiadas para sus hijos. Muchos padres, debido a la ansiedad y al miedo, siguen un programa determinado, no importa lo estresante o perturbador que pueda ser. Esto no es necesario, y puede causar estrés en padres y niños por igual. En uno de nuestros retiros de padres, una madre contó que navegaba por internet hasta las 3 de la mañana en busca de un nuevo avance para su hijo de cuatro años sin darse cuenta de que su hábito estaba teniendo un impacto debilitante en su familia y en su matrimonio. Un programa bien coordinado es igualmente pertinente para los adultos del espectro. El programa debería ajustarse a los objetivos y al estilo de vida de la persona, y puede incorporar condiciones de vida, oportunidades vocacionales y de ocio y contacto social.

De manera orientativa, la investigación en niños en edad preescolar y escolar indica que veinticinco horas semanales de participación activa, centradas en la comunicación social, en la regulación emocional y en el aprendizaje, es una medida óptima. En estas horas se pueden incluir *parte de las actividades cotidianas y de las rutinas,* tan simples como cepillarse los dientes o hacer palomitas de maíz, o jugar con los hermanos, pues no tienen que ser solo terapias que imparten los profesionales. Acumular horas adicionales de terapia personalizada no es necesariamente mejor.

Algunas personas autistas parecen hiperactivas, pero otras parecen apáticas. ¿Cómo se explica?

Al autismo se le denomina *trastorno del espectro* porque las habilidades y las dificultades de las personas autistas aparecen a lo largo de un continuo, y no hay dos personas que manifiesten autismo de la misma manera. Una persona está tan revolucionada todo el tiempo que no puede pararse, mientras que su compañero de clase autista a menudo parece perezoso y atontado.

A este fenómeno se lo conoce como *el nivel de arousal* [nivel de excitación]. Todos los seres humanos transitamos por diferentes estados de excitación fisiológico a diario. El pediatra T. Berry Brazelton describió estos estados «bioconductuales» en bebés, aunque son relevantes para todos los seres humanos. Los estados van desde el extremo inferior (sueño profundo o somnolencia) hasta el extremo superior (agitado, ansioso, incluso aturdido o exaltado).

Todos tenemos tendencia a una dirección u otra. El reto para muchas personas autistas es que tienen un «nivel demasiado bajo» o un «nivel demasiado alto»; es decir, tienden a estar poco despiertos (demasiado bajo) o sobrexcitados (demasiado alto) gran parte del tiempo. Cuando la tarea o la situación necesitan un estado de silencio, de concentración, el niño está alterado y se distrae fácilmente. Cuando la situación requiere estar activo, el niño está adormilado o descentrado. Para complicar las cosas, en ocasiones las personas pasan rápidamente de una excitación demasiado elevada a una excitación demasiado baja, a veces en pocas horas.

Las personas autistas, para adecuarse a las exigencias del entorno o de una actividad, a menudo tienen dificultad para pasar de un estado de excitación a otro. El estado de excitación alto de una niña de jardín de infancia es adecuado en el patio de recreo, pero luego se acelera tanto que no puede pasar a un estado tranquilo cuando es la hora de sentarse en grupo. El objetivo consiste en saber ayudar a que una persona pueda estar el mayor tiempo posible en el estado adecuado ante una tarea específica.

Al trabajar o vivir con una persona autista, es importante tener en cuenta su nivel de *arousal*, que se manifiesta a través de múltiples canales sensoriales: táctil, auditivo, visual y olfativo. Una niña pequeña con un *arousal* bajo, hiporreactiva, puede percibir un sonido, por ejemplo la voz humana, con tan poca claridad que es difícil que capte su atención cuando se la llama por su nombre. Una persona con un *arousal* elevado, hiperreactiva, puede ser tan sensible al sonido y al tacto que incluso ruidos de intensidad normal le abrumen y el dolor de un pequeño rasguño le resulte insoportable.

¿Cómo puede un padre o un profesor ayudar a los niños que tienen demasiada energía o demasiado poca, o son poco reactivos o muy reactivos? A menudo lo que un niño necesita es algo que contrarreste su tendencia natural. Si el niño está apático, sea enérgico; si el niño está nervioso e hiperactivo, compórtese de manera tranquila. Como siempre, el mejor enfoque no es intentar cambiar a la persona, sino cambiar nuestra manera de acercarnos para ayudar y ser lo más eficaces posible. Esto requiere una lectura sensible de las señales de la persona de modo que podamos hacer los ajustes apropiados en el entorno y en nuestro comportamiento. (Cuando los apoyos naturales no resultan efectivos en los individuos con una actividad y ansiedad extremas, una medicación prescrita y supervisada por un médico puede ser parte de la ayuda de un plan integral.)

¿Qué es lo más importante que puedo hacer para ayudar a una persona del espectro autista?

Según mi experiencia, lo mejor que pueden hacer padres, educadores y otros compañeros por un niño o adulto autista es permitir que salgan al mundo con la ayuda apropiada. Por supuesto que esto es válido para todas las personas, no solo para los del espectro autista: los niños que progresan más, que desarrollan su máximo potencial, son los que tienen acceso a una amplia variedad de experiencias.

Los padres de adultos jóvenes y adolescentes mayores autistas que se manejan bien con las dificultades del día a día coinciden en lo que ha hecho posible que sus hijos tengan una vida más positiva: siempre hicieron un esfuerzo para que el niño saliera, evitaron tenerlo sobreprotegido para que se integrara en la vida cotidiana. Los adultos autistas están de acuerdo. Consideran que tener experiencias variadas con la ayuda adecuada les ha permitido sentirse seguros a la hora de buscar, afrontar y disfrutar de nuevas situaciones. De esta manera, se exponen a las dificultades dándose la oportunidad de aprender habilidades para mantenerse bien regulados. Ningún padre quiere presenciar que su hijo tenga una crisis en medio de la muchedumbre y el ruido de un parque de atracciones o estar en un avión con un niño que necesita moverse constantemente para estar bien regulado. Cuando se protege a un niño de todos los golpes de la vida, se le vetan oportunidades de crecimiento social y emocional. Ninguna persona autista quiere verse en situaciones de desregulación tipo «sálvese quien pueda», difíciles y desconocidas, sin haber tenido experiencias que las preparen para participar activamente y con éxito en dichas actividades y ambientes. Para David Sharif, un joven adulto del espectro, su entusiasmo consiste en viajar por el mundo. Él atribuye sus grandes dificultades —la capacidad para resolver, la flexibilidad y la comodidad a la hora de asumir riesgos— a sus experiencias en los viajes. Ros Blackburn, mi amiga autista de Inglaterra, ha pasado de evitar los viajes en avión debido a la ansiedad a viajar con un acompañante y, en ocasiones, a viajar sola con una programación cuidadosa.

Una persona autista puede sentirse nerviosa y asustada al ir a un restaurante ruidoso o a un parque de atracciones. Pero si hace un intento, y recibe el apoyo adecuado, puede ser una experiencia de aprendizaje e incluso bastante agradable. La siguiente vez, el padre o el cuidador le puede decir: «¿Recuerdas la última vez? Estabas nerviosa, pero al final te sentiste bien». Si la persona nunca tiene la oportunidad de probar, ¿cómo puede progresar? Y si esa persona intenta tener una nueva experiencia y le parece difícil, no pasa nada si la acorta o la finaliza antes de tiempo. Siempre hay una oportunidad para añadir el apoyo adecuado e intentarlo de nuevo. Y siempre que sea posible, a una persona se le deberían dar opciones en función de su percepción de cómo se siente.

¿Un niño amoroso y cariñoso puede ser del espectro autista?

Las personas autistas muestran una amplia gama de respuestas al contacto físico y al afecto. Muchos niños tienen dificultades sensoriales que hacen que el contacto físico les resulte tan abrumador que lo evitan, de modo que parece que rechazan todo contacto social, sobre todo cuando están desregulados. Otros tienen un fuerte deseo de estar cerca físicamente, buscan abrazos y caricias, especialmente de sus padres. De hecho, muchos de estos niños deben aprender a no abrazar a extraños o, por ejemplo, a un repartidor a domicilio. Otros disfrutan de ir cogidos de la mano, apoyándose en otras personas, y de otras formas de cercanía y afecto. A algunos de mis amigos autistas adultos les encanta dar y recibir abrazos fuertes.

Para algunos, la cuestión clave es el control. Un niño puede disfrutar de un abrazo cuando toma la iniciativa, pero un abrazo inesperado e impuesto por otra persona —incluso alguien con quien el niño siente una conexión emocional— le puede provocar ansiedad (por muy cariñosas y amables que sean las intenciones de quien le abraza). Es importante tener en cuenta las sensibilidades sensoriales concretas de la persona, el estado de regulación, sus sentimientos y sus preferencias. Es muy importante que no se confunda la decisión de rechazar un abrazo con la falta de deseo de cercanía emocional o conexión social.

Muchos padres y familiares confiesan que es muy estresante soportar las miradas críticas de extraños cuando su ser querido autista tiene un comportamiento inesperado en público. ¿Qué hacer?

Casi todos los padres y hermanos de un niño o un adulto autista se enfrentan a esta realidad en un momento u otro; incluso los profesionales y los cuidadores lo experimentan, aunque de otro modo. Un niño tiene un arrebato en un parque infantil, hace un comentario sin tapujos sobre el corte de pelo de un vecino, choca de forma brusca con un extraño sin disculparse o corre alrededor del auditorio durante una asamblea del colegio. Un adulto corre hacia el pasillo donde está su cereal favorito en el supermercado. Los padres se preguntan: ¿Debo dar explicaciones? ¿Qué debería decir? ¿Tengo la obligación de hacer público el diagnóstico de mi ser querido? ¿O quizás no sea correcto? En ese momento, un padre o hermano puede sentir una oleada de emociones: vergüenza, confusión, desafío, ira, tristeza. Algunos padres se desenvuelven de manera muy natural a la hora de explicar y educar, mientras que otros son mucho más reservados y reticentes. Hacen caso omiso de las miradas, ya que no ven la necesidad de compartir esa información, o incluso podrían actuar así en el momento de mayor tensión.

Una madre experimentada y creativa me dijo que había desarrollado un sistema de cuatro niveles para tales situaciones, ofreciendo explicaciones que variaban dependiendo de la relación que la persona tiene con su hijo y la familia y la frecuencia del trato (es también pertinente para personas mayores).

Nivel 4: extraños que reaccionan negativamente. A veces la reacción es obvia: un comentario o una mirada fulminante, pero a veces está más contenido o incluso oculto. Es mejor dar por sentado que esa reacción es un reflejo de esa persona que no tiene nada que ver con el padre o con el niño, por lo que no hay necesidad de responder.

Nivel 3: una persona conocida, tal vez un vecino. Con esta persona, con la que probablemente nos encontraremos de nuevo, a veces es mejor ofrecer una explicación sencilla y neutral: «Mi hijo es del espectro autista. Por eso lo hace».

Nivel 2: amigos y conocidos que no están en su círculo íntimo. Si la persona está abierta a ello, a menudo vale la pena explicar en un momento adecuado lo que subyace tras el comportamiento del niño y cómo se puede actuar para ser más asertivo.

Nivel 1: abuelos, otros parientes cercanos y profesores que van a estar cerca del niño. Vale la pena decidir cuánta energía se quiere invertir para que estas personas estén cómodas con el niño y puedan ser más asertivas. Esto puede requerir conversaciones a lo largo del tiempo.

Algunos colegios y organismos proporcionan a los profesores y al personal tarjetas de visita para llevar en las excursiones, en las visitas a comunidades y otras ocasiones en las que los alumnos o clientes están en público. Cuando el comportamiento de la persona llama la atención, el profesor entrega al público una tarjeta con la información de contacto del colegio y, por otro lado, un párrafo en el que se explica que el destinatario de la tarjeta acaba de encontrarse con una persona autista y que el personal acompañante está formado para intervenir y dar el apoyo apropiado.

Otro método creativo que muchas familias utilizan consiste, en lugar de explicar, en usar camisetas y otras prendas de vestir con logotipos y nombres de organizaciones de autismo. Otras camisetas están diseñadas con la intención de educar o explicar con mensajes como «Por favor, tenga paciencia conmigo, tengo autismo», o «El autismo es mi superpoder». Si los extraños son lo suficientemente observadores como para advertirlo, se harán menos preguntas, o se identificarán al tener un amigo o familiar del espectro, o bien podrán aprender algo sobre el autismo. Pero la persona autista se tiene que sentir cómoda, y cuando se tenga la edad adecuada, dar el consentimiento a los familiares para divulgar públicamente que es del espectro. Con el aumento de la sensibilización pública, se ha vuelto más común que hace unos años hablar abiertamente del autismo.

¿Es un error dejar que un niño autista tenga «estereotipias»?

Los términos *stim* y *stimming* (abreviatura para el comportamiento autoestimulatorio o estereotipias) solían ser utilizados por los profesionales neurotípicos casi siempre con una connotación negativa. No preguntaban «por qué», sino que consideraban las estereotipias como «comportamientos autistas» indeseables que hay que cambiar o «eliminar». Yo nunca he creído en esto. Todos tenemos estrategias específicas para mantenernos bien regulados emocional y fisiológicamente. Muchos niños y adultos autistas tienen ciertos comportamientos, algunos más intensos, poco convencionales, o muestran públicamente lo que no suele ser habitual en personas no autistas, lo cual les tranquiliza o les ayuda a estar más despiertos: miran los objetos, sacuden las manos, dan vueltas, agitan los dedos, aletean los brazos, saltan, repiten frases o alinean juguetes. Todo esto no tiene nada de malo en sí.

Cuando una persona necesita de forma excesiva realizar estos comportamientos o cuando el comportamiento puede ser dañino o constituir un estigma, entonces puede ser problemático. Si un niño se sienta solo, moviendo los dedos delante de sus ojos durante mucho tiempo y tiene dificultad para relacionarse socialmente, entonces necesita ayuda para desarrollar otras maneras de regularse o hay que modificar la actividad o reemplazarla por otra. Los cambios en el medio ambiente, como disminuir el ruido y el desorden visual, también pueden ayudar. Pero cuando los patrones de comportamiento están más limitados —ocurren durante una pausa o al final de un largo día— no hay que preocuparse tanto (a menos que el comportamiento sea perjudicial). Algunos profesores y padres conceden un tiempo para la «autoestimulación» o descansos para que la persona se pueda «relajar» en un día muy ajetreado, lo que de hecho puede favorecer que en otros momentos haya una participación más satisfactoria y se involucre más en las actividades.

A menudo la preocupación de los padres se debe a que tales comportamientos atraigan la mirada de los demás o provoque que estos eviten al niño. En este caso, a veces es mejor explicar por qué la persona tiene ese comportamiento a la vez que se la ayuda para que aprenda otras formas de autorregulación que no atraigan de forma negativa la atención. A los niños y adolescentes con más comprensión social a veces vale la pena explicarles que, si bien no hay nada malo en su comportamiento, *otras* personas puede que no les entiendan o a otras personas pueden distraerles. Cuando la persona necesita calmarse o hacer un descanso porque se siente incapaz de concentrarse, tal vez quiera sustituir dar golpes con los dedos por hacer garabatos o estrujar una pelota. También vale la pena usar la estrategia de «el momento y el lugar», para que el niño entienda que es mejor tener ese comportamiento en un momento y un lugar que perturben menos.

¿Es mejor que un niño autista aprenda en una clase ordinaria y totalmente integradora, en una clase independiente, separada, de educación especial o en un colegio privado?

No hay dos alumnos autistas iguales, ni dos programas educativos iguales, por lo que no hay un programa único para todos. Los niños aprenden tanto observando y participando con sus compañeros de clase en el transcurrir de las actividades diarias como con el propio aprendizaje de clase. Cuanto más sofisticado sea el modelo social y lingüístico de los compañeros, tanto mejor, siempre y cuando no esté demasiado alejado de las capacidades del niño. Eso no significa que siempre sea mejor estar rodeado de compañeros neurotípicos que de alumnos que también reciben atención de educación especial. Lo más importante es que un alumno tenga una sensación de pertenencia y respeto.

En muchos casos, no consiste solamente en la elección entre clases independientes de educación especial con muchos apoyos y adaptaciones y clases con un programa de integración total con menos apoyos. Algunos colegios ofrecen una serie de experiencias de integración que van desde recibir clases de educación especial todo el día o pasar solo parte del día en un grupo más pequeño y la otra en ambientes más integrados socialmente hasta la integración durante la mayor parte del día con un profesor de apoyo a tiempo completo o parcial. Algunas comunidades tienen organismos públicos o colegios privados que son independientes, ayudan solamente a niños o adultos con trastornos del desarrollo. Lo más importante es que los tipos de apoyo coincidan con las necesidades del alumno y que se puedan beneficiar de ello. Estos apoyos pueden ser los amigos, que también pueden convertirse en modelos sociales, estrategias de aprendizaje y adaptaciones, la calidad del entorno en el aprendizaje y lo que se ofrece y está disponible en el entorno educativo.

¿Debe un alumno muy inteligente con un perfil de Asperger estar siempre integrado en una clase con compañeros neurotípicos?

No necesariamente. A menudo estos alumnos se sienten completamente incomprendidos, o incluso agobiados, en entornos integradores que no cuentan con la ayuda adecuada. Un sistema con normas y profesores o personal inflexibles, sin formación, puede interpretar de manera errónea la conducta del alumno como obstinada, poco colaboradora o negativa, dando lugar a una experiencia educativa muy estresante.

En algunos programas con éxito, una clase de seis a diez alumnos sirve como base de un hogar, proporcionando apoyo académico o emocional adicional y fomentando un sentido de comunidad. Allí las personas que comparten un diagnóstico pueden estar abiertas a compartir sus sentimientos y experiencias, creciendo juntas y aprendiendo de las dificultades y victorias que cada una experimenta. En cambio, algunos alumnos autistas que han tenido éxito en ambientes integradores en el colegio dicen que no tienen ningún deseo de estar cerca de otras personas con necesidades y dificultades en el desarrollo.

Lo más importante es mirar con la máxima perspectiva el entorno del alumno y tener en cuenta las diferentes oportunidades sociales de las que disfruta durante el día y la semana y el potencial para hacer amigos y tener relaciones significativas, en lugar de considerar la clase como si fuera el único escenario. ¿Tiene el alumno el sentimiento de pertenencia al grupo de alumnos, o se siente aislado e incomprendido? Un niño con muchos hermanos o con relaciones con niños de su barrio, fuera de las actividades del colegio, puede beneficiarse de las experiencias sociales de la vida diaria. Un niño que participa en un proyecto de teatro, música o expresión artística, en una iglesia, una sinagoga o una mezquita o en un programa deportivo con compañeros neurotípicos es posible que no tenga tanta necesidad de estar en un ambiente escolar integrador, sobre todo si este tiene sus propias dificultades. Y muchas personas autistas, sobre todo adolescentes mayores y adultos, se benefician mucho emocional y socialmente de las relaciones con otras personas autistas y neurodivergentes, tanto en grupos formales como informales.

¿Existe la terapia en exceso?

Más tiempo de terapia no significa necesariamente más calidad en la terapia o más progreso.

Los padres a menudo escuchan de los profesionales que para beneficiarse de un método concreto un niño necesitará al menos treinta o cuarenta horas de terapia semanal individual. El mensaje subyacente es que cuantas más horas pasan en terapia, mejor, y si no hacen la suficiente terapia no obtendrá todos los beneficios posibles. Pero el número de horas por sí solo no determina la intensidad o la efectividad de un programa. Lo más importante es la calidad del método, incluidas las relaciones entre el niño, la familia y los servicios de ayuda, cómo está coordinado con el entorno y las personas y la trascendencia de estas metas y objetivos en la vida del niño o el adulto.

La terapia intensiva, individualizada y de apoyo puede ser una parte inicial importante de un proyecto más amplio para individuos muy jóvenes y personas con más dificultades. El peligro es perder de vista el panorama general, los diferentes aspectos de la vida del niño. Un niño de preescolar que recibe terapias intensas al aire libre puede estar demasiado agotado para participar en las actividades del aula. Los padres pueden llevar al niño diariamente después del colegio a logopedia o a terapia ocupacional, o bien un terapeuta de conducta puede acudir a casa, pero después de un tiempo todo ello resulta excesivo, tanto para el niño como para la familia.

A veces un organismo o un terapeuta presiona para que haya más horas de terapia, pero el niño se resiste. Puede que profesional, al observar la resistencia, se refiera a ella como desobediencia y sugiera que es importante luchar contra ella. Una vez más, es esencial que los padres confíen en su intuición y consideren la reacción emocional del niño y las necesidades de la familia. Cuando un niño se siente sobrecargado y muestra estrés, agotamiento y resistencia a participar, es importante que un padre se pregunte: «¿Por qué estamos haciendo esto? ¿Y por qué le estamos dando tanta importancia?». Si el padre se siente exhausto y presionado en un millón de direcciones, puede dejarlo traslucir, con un impacto indeseable en el niño autista al igual que en los hermanos y hermanas.

A menudo el problema no es la cantidad de tiempo que se dedica a una terapia en particular, sino que la terapia está desconectada de la vida del niño e interfiere de manera significativa en las rutinas de la familia. La clave es tener una perspectiva general y elegir métodos que estén en concordancia con las metas generales, los objetivos y las estrategias que son apropiadas para el niño o el adulto, y para la familia. El tiempo asignado a una terapia es mucho menos importante que tener un proyecto de equipo, que todos estén en el mismo barco y tener presentes las necesidades tanto de la persona autista como de la familia. Siempre que sea posible, el niño o el adulto autista debería tener voz en la toma de decisiones.

¿Cómo puedo tratar con un profesor o terapeuta que parece estar mal preparado —o poco dispuesto— para enseñar a un niño autista?

Algunos profesores de educación ordinaria están abiertos a la idea de incorporar a un niño autista en su clase, pero sienten que carecen del apoyo necesario por parte de los gestores, asistentes u otros. Otro problema más complicado es cuando los profesores son muy reacios a enseñar a niños autistas, tal vez porque sienten que no tienen la formación adecuada o piensan que no es parte de su trabajo.

En cualquier caso, el factor crucial a menudo no es el profesor, sino la dirección del colegio y si realmente hay un verdadero trabajo en equipo. Un director que se compromete a dirigir un colegio integrador y ayuda y valora a todos los alumnos hará todo lo posible por apoyar tanto a profesores como a alumnos y por fomentar la colaboración de los familiares y del alumno autista. Cuando una directora así se encuentre con un profesor reacio a incluir a un alumno autista, le dejará claro que él forma parte de un equipo y tiene que apoyar al alumno. El colegio tiene que ayudar a estos profesores dándoles formación y respaldo.

También es esencial que los padres entiendan que desempeñan una función indispensable en el éxito del niño en el colegio. Si un profesor que tiene buena disposición no se siente apoyado, los padres o los cuidadores deben intentar asegurarse de que han hecho todo lo posible para ayudar. Pueden compartir su punto de vista y ofrecer estrategias concretas que saben por experiencia que contribuyen a que su hijo aprenda y esté bien regulado. Si es necesario, y está claro que se requiere más ayuda, pueden luchar por ello, no solo para el alumno sino para el personal.

En lugar de presionar a los profesores, los padres deben reconocer, cuando sea pertinente, que las reacciones del niño a veces pueden ser un problema, y el profesor no es culpable si el niño tiene un día difícil. En resumen, los padres deben enviar el mensaje de que son compañeros —activos, que tienen interés y están implicados— que están deseando colaborar con los profesionales del colegio. También deben dejar claro que esperan que los profesores también colaboren.

A veces la relación entre el alumno y el profesor simplemente no funciona. Entonces, en lugar de culpar al profesor o al colegio, los padres deben desempeñar un papel activo en la solución del problema y buscar el mejor sitio posible para el niño, ya sea en otra clase o entorno educativo, o en casa con apoyo educativo.

Muchos niños y adultos que tienen dificultades para hablar aprenden a comunicarse con iPads, otros dispositivos u otras opciones de baja tecnología, como sistemas de dibujos simbólicos, tableros con letras o lenguaje de signos. ¿Eso les impide aprender a hablar?

Puede parecer lógico pensar que si a un niño o a un adulto le enseñan maneras alternativas de comunicación con sistemas AAC pueden inhibirle el potencial o la motivación para utilizar el habla. Las opciones de utilizar lenguaje de signos, sistemas de comunicación de imágenes, tableros con letras, fotografías y dispositivos de generación de voz probablemente anularían en un niño el incentivo para aprender a hablar o en una persona mayor la motivación de utilizar el habla. Sin embargo, según mi experiencia, el uso de estos métodos para ayudar a la comunicación social en realidad *contribuye* al desarrollo del habla, y muchos estudios apoyan este hallazgo. La razón es simple: la motivación para aprender a hablar proviene del éxito en la comunicación. Cuanto más éxito tiene una persona en las relaciones con los demás, incluso aunque no sea a través del habla, más deseo tiene de comunicarse como lo hace la mayoría de la gente: a través del habla. Hay adultos cuya primera conversación inteligible se desarrolló, siendo ya adultos, después de haber aprendido a deletrear utilizando tableros con letras u otros métodos AAC (véase el capítulo 11).

Es importante tener en cuenta que algunas personas prefieren utilizar recursos alternativos o aumentativos en la comunicación incluso aunque puedan hablar. La comunicación multimodal, que utiliza diferentes formas de comunicación, permite a la persona comunicarse de la manera más eficaz en diferentes situaciones y con personas distintas. Por ejemplo, Cloe Rothschild, una joven adulta, es capaz de comunicarse hablando, pero a veces prefiere utilizar una aplicación del iPad de conversión de texto a voz (véase capítulo 12). Ella está profundamente convencida del derecho de una persona a comunicarse de la manera que prefiera, que puede variar en diferentes momentos.

Las investigaciones indican que una comunicación social con éxito ayuda a que la persona esté emocionalmente mejor regulada. A su vez, la persona puede manifestar control social al solicitar o insistir en una comunicación más conveniente en lugar de recurrir a medios indeseables cuando se altera o desregula. Cuando una persona se convierte en un comunicador competente y confiado, independientemente de cómo se esté comunicando, está más dispuesto a aprender y a participar, al igual que a prestar atención a las personas que hablan y, por tanto, a aprender a hablar.

¿Qué función deben desempeñar los hermanos en la vida de un niño o adulto autista?

Los hermanos y las hermanas pueden desempeñar un papel muy importante en la comprensión y en el apoyo a un hermano autista, pero las investigaciones muestran que lograr esto puede variar mucho. Pedir demasiado a un hermano o a una hermana —que actúe como otro padre— puede no ser apropiado para su desarrollo y muchas veces le crea resentimiento. En el otro extremo, los padres en general no deben decir a los hermanos que no tienen que estar involucrados o preocupados en absoluto. En general, los hermanos que se adaptan mejor son aquellos a los que se les da una responsabilidad acorde con su edad y se les deja cierta flexibilidad a la hora de ayudar.

Es importante reconocer que los hermanos pasan por sus propias fases de desarrollo en la manera de relacionarse con un hermano o una hermana autista. Conocí a una joven que disfrutaba ayudando, e incluso enseñando a su hermano mayor autista. Sin embargo, cuando se hizo adolescente, evitaba pasar tiempo con él, especialmente en público. Dos años después se volvió a involucrar de nuevo, e incluso le cuidaba más. Al igual que con los niños neurotípicos, las relaciones entre hermanos son complicadas y evolucionan. Siempre es útil tener una comunicación abierta y dejar que los hermanos y hermanas sepan que los padres respetan sus sentimientos y los van a escuchar.

¿El autismo es causa de divorcio?

Hay un mito eterno que dice que cuando hay un niño autista en la familia, el ochenta por ciento de los matrimonios terminan en divorcio. Investigaciones más recientes indican que la tasa de divorcio en los Estados Unidos en familias con un hijo autista es solo un poco más elevada que la tasa de la población en general, que ronda el cincuenta por ciento.

Lo que sí sabemos es que las tensiones no resueltas en una relación provocan el divorcio. Criar a un niño del espectro puede ser uno de los factores estresantes. Si ya hay fisuras en el matrimonio, entonces tener un niño autista es una presión adicional que puede ser un motivo, entre otros, que contribuyan al divorcio. Pero rara vez es el único o principal factor. En algunos casos, por supuesto, la separación o el divorcio no es una mala cosa, pues habrá un ambiente más estable y pacífico en la casa, por lo que en última instancia será beneficioso para la mayoría de los niños. En el corto plazo, sin embargo, la separación o el divorcio puede por supuesto ser especialmente confuso —incluso turbador— para un niño autista que progresa de forma estable y previsible.

Algunos padres sienten que haber tenido un niño autista ha fortalecido su matrimonio y a toda la familia. Ante la necesidad de resolver problemas, tomar decisiones difíciles y encontrar la mejor ayuda y oportunidades para un niño, a veces las parejas aprenden a negociar, comunicarse y trabajar como compañeros de equipo de manera más eficaz. Los padres con frecuencia dicen que tomar decisiones tan difíciles les hace sentirse más seguros cuando afrontan otras dificultades. Y cuando las cosas van bien, las familias se unen para celebrar los logros.

Sin embargo, no es poco frecuente que los padres tengan divergencias respecto a su hijo autista, sobre todo al principio del camino. Con frecuencia uno de los padres percibe que algo no está bien en el desarrollo del niño, y el otro padre no le toma en serio y le pide que no sea alarmista. Uno puede estar preocupado por el futuro del niño, mientras que el otro adopta una actitud de esperar y ver qué pasa.

Estas diferencias no terminan en los primeros años. Un padre puede sentirse avergonzado por el comportamiento de un niño en público, mientras que el otro es inmune a tales sentimientos. Uno puede sentirse atraído hacia una terapia o enfoque educativo concreto mientras que el otro prefiere otro. Los profesores y otros profesionales con frecuencia se ven involucrados en las diferencias matrimoniales de las parejas, cuando los cónyuges, con el pretexto de preguntar por un niño, piden consejo matrimonial. Los padres no necesitan estar de acuerdo todo el tiempo, pero deben buscar la manera de afrontar las dificultades que conlleva el autismo y hacer de esta lucha, en vez de un sufrimiento, una fuerza en su matrimonio. Los padres que he conocido que lo han logrado han conducido a sus familias hacia un camino positivo de crecimiento y realización, mejorando la vida de todos sus miembros.

Las personas autistas a veces pueden ser tan francas que resultan maleducadas. ¿Cómo hacer frente a eso?

Diferentes personas y culturas tienen distintas normas de franqueza y recato. Yo me crie en Brooklyn, y aunque a los neoyorquinos rara vez les disgustan mis modales, a mi mujer, que se crio en una pequeña ciudad de Connecticut, a veces mi manera de hablar tan directa le parece descortés. Dena Gassner y Carly Ott, dos de mis amigos autistas, me han dicho que, aparte de los problemas sensoriales, Nueva York les parece un lugar mucho más fácil para vivir que cualquier otro lugar por la manera tan directa en que se comunican sus habitantes y la forma en que aceptan su propia franqueza.

Al igual que la gente de Brooklyn, las personas autistas a menudo hablan con tal sinceridad y franqueza que a otras personas —en concreto a aquellas que no los conocen o no los conocen bien— les parece chocante. Puede que simplemente no entiendan que para las personas neurotípicas ser demasiado directo o dar opiniones sin que te las pidan puede ser desagradable Si es un ser querido el que lo hace, no queremos que se sienta mal consigo mismo, pero tampoco queremos que la gente erróneamente los tenga por groseros.

Una cuestión a considerar es si la franqueza o la sinceridad en una situación dada puede ser útil. Si no es así, se le puede decir a la otra persona: «Puede que percibas que (la persona) a veces se comunica de manera directa».

Al tratar con la persona autista, en lugar de corregirla abiertamente, lo que implica básicamente que se ha tenido un mal comportamiento, puede ser de ayuda mostrarle cuál es el modo de comunicación esperado. En algunos casos, un consejo directo puede ser efectivo, siempre que aclaremos que lo que la persona estaba haciendo no era malo ni equivocado, solo diferente. La lingüística y la literatura utilizan el término «alternancia de código»: hablar de determinada manera a personas con un cierto estatus y cambiar el estilo cuando se habla con otras. La mayoría de nosotros aprendemos a hablar de una forma en una entrevista de trabajo y de otra cuando nos juntamos con los amigos. Conozco a muchas personas autistas que han aprendido la alternancia de código, al ver que las normas en la conversación de los neurotípicos son diferentes de las suyas. Puede que utilicen su manera innata más directa con otras personas autistas y amigos cercanos y se muestren más indirectos y «corteses» en una cultura neurotípica. Por supuesto, esperamos que nuestros seres queridos sean aceptados y comprendidos en ambas culturas, pero no a costa de sentirse mal consigo mismos o de pensar que hay algo erróneo en ellos.

¿Qué es enmascarar? ¿Qué relación tiene con la alternancia de código?

A los esfuerzos que hace la gente del espectro para esconder o camuflar sus rasgos autistas por miedo a ser discriminados o condenados al ostracismo a veces se le llama enmascarar. Las personas pueden no ser conscientes de su propio enmascaramiento, que puede ser impulsado por el condicionamiento social. Pero puede pasar factura.

Las personas se enmascaran por medio de la comunicación o reprimiendo sus reacciones innatas —tales como la autoestimulación o la huida de entornos sociales agobiantes— porque temen que esas reacciones se malinterpreten o estigmaticen. Algunas veces las personas autistas cuyo instinto natural es ser sinceras y directas se sienten presionadas a entablar conversaciones triviales, ser falsas (es decir, decir «mentiras piadosas) o reírse junto a otras que incurren en la falsedad. Estas también son formas de enmascarar. Los niños a menudo invierten un esfuerzo considerable tratando de «mantener la calma» y tener «buen comportamiento» en el colegio, cuando en realidad necesitan descansos y tiempo para estar solos o autoestimularse. Los adultos algunas veces intentan encajar en el trabajo copiando o imitando el comportamiento de los neurotípicos, o simplemente siendo «uno de la pandilla» incluso aunque les resulte estresante y agotador.

En definitiva, enmascarar es un esfuerzo para ocultar la auténtica identidad de uno con el fin de evitar ser visto como alguien diferente. Reprimir de esta manera nuestras reacciones naturales puede causar gran estrés y ansiedad y llevar algunas veces a ese agotamiento emocional y físico que algunas personas del espectro denominan «agotamiento autista».

Si enmascarar es una manera de esconder, la alternancia de código es un modo efectivo de comunicación. La alternancia de código consiste en adaptar el estilo en la comunicación verbalmente y mediante el comportamiento —cumplir con las convenciones de una situación o contexto determinado (formal vs. informal, cortés vs. casual, etc.)—. Normalmente se entiende que mantener una comunicación efectiva y una cohesión social es una elección voluntaria, y *no* está motivada para evitar el ostracismo, la discriminación o el acoso, o en buena parte por la necesidad de encajar. La alternancia de código es una opción para aumentar la eficiencia en la comunicación, pero no suele evitar las consecuencias negativas. Por ejemplo, la formación laboral para personas autistas a menudo implica ensayar para las entrevistas contestando preguntas de forma breve sin entrar en mucho detalle, y aprender a hacer las preguntas adecuadas sobre el trabajo, cuando esto no forma parte de la inclinación natural de la persona.

BIBLIOGRAFÍA RECOMENDADA

En los últimos años ha habido una proliferación de publicaciones y recursos de internet sobre el autismo, muchos de los cuales se han hecho mucho más específicos en los temas que abordan. Esta lista seleccionada incluye algunos de los libros, sitios web y organizaciones más útiles para y sobre las personas autistas, sus familias y los profesionales. Muchas de las contribuciones son de personas autistas y de las organizaciones de las que son miembros. Aunque la bibliografía está organizada por categorías y según el público, algunas de las reseñas pueden estar incluidas en múltiples categorías. Pido disculpas a aquellos autores u organizaciones cuyo trabajo puede que no esté en esta lista y animo a los lectores a que busquen otras fuentes que aborden temas de su preocupación o interés.

Bibliografía para profesionales

Trabajos publicados

ALDERSON, Jonathan (2011): *Challenging the Myths of Autism: Unlock New Possibilities and Hope*. Toronto: HarperCollins Canada.

ATTWOOD, A. (2012): *Complete guide to Asperger's Syndrome*. Londres: Jessica Kingsley.

BAKER, Jed (2008): *No More Meltdowns: Positive Strategies for Managing and Preventing Out-of-control Behavior*. Arlington, TX: Future Horizons.

BLANC, Marge (2013): *Natural Language Acquisition on the Autism Spectrum: The Journey from Echolalia to Self-Generated Language*. Madison, WI: Communication Development Center.

DONVAN, J., y ZUCKER, C. (2016): *In a Different Key: The Story of Autism*. Nueva York: Broadway Books.

GOLDSTEIN, Sa, y Naglieri, JACK (2013): *Intervention for Autism Spectrum Disorders*. Nueva York: Springer Science Publishers.

GRAY, Carol (2010): *The New Social Story Book*. Arlington, TX: Future Horizons.

GREENSPAN, Stanley I., y WIEDER Serena (2006): *Engaging Autism: Using the Floortime Approach to Help Children Relate, Communicate, and Think*. Cambridge, MA: Da Capo Lifelong.

HALL, Elain, e ISAACS, Diane (2012): *Seven Keys to Unlock Autism*. Nueva York: Jossey-Bass.

HODGDON, Linda A. (1996): *Visual Strategies for Improving Communication*. Troy, MI: QuirkRoberts.

KLUTH, Paula (2022): *You're Going to Love This Kid*. Baltimore: Brookes.

LUTERMAN, David (2008): *Counseling Persons with Communication Disorders and Their Families 5th Edition*. Austin, TX: Pro-Ed, Inc.

MARQUETTE, Jacquelyn Altma, TURNBULL, Ann (2007): *Becoming Remarkably Able: Walking the Path to Talents, Interests, and Personal Growth for Individuals with Autism Spectrum Disorders*. Shawnee Mission, KS: Autism Asperger.

MIRENDA, Pat, y IACONO, Teresa (2009): *Autism Spectrum Disorders and AAC*. Baltimore: Paul H. Brookes.

MYLES, Brenda Smith; TRAUTMAN, Melissa y SCHELVAN, Ronda L. (2004): *The Hidden Curriculum: Practical Solutions for Understanding Unstated Rules in Social Situations*. Shawnee Mission, KS: Autism Asperger.

PRIZANT, Barry M.; WETHERBY, Amy; RUBIN, Emily; LAURENT, Amy, y RYDELL, Patrick (2006): *The SCERTS Model: A Comprehensive Educational Approach for Children with Autism Spectrum Disorders*. Baltimore: Paul H. Brookes.

ROGERS, Sall, y DAWSON, Geraldine (2010): *Early Start Denver Model for Young Children with Autism: Promoting Language, Learning, and Engagement*. Nueva York: Guilford.

WETHERBY, A. M., y PRIZANT, B. M. (2000): *Autism Spectrum Disorders: A Developmental, Transactional Perspective*. Baltimore: Brookes Publishing.

WINNER, Michelle Garcia (2007): *Thinking about You, Thinking about Me*. San José, CA: Think Social.

WINNER, Michelle Garcia (2013): *Why Teach Social Thinking? Questioning Our Assumptions about What It Means to Learn Social Skills*. San José, CA: Social Thinking.

WOLFBERG, P. J. (2003): *Peer Play and the Autism Spectrum: The Art of Guiding Children's Socialization and Imagination* (IPG Field Manual). Shawnee Mission, KS: Autism Asperger Publishing Company.

WOLFBERG, P. J. (2009): *Play and Imagination in Children with Autism* (2.ª edición). Nueva York: Teachers College Press, Columbia University.

Páginas web

Autism Institute on Peer Socialization and Play: ww.autisminstitute.com
First Words Projects, Florida State University: firstwords.fsu.edu
Amy Laurent: www.Amy-Laurent.com
PrAACtical AAC (Augmented and Alternative Communication): http://praacticalaac.org/
Dr. Barry Prizant: www.barryprizant.com
Emily Rubin: www.commxroads.com
Tony Attwood: https://tonyattwood.com.au/
Morénike Giwa Onaiwu: https://morenikego.com/
SCERTS Model: www.scerts.com
Social Thinking: www.socialthinking.com
Interdisciplinary Council on Developmental and Learning Disorders: www.ICDL.com

Bibliografía para padres y familiares

Trabajos publicados

CHRISTENSEN, S. (2018): *From Longing to Belonging: A Practical Guide to Including People with Disabilities and Mental Health Conditions in Your Faith Community*. Minneapolis: Inclusion Innovations.

DALGLIESH, Carolyn (2013): *The Sensory Child Gets Organized: Proven Systems for Rigid, Anxious, and Distracted Kids*. Nueva York: Simon & Schuster.

KERSTEIN, Lauren H. (2008): *My Sensory Book: Working Together to Explore Sensory Issues and the Big Feelings They Can Cause: A Workbook for Parents, Professionals, and Children*. Shawnee Mission, KS: Autism Asperger.

KRANOWITZ, Carol Stock (2005): *The Out-of-sync Child: Recognizing and Coping with Sensory Processing Disorder*. Nueva York: Skylight Books/A Perigee Book.

REBER, Deborah (2020): *Differently Wired: A Parent's Guide to Raising an Atypical Child with Confidence and Hope*. Nueva York: Workman.

ROBINSON, Ricki G. (2011): *Autism Solutions: How to Create a Healthy and Meaningful Life for Your Child*. Don Mills, Canadá: Harlequin.

SUSSMAN, Fern (2006): *Talk Ability: People Skills for Verbal Children on the Autism Spectrum. A Guide for Parents*. Toronto: Hanen Program.

SUSSMAN, Fern, y BAIRD LEWIS, Robin (2012): *More than Words: A Parent's Guide to Building Interaction and Language Skills for Children with Autism Spectrum Disorder or Social Communication Difficulties*. Toronto: Hanen Program.

WHITE, Yasmin, y BELASCO, Sonia (2021): *Autism and the Power of Music: A New Approach to Help Your Child Connect and Communicate*. Arlington, TX: Future Horizons.

WISEMAN, Nancy D., y RICH, Robert L. (2009): *The First Year: Autism Spectrum Disorders: An Essential Guide for the Newly Diagnosed Child: A Parent-expert Walks You through Everything You Need to Learn and Do*. Cambridge, MA: Da Capo.

Páginas web

Autism Navigator: https://autismnavigator.com/
Bright and Quirky: https://brightandquirky.com/
First Signs: www.firstsigns.org
Shelley Christensen: Inclusion Innovations https://inclusioninnovations.com/
Paula Kluth: www.paulakluth.com; https://inclusionrules.com/
Robert Naseef: http://alternativechoices.com/
The Hanen Center: www.hanen.org
TILT parenting: https://tiltparenting.com/
WrightsLaw (Special education law and advocacy) www.wrightslaw.com

Bibliografía realizada por personas con autismo

Trabajos publicados

CARLEY, Michael John (2008): *Asperger's from the Inside Out: A Supportive and Practical Guide for Anyone with Asperger's Syndrome*. Nueva York: Perigee.

CARLEY, Michael John (2016): *Unemployed and on the Spectrum*. Londres: Jessica Kingsley.

ENDOW, Judy (2019): *Autistically Thriving: Reading Comprehension, Conversational Engagement, and Living a Self-Determined Life Based on Autistic Neurology*. Lancaster, PA: Judy Endow.

GARCIA, Eric (2021): *We're Not Broken: Changing the Autism Conversation*. Nueva York: Harcourt.

GRANDIN, Temple, y PANEK, Richard (2013): *The Autistic Brain: Thinking across the Spectrum*. Arlington, TX: Future Horizons.

HIGASHIDA, Naoki; MITCHEL, David, y KEIKO, Yoshida (2013): *The Reason I Jump: One Boy's Voice from the Silence of Autism*. Nueva York: Random House.

LESKO, Anita (2017): *The Complete Guide to Autism & Healthcare: Advice for Medical Professionals and People on the Spectrum*. Arlington, TX: Future Horizons.

MUKHOPADHYAY, Tito Rajarshi (2008): *How Can I Talk If My Lips Don't Move? Inside My Autistic Mind*. Nueva York: Arcade.

PENA, E. (ed.) (2019): *Communication Alternatives in Autism: Perspectives on Typing and Spelling Approaches for the Nonspeaking*. Jefferson, NC: Toplight.

PRICE, D. (2022): *Unmasking Autism: Discovering the New Faces of Neurodiversity*. Nueva York: Harmony Books.

SHORE, Stephen M., y RASTELLI G., Linda (2006): *Understanding Autism for Dummies*. Hoboken, NJ: Wiley.

SHORE, Stephen M., y JOYNER HANE, Ruth Elaine (2004): *Ask and Tell: Self-advocacy and Disclosure for People on the Autism Spectrum*. Shawnee Mission, KS: Asperger Autism.

TAMMET, Daniel (2007): *Born on a Blue Day: Inside the Extraordinary Mind of an Autistic Savant: A Memoir*. Nueva York: Free Press.

WILLEY, Liane Holliday (1999): *Pretending to Be Normal: Living with Asperger's Syndrome*. Londres: Jessica Kingsley.

Páginas web

Becca Lory Hector: https://beccalory.com/
Michael John Carley: www.michaeljohncarley.com
Temple Grandin: www.TempleGrandin.com
Stephen Shore: www.autismasperger.net
Judy Endow: www.judyendow.com
Anita Lesko: www.anitalesko.com
Neuroclastic: https://neuroclastic.com
International Association for Spelling as Communication: https://i-asc.org/
CommunicationFirst: https://communicationfirst.org/

Libros escritos por padres y padres-profesionales

FIELDS-MEYER, Tom (2011): *Following Ezra: What One Father Learned about Gumby, Otters, Autism, and Love from His Extraordinary Son*. Nueva York: New American Library.

GRINKER, Roy (2007): *Unstrange Minds: Remapping the World of Autism*. Nueva York: Basic Books.

HALL, Elaine, y KAYE, Elizabeth (2010): *Now I See the Moon: A Mother, a Son, a Miracle*. Nueva York: HarperStudio.

NASEEF, Robert A. (2014): *Autism in the Family: Caring and Coping Together*. Baltimore: Brookes.

PARK, Clara Claiborne (2001): *Exiting Nirvana: A Daughter's Life with Autism*. Boston: Little, Brown.

SUSKIND, Ron (2014): *Life, Animated: A Story of Sidekicks, Heroes, and Autism*. Nueva York: Kingswell.

Organizaciones nacionales de información y apoyo

Autism National Committee: www.autcom.org
Autism Research Institute: www.autism.com
Autism Self-Advocacy Network: www.autisticadvocacy.org
Autism Society of America: www.autism-society.org
Global and Regional Asperger's Syndrome Partnership: www.GRASP.org
Spectrum Theatre Ensemble: https://www.stensemble.org/
The Miracle Project: www.themiracleproject.org

AGRADECIMIENTOS

Esta edición actualizada y revisada de *Seres humanos únicos* no habría sido posible sin la ayuda y el apoyo de mucha gente. Deseo expresar mi más profunda gratitud a las siguientes personas.

A mi colaborador, Tom Fields-Meyer, que de nuevo me ha brindado su amistad, apoyo, sentido del humor y su gran talento literario, por ayudarme a plasmar todo lo que he aprendido en las últimas cinco décadas. Un agradecimiento especial a la familia de Tom, el rabino Shawn Fields-Meyer, Ezra, Ami y Noam.

A mi esposa, la doctora Elaine Meyer, cuyo interés y cariñoso apoyo inspiraron en un principio la redacción de la primera edición, y ahora la nueva edición de *Seres humanos únicos*. Su trabajo innovador y compasivo en la formación de profesionales sanitarios y en nuestros retiros de padres de fin de semana ha sido una fuente infinita de aprendizaje e inspiración. Su charla TEDx «Being Present, Not Perfect» es muy recomendable: www.youtube.com/watch?v=phUUjk_btiY.

A mi hijo, Noah, por su amor y su profundo y continuado interés en *Seres humanos únicos* y en mi trabajo. Cuando comencé a escribir la primera edición, estaba empezando su formación de pregrado, y al comenzar esta edición, inicia sus estudios de medicina. Estamos muy orgullosos del joven cariñoso en que se ha convertido. Sigo rezando para que encuentre tanta plenitud en su trabajo como ha a mí me ha sido dada.

A mi padre, Sam, que Dios tenga en su memoria, que siempre confió en que tomaría las decisiones correctas y con su orgullo siempre alentó mi espíritu. Y a mi madre Taube, que Dios tenga en su memoria, que solo vivió el tiempo suficiente para conocerme de pequeño pero cuyo amor e influencia sin duda me han ayudado a convertirme en lo que soy.

A mi hermana Debbie, por su amor, su apoyo y su continuo interés en mi trabajo.

A mi alegre compañera Nicki, que con su espíritu de Toto[1] siempre me saluda con energía positiva incluso antes de que amanezca.

A mi querido amigo Wally Zembo, que sigue ayudándome a mantener el ritmo en mi vida, como ha hecho los últimos treinta y cinco años.

A nuestra fantástica agente literaria, Betsy Amster, por creer en este proyecto desde el inicio, por sus valiosas contribuciones y experiencia y por animarnos en cada paso del camino.

A nuestra maravillosa editora de Simon & Schuster, Lashanda Anakwah, por acoger esta edición actualizada y revisada de *Seres humanos únicos* y guiarla en todo el proceso editorial con habilidad y un gran entusiasmo.

A nuestros lectores, Michael John Carley, la doctora Elaine Meyer, Eliza Beringhause, el rabino Shawn Fields-Meyer y Mary Hanlon, cuyas profundas aportaciones a nuestro esfuerzo inicial han dado forma a esta nueva edición.

A mis colaboradores del Modelo SCERTS, Amy Laurent y Emily Rubin. Muchos de los valores expresados en *Seres humanos únicos* reflejan los ideales y las prácticas que hemos llevado a cabo en el Modelo SCERTS. Estoy muy orgulloso de lo que hemos logrado.

A mis mentores en la carrera, los doctores Judy Duchan, David Yoder, John Muma y David Luterman, que creyeron en mí y me dieron el apoyo, los valores y las habilidades para encontrar un mayor sentido en mi profesión. Un agradecimiento especial a David L., quien me alentó persistentemente a escribir «*tu* [palabrota] libro».

A mi antigua colega y querida amiga, la doctora Adriana Loes Schuler, bendita sea su memoria, verdaderamente uno de los seres humanos más dotados y únicos que he conocido. Nuestro interés inicial compartido en la ecolalia y su brillante trabajo sobre los modelos cognitivos de las personas autistas se transformaron en una amistad profunda y duradera que siempre apreciaré.

A Barbara y Bob Domingue, valiosos amigos y compañeros maravillosos en los retiros, y a todos los padres que han asistido a nuestros retiros de fin de semana en los últimos veinticinco años, pues gracias a ellos se han convertido en una experiencia tan extraordinaria. Estoy muy agradecido por haber tenido el privilegio de ser testigo, de aprender y de la inspiración que me han

---

[1] Una gorila famosa que adoptó a un gatito. *[N. de la T.]*

generado sus increíbles historias, su amor por sus hijos, su gran sentido del humor y su generosidad en la ayuda que brindan a otros padres.

A los profesionales, legos, padres y administradores escolares y estatales en todo Estados Unidos y en el extranjero que han decidido dedicar sus vidas a ayudar a los niños y a las familias. Aprecio mucho su confianza y la oportunidad de trabajar y aprender de ellos. Un agradecimiento especial a mis colegas más cercanos, que atienden a niños y familias «en primera línea» todos los días, y especialmente a mis compañeros de Brown University y Miracle Project-New England: Anna Zembo, Julie Strandberg, Rachel Balaban, Shelley Katsh y Amy Laurent.

A mis queridos amigos Elaine Hall, fundadora y directora artística del Miracle Project, y a su marido Jeff Frymer. Cuando Elaine y yo pensamos en llevar a cabo un trabajo teatral creativo inspirado en *Seres humanos únicos,* sabía que se haría realidad, y así nació la película musical *Journey to Namuh.* Los magníficos talentos de Elaine y la dirección de Miracle Project, y sobre todo los artistas autistas y neurotípicos, dieron vida a los temas y valores de *Seres humanos únicos.*

A mi amigo y colega David Finch, mi «cómplice» en la producción y presentación de *Uniquely Human: The Podcast.* El gran sentido del humor de Dave, su talento en la ingeniería de sonido y su curiosidad ante su propio autismo y las experiencias vividas de nuestros invitados han contribuido a convertir nuestro proyecto de podcast en algo muy especial. Y a Taylor McMahon, que nos ayuda a que nuestro podcast sea posible gracias a que nos mantiene a raya y en el plazo fijado con humor y paciencia.

A las familias Canha, Correia, Domingue y Randall, por su generosidad al permitirme hablar de sus trayectorias personales para que otras familias puedan aprender de su sabiduría.

A todas las personas autistas y a sus familias, que han sido una parte fundamental en mi vida y en mi aprendizaje, y que generosamente han compartido sus historias. No es posible mencionar a todos, pero un agradecimiento especial va para Michael John Carley, Stephen Shore, Ros Blackburn, Dena Gassner, Morénike Giwa Onaiwu, Becca Lory Hector, Chloe Rothschild, Carly Ott, Anita Lesko, Conner Cummings, Danny Whitty, Jordyn Zimmerman, Scott Steindorff, Ron Sandison, Ian Nordling y Justin Canha. Muchos se han convertido en amigos muy queridos y mentores, y gracias a ellos he tenido el privilegio de ejercer una profesión que me ha dado profundidad y sentido a lo largo de la vida. Sinceramente, mi gratitud hacia ellos es infinita.

B. P.

Agradezco al doctor Barry Prizant que me diera la oportunidad de colaborar para que el trabajo de su vida quedase plasmado en estas páginas. Como padre de un hombre joven autista, he aprendido que las personas más valiosas en la vida de mi hijo son las que irradian compasión, sabiduría y amor —las mismas cualidades que valoro como escritor—. Barry posee todo ello en profundidad y abundancia, y ha sido un privilegio poder aprender y crear con él. Gracias también a su esposa, Elaine, y a su hijo, Noah, por su cálida hospitalidad y amistad a lo largo de los años de colaboración.

Tengo la suerte de contar con una excelente agente literaria, Betsy Amster, que se ha convertido en una asesora de confianza y una amiga cuyo consejo es siempre el adecuado. Estoy agradecido a nuestra editora de esta edición actualizada, Lashanda Anakwah, de Simon & Schuster, que ha aportado una mirada renovada, comprensión y una mente abierta.

Estoy en deuda con mi amiga Elaine Hall, que ha hecho mucho por las personas neurodivergentes y sus familias, incluida la nuestra. Elaine fue quien sugirió que Barry y yo nos reuniéramos, poniendo en marcha este proyecto, el cual espero redunde en un mayor beneficio y comprensión.

A lo largo del trabajo de esta edición revisada, perdí a mi padre, Jim Meyer, un hombre extraordinario que ayudó a mejorar la vida de numerosas personas. Una de sus muchas enseñanzas fue la de acercarme a todo tipo de personas con una mente abierta y un corazón compasivo. Tuvo un particular interés en el autismo, no solo como abuelo sino como alguien que pensaba que todo el mundo merecía una vida digna y plena de sentido. Estoy agradecido a mi madre, Lora Meyer, que continúa con ese legado de interés, atención y apoyo, y rara vez pierde la oportunidad de compartir una noticia o un comentario en la radio sobre alguna novedad en el mundo del autismo. También estoy en deuda con mis suegros, Sandey y Del Fields, una fuente constante de apoyo y amor.

Doy gracias a mis hijos, Ami, Ezra y Noam, por su amor y apoyo, su música, su contribución editorial y por hacerme reír. Sobre todo, doy gracias por —y a ella— mi sabia y maravillosa esposa, Shawn Fields-Meyer, que me animó a que participara en este proyecto desde el principio, escucha todas mis ideas con paciencia y perspicacia y me apoya en todo lo que hago con una sonrisa.

T. F-M.